权威·前沿·原创

皮书系列为
"十二五""十三五""十四五"时期国家重点出版物出版专项规划项目

BLUE BOOK

智 库 成 果 出 版 与 传 播 平 台

河北蓝皮书
BLUE BOOK OF HEBEI

河北社会发展报告
（2024）

**ANNUAL REPORT ON SOCIAL DEVELOPMENT
OF HEBEI (2024)**

深化京津冀协同治理　开启河北社会建设新篇章
Deepening the Coordinated Governance of the Beijing-Tianjin-Hebei Region
Opens a New Chapter in Hebei's Social Construction

主　　编／吕新斌
执行主编／樊雅丽
副 主 编／郑　萍　侯建华

社会科学文献出版社
SOCIAL SCIENCES ACADEMIC PRESS（CHINA）

图书在版编目（CIP）数据

河北社会发展报告 . 2024：深化京津冀协同治理
开启河北社会建设新篇章 / 吕新斌主编 . --北京：社
会科学文献出版社，2024.5
　（河北蓝皮书）
　ISBN 978-7-5228-3500-6

　Ⅰ . ①河… 　Ⅱ . ①吕… 　Ⅲ . ①社会发展-研究报告-
河北-2024 　Ⅳ . ①D672.2

中国国家版本馆 CIP 数据核字（2024）第 072790 号

河北蓝皮书

河北社会发展报告（2024）
——深化京津冀协同治理　开启河北社会建设新篇章

主　　编 / 吕新斌
执行主编 / 樊雅丽
副 主 编 / 郑　萍　侯建华

出 版 人 / 冀祥德
组稿编辑 / 高振华
责任编辑 / 徐崇阳
文稿编辑 / 王　娇
责任印制 / 王京美

出　　版 / 社会科学文献出版社 · 生态文明分社（010）59367143
　　　　　　地址：北京市北三环中路甲 29 号院华龙大厦　邮编：100029
　　　　　　网址：www. ssap. com. cn
发　　行 / 社会科学文献出版社（010）59367028
印　　装 / 天津千鹤文化传播有限公司

规　　格 / 开 本：787mm×1092mm　1/16
　　　　　　印 张：18.5　字 数：275 千字
版　　次 / 2024 年 5 月第 1 版　2024 年 5 月第 1 次印刷
书　　号 / ISBN 978-7-5228-3500-6
定　　价 / 138.00 元

读者服务电话：4008918866

主编简介

吕新斌　河北省社会科学院党组书记、院长,中共河北省委讲师团主任,河北省社会科学界联合会第一副主席,中国李大钊研究会副会长。

吕新斌同志长期在宣传思想文化战线工作,曾先后在原中国吴桥国际杂技艺术节组委会办公室、原省文化厅、省委宣传部任职。在省委宣传部工作期间,先后在文艺处、城市宣传教育处、宣传处、办公室、研究室(舆情信息办)、理论处等多个处室工作,后任省委宣传部副部长、省文明办主任,长期分管全省理论武装、哲学社科、政策研究、舆情信息、精神文明建设等工作。

吕新斌同志多次参与中宣部和省委重大活动,组织多批次重要文稿起草和重要读物编写等工作。高质量参与完成《习近平新时代中国特色社会主义思想学习纲要》编写任务,得到中宣部办公厅、省委主要领导同志肯定,受到省委宣传部通报表扬;曾牵头完成中央马克思主义理论研究和建设工程重大课题,参与编写或主编完成多部著作;在《求是》《光明日报》《人民日报》等中央大报大刊组织刊发多篇成果。

摘　要

　　本书是河北省社会发展的年度报告，是河北省社会科学院主持编撰的河北蓝皮书社会卷，由河北省社会科学院社会发展研究所组织院内专家、高校学者及相关部门研究人员撰写。本书以习近平新时代中国特色社会主义思想为指导，以河北省社会发展领域的重大理论和现实问题为研究内容，客观、全面地反映了2023年河北省社会发展的基本形势，梳理和分析了当前社会发展中存在的问题，提出了相应的对策建议。

　　2023年是全面贯彻落实党的二十大精神的开局之年，是实施"十四五"规划承上启下的关键之年。河北坚持稳中求进工作总基调，围绕建设经济强省、美丽河北的目标要求，持续保障和改善民生，居民收入稳中有升，各项社会事业不断发展进步，京津冀公共服务共建共享取得扎实成效，人民群众获得感、幸福感、安全感不断增强。同时，社会发展也面临就业压力不减、人口老龄化程度持续快速加深、重点领域风险因素增多等一系列问题与挑战。2024年，河北要坚持以人民为中心的发展思想，实施更为有力的就业促进政策，加强民生建设，逐步完善多层次社会保障体系，进一步推进京津冀协同发展，推动社会治理系统深入协作，防范化解各类社会风险，为加快建设经济强省、美丽河北，奋力谱写中国式现代化建设河北篇章提供有力支撑。

　　本书由四大板块构成，包括1篇总报告和20篇专题报告，对2023年河北省社会发展总体运行状况进行全面、系统研究，对人口、民生、生态环境建设、城乡社会治理、京津冀协同发展等进行专题研究。第一板块为总报

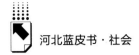

告,分析了2023年河北省社会发展的基本形势和面临的问题与挑战,提出了推进社会高质量发展的对策建议。第二板块为综合发展篇,由6篇研究报告组成,比较全面地分析了河北省人口、民生、社会保障、生态环境建设、城乡社会治理、社会工作等领域的总体形势和问题,并提出了对策建议。第三板块为京津冀协同篇,由5篇研究报告组成,从京津冀公共服务共建共享、就业一体化、养老服务协同策略、基础教育协同发展、生态环境协同治理等方面进行了研究,提出了深化京津冀协同发展的对策建议。第四板块为民生调查篇,由9篇调查报告组成,立足翔实的数据和实地调查,分析了长期护理保险制度试点运行状况、乡村医疗资源配置及服务能力提升、高校毕业生就业、青年阅读、农村基层组织发展现状及乡村振兴等有关问题。

关键词: 社会形势　社会治理　公共服务　河北省

Abstract

This book is an annual report on the social development of Hebei Province and the Blue Book of Hebei, which is compiled under the supervision of the Hebei Province Academy of Social Sciences. This book is written by experts from the Institute of Social Development of Hebei Province Academy of Social Sciences, university scholars, and researchers from relevant departments. This book is guided by Xi Jinping Thought on Socialism with Chinese Characteristics for a New Era. It uses major theoretical and practical issues in the field of social development in Hebei Province as the research content. This book also objectively and comprehensively reflects the basic social development situation of Hebei Province in 2023. Including sorting out and analyses the problems existing in the current social development, targeted countermeasures and suggestions are put forward.

The year 2023 is the first year for fully implementing the spirit of the Party's 20 National Congress and a pivotal year for implementing the 14th Five-Year Plan. Hebei adheres to the principle of seeking progress while maintaining stability and strives to ensure and improve people's livelihood to build a solid economic province and a beautiful Hebei. People's income has steadily risen, various social programs have continued to develop and progress, and the joint construction and sharing of public services in the Beijing-Tianjin-Hebei has achieved solid results. And the people's sense of gain, happiness and security has been enhanced. At the same time, social development is also facing difficulties and challenges, such as increasing employment pressure, deepening population aging, and increasing risk factors in critical areas. In 2024, Hebei should adhere to the people-centered development philosophy, implement more powerful policies to promote employment, strengthen people's livelihood, gradually improve the multi-level

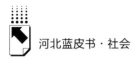

social security system, further promote the coordinated development of Beijing-Tianjin-Hebei, promote in-depth coordination of social governance systems, and prevent and resolve significant risks. To accelerate the construction of a solid economic province and a beautiful Hebei, strive to write a chapter on Chinese path to modernization in Hebei to provide strong support.

This book consists of four sections, including one general report and twenty special reports, which conduct a comprehensive and systematic study on the overall operation of Hebei Province's social development in 2023 and carry out special studies on population, people's livelihood, ecological environment construction, urban and rural social governance, and the coordinated development of Beijing-Tianjin-Hebei. The first part is the general report, which analyzes the basic situation, problems, and challenges of social development in Hebei Province in 2023 and puts forward countermeasures and suggestions for promoting high-quality social development. The second part is the comprehensive development, comprising six research reports. It comprehensively analyzes the overall situation and problems in population, people's livelihood, social security, ecological environment construction, urban and rural social governance, and social work in Hebei Province and puts forward countermeasures and suggestions. The third part is the Beijing-Tianjin-Hebei collaboration, comprising five research reports. It studies jointly build and share public services, employment integration, collaborative strategies for elderly care services, coordinated development of primary education in the Beijing-Tianjin-Hebei, coordinated governance of ecological environment, and puts forward countermeasures and suggestions for deepening the coordinated development of the Beijing-Tianjin-Hebei. The fourth part is the survey on the people's livelihood, comprising nine investigation reports. Based on detailed data and field investigations, it analyzes the pilot operation of the long-term care insurance system, the allocation and service ability of primary medical resources, the employment of college graduates, youth reading, the development of rural grass-roots organizations and rural revitalization and other related issues.

Keywords: Social Situation; Social Governance; Public Service; Hebei Province

目　录　↳

Ⅰ　总报告

B.1 2023~2024年河北省社会发展报告

.... 樊雅丽　郑　萍　侯建华 / 001

Ⅱ　综合发展篇

B.2 河北省人口发展特征及对策研究.............. 郑　萍　董亚方 / 018

B.3 河北省民生发展报告.......................... 严晓萍 / 029

B.4 河北省社会保障发展报告.................... 侯建华 / 041

B.5 河北省生态环境建设发展报告.......... 田翠琴　田桐羽 / 054

B.6 河北省城乡社会治理发展报告.......... 王凤丽　郑春媛 / 068

B.7 河北省社会工作发展报告.............. 李素庆　刘　猛 / 084

Ⅲ　京津冀协同篇

B.8 推进京津冀公共服务共建共享研究.................. 郝　雷 / 104

B.9 京津冀就业一体化调查和研究.................. 车同侠 / 117

B.10 京津冀养老服务供需差异与协同策略研究

.... 张　丽　李珊珊　郑　萍 / 128

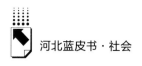
B.11 京津冀基础教育协同发展的重点与难点研究

　　……………………………………………… 单清华　赵子贺 / 143

B.12 京津冀生态环境协同治理的重点与难点研究 ………… 赵乃诗 / 154

IV 民生调查篇

B.13 河北省长期护理保险制度试点调研报告

　　……………… 河北省人民代表大会社会建设委员会 / 167

B.14 河北省乡村医疗资源配置及服务能力提升研究

　　………………………………………………… 吕　娜　杨雨涵 / 180

B.15 促进河北省大学生高质量就业的现状、困境与路径

　　——基于河北省18所高校的503名毕业生的调查

　　……………………………………………… 刘遵峰　后明强 / 190

B.16 河北省青年阅读状况及2024年展望 ……………… 王凤丽 / 200

B.17 河北省农村基层组织发展现状及未来进路 ……… 郭雅欣 / 212

B.18 乡村人口转型与乡村振兴研究

　　——基于河北省34个县"七普"数据的分析 ………… 张齐超 / 225

B.19 中国式现代化背景下河北省农民精神富有实现路径探究

　　……………………………………………… 韩　旭　黄　硕 / 240

B.20 乡村为本：走上下联动、内外共生发展之路

　　——河北省脱贫地区和脱贫群众增强内生发展动力机制研究

　　……………………………………………………… 刘丽敏 / 248

B.21 "文化+驻村"在巩固拓展脱贫攻坚成果同乡村振兴有效衔接

　　过程中的有效性探索

　　——以冀北接坝地区L村为例 ……………………… 郝端勇 / 264

皮书数据库阅读使用指南

CONTENTS ⟨⟩

I General Report

B.1 2023-2024 Report of Social Development of Hebei Province

Fan Yali,Zheng Ping and Hou Jianhua / 001

II Comprehensive Development

B.2 Study of the Characteristics and Countermeasures of Population

Development in Hebei Province　　　*Zheng Ping, Dong Yafang* / 018

B.3 Report on Hebei Province People's Livelihood Development

Yan Xiaoping / 029

B.4 Report on Social Security Development of the Hebei Province

Hou Jianhua / 041

B.5 Report on Ecological Environment Construction Development of

Hebei Province　　　*Tian Cuiqin,Tian Tongyu* / 054

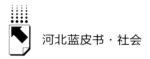
B.6　Report on Hebei Province Urban and Rural Social Governance Development

Wang Fengli, Zheng Chunyuan / 068

B.7　Report on Hebei Province Social Work Development

Li Suqing, Liu Meng / 084

Ⅲ　Beijing–Tianjin–Hebei Collaboration

B.8　Building Joint Research on Advancing Shared Public Services in
Beijing-Tianjin-Hebei　　　　　　　　　　　　　　*Hao Lei* / 104

B.9　Survey and Research on Employment Integration in Beijing-Tianjin-
Hebei　　　　　　　　　　　　　　　　　　　*Che Tongxia* / 117

B.10　Research on Supply and Demand Difference and Synergy Strategy
of Elderly Care Service in Beijing-Tianjin-Hebei

Zhang Li, Li Shanshan and Zheng Ping / 128

B.11　Research on the Key and Difficult Points of the Coordinated
Development of Primary Education in Beijing-Tianjin-Hebei

Shan Qinghua,Zhao Zihe / 143

B.12　Research on the Key and Difficult Points of Eco-environment
Collaborative Governance in Beijing-Tianjin-Hebei　　*Zhao Naishi* / 154

Ⅳ　Survey on the People's Livelihood

B.13　Research Report on the Long-term Care Insurance System Pilot in Hebei
Province

Social Construction Committee of Hebei Provincial People's Congress / 167

B.14　Research on Rural Medical Resource Allocation and Service Ability
Improvement in Hebei Province　　　　　　*Lv Na, Yang Yuhan* / 180

B.15 Current Situation, Dilemma and Path of Promoting High-Quality

Employment of College Students in Hebei Province

—*Based on the Survey of 503 Graduates from 18 Colleges and Universities*

in Hebei Province   *Liu Zunfeng, Hou Mingqiang* / 190

B.16 The Reading Status of Teenagers in Hebei Province and Its Prospects

for 2024   *Wang Fengli* / 200

B.17 Current Situation and Future Approach of Rural Organization

Development in Hebei Province   *Guo Yaxin* / 212

B.18 Research on Rural Population Transformation and Rural Revitalization

—*Based on the Analysis of the "Seven Pu" Data of 34 Counties in Hebei Province*

Zhang Qichao / 225

B.19 Research on the Path of Realizing the Spirit of Farmers in Hebei

Province under the Background of Chinese Modernization

Han Xu, Huang Shuo / 240

B.20 Rural-oriented: Taking the Road of Up-down Linkage and Internal

and External Symbiosis Development

—*Research on the Mechanism of Enhancing Endogenous Development Power of the*

Poverty Alleviation Areas and People in Hebei Province   *Liu Limin* / 248

B.21 The Practical Exploration of "Culture + Village Resident" in the

Process of Consolidating and Expanding the Achievements of

Poverty Alleviation and Effectively Connecting with Rural Revitalization

—*Village L of Jibeijieba Region as an Example*   *Hao Duanyong* / 264

总报告

B.1
2023~2024年河北省社会发展报告

樊雅丽 郑萍 侯建华*

摘　要： 2023年，河北有力应对洪涝灾害影响，经济总体恢复回暖，京津冀协同发展日趋深化，社会民生事业持续改善，社会大局保持安全稳定。但面对日趋错综复杂的国际形势和国内"需求收缩、供给冲击、预期转弱"三重压力，社会发展面临就业压力不减、人口老龄化程度持续快速加深、重点领域风险因素增多等一系列问题与挑战。2024年，河北要坚持以人民为中心的发展思想，以习近平文化思想为引领，实施更为有力的就业促进政策，加强民生建设，逐步完善多层次社会保障体系，进一步推进京津冀协同发展，推动社会治理系统深入协作，防范化解各类社会风险，促进社会高质量发展。

* 樊雅丽，河北省社会科学院社会发展研究所所长、研究员，研究方向为社会治理；郑萍，河北省社会科学院社会发展研究所副所长、研究员，研究方向为社会政策与社会治理；侯建华，河北省社会科学院社会发展研究所副研究员，研究方向为人口城镇化与社会政策。

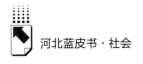

关键词： 社会形势　社会治理　京津冀协同发展　河北省

2023 年是全面贯彻落实党的二十大精神的开局之年，是实施"十四五"规划承上启下的关键之年，是奋力谱写中国式现代化建设河北篇章的突破之年。2023 年，习近平总书记两次亲临河北视察指导，对深入推进京津冀协同发展、灾后恢复重建等工作做出重要指示，为河北经济社会发展提供了根本遵循。河北坚持稳中求进工作总基调，深入贯彻新发展理念，积极服务和融入新发展格局，有力应对洪涝灾害影响，经济运行态势平稳，京津冀协同发展日趋深化，社会民生事业持续改善，社会大局保持安全稳定。

一　2023年河北省社会发展基本形势

2023 年，河北围绕建设经济强省、美丽河北的目标要求，持续保障和改善民生，居民收入稳中有升，各项社会事业不断发展进步，京津冀公共服务共建共享取得扎实成效，人民群众获得感、幸福感、安全感不断增强。

（一）财政收入恢复性增长，民生支出保障有力

2023 年 1~9 月，河北省一般公共预算收入 3443.4 亿元，同口径增幅3.9%。一般公共预算支出 7103.9 亿元，比上年同期增长 2.2%，民生支出[①]5687.0 亿元，占一般公共预算支出的 80.1%，持续稳定在 80% 左右。各项民生支出中，超过千亿元的项目为教育、社会保障和就业，其中社会保障和就业支出仍然最多，达到 1386.7 亿元，占一般公共预算支出的 19.5%，较上年同期支出占比增长 2.3 个百分点，河北 2023 年遭受洪涝灾害，全力开展灾后重建，社会救助的财政支出相应增加。交通运输类财政支出增幅最

---

① 民生支出包括公共安全、教育、科学技术、文化体育与传媒、社会保障和就业、卫生健康、节能环保、城乡社区、农林水、交通运输项目的支出。

大，较上年同期增长 21.9%（见表 1），石家庄市强力推动交通基础设施建设，建设交通强市，拉升了全省交通运输方面的支出比重。

表 1　2023 年 1~9 月河北省财政支出明细

单位：亿元，%

财政支出	数额	同比增长	占一般公共预算支出的比例
一般公共预算支出	7103.9	2.2	100.0
一般公共服务	653.3	-4.2	9.2
公共安全	314.5	0.8	4.4
教育	1315.7	-0.1	18.5
科学技术	81.0	9.1	1.1
文化体育与传媒	86.2	-8.8	1.2
社会保障和就业	1386.7	2.3	19.5
卫生健康	726.1	1.5	10.2
节能环保	230.2	-4.4	3.2
城乡社区	670.0	-8.5	9.4
农林水	629.0	9.5	8.9
交通运输	247.6	21.9	3.5
其他	763.6	—	10.7

资料来源：河北省统计局，《2023 年河北统计月报 9（上）》。

（二）城乡居民收入稳中有升，消费者信心逐步恢复

全省居民人均可支配收入稳步提高，城乡居民收入比持续缩小。2023 年 1~9 月，河北省全体居民人均可支配收入 24243 元，同比增长 6.4%，增幅高于上年同期 1.1 个百分点，其中，城镇和农村居民人均可支配收入增幅分别高于上年同期 1.3 个和 0.5 个百分点。城乡居民收入差距进一步缩小，农村居民人均可支配收入增长幅度高出城镇居民 1.7 个百分点，城乡居民收入比为 2.05，比上年同期缩小 0.04（见表 2）。河北持续推进薪酬工资制度改革，对列入国家试点的"双百企业"和"科改示范企业"全面实施超额利润分享，上调月最低工资标准和小时最低工资标准，第一档月最低工资标准由 1900 元上调到 2200 元，涨幅 300 元，位居全国第 6，仅次于上海、北京、

广东、江苏和浙江。消费稳定恢复，社会消费品零售总额增速超全国平均水平1.4个百分点。居民消费价格涨幅始终保持在较低水平，2023年1~9月，居民消费价格指数虽然比上年同期上涨0.8%，但增长幅度低于上年同期1.1个百分点。消费者信心逐步恢复，对未来预期明显好转，第三季度河北消费者信心指数为91.7，比第二季度提高4.0%。

表2　2020年1~9月至2023年1~9月河北省居民人均可支配收入变化情况

单位：元，%

类别	2020年1~9月		2021年1~9月		2022年1~9月		2023年1~9月	
	数额	同比增长	数额	同比增长	数额	同比增长	数额	同比增长
全体居民人均可支配收入	19797	4.9	21643	9.3	22783	5.3	24243	6.4
城镇居民人均可支配收入	27203	3.8	29274	7.6	30455	4.0	32080	5.3
农村居民人均可支配收入	12286	5.5	13716	11.6	14605	6.5	15633	7.0

资料来源：河北省统计局，《2023年河北统计月报9（上）》。

（三）社会保障体系日益完善，待遇水平稳步提升

社会保险参保覆盖面显著扩大，2022年末，全省城镇职工基本养老保险参保人数为1867.24万人，比上年末增加61.77万人，失业保险参保人数为795.43万人，比上年末增加48.07万人，工伤保险参保人数为1105.92万人，比上年末增加21.24万人（见图1），工伤保险参保人员中农民工比例达到39%。社会保险统筹层次不断提高，待遇水平稳步提升，企业养老保险实现全国统筹，失业保险实现省级统筹，城乡居民基础养老金最低标准由每月123元调升至133元，失业保险金月平均标准提高到1600元。社会福利和社会救助能力显著提升，困难残疾人生活补贴标准由每人每月66元提升至86元，增幅30%，惠及53.4万人；重度残疾人护理补贴标准从每人每月60元提高至80元，提高33%，惠及73.9万人。开展市、县、乡、村四级未成年人救助保护服务体系试点建设，截至2022年底，全省市、县两级未成年人救助保护机构175家，挂牌设立未成年人救助保护工作站1677家，覆盖率达到74.4%。

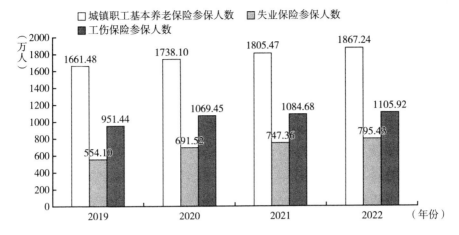

图1　2019~2022年河北省社会保险参保情况

资料来源：历年《河北省国民经济和社会发展统计公报》。

（四）"一老一小"人口服务体系不断完善，服务能力显著提升

积极应对人口老龄化，河北城乡养老服务设施网络不断完善，推动基层医疗卫生机构建设老年友善医疗机构。积极推动党政机关和国有企事业单位培训疗养机构完成脱钩改革，转型为医养结合、健康养老等普惠型养老服务设施。县、乡、村三级养老服务设施网络日益健全，乡镇养老机构向区域养老服务中心转型，拓展日间照料和上门服务功能。截至2022年底，全省养老机构床位达到23.2万张，其中护理型床位13.6万张，养老机构护理型床位占比达到58.62%。鼓励社会力量投入医养结合，推动乡村医疗机构与养老机构多模式医养深度融合发展，截至2022年底，全省医养结合机构达到462家。老年人福利政策不断完善，80岁及以上老年人高龄津贴制度惠及全省130余万名老年人，经济困难老年人养老服务补贴和经济困难失能老年人护理补贴制度分别惠及15.7万名和4.6万名老年人。

婴幼儿托育服务供给增加，截至2022年底，全省3岁以下婴幼儿托位数228860个，每千人口托位数达到3.05个，年均增速优于发展预期。实施婴幼儿照护服务试点示范工程，将省级试点机构打造成为全省婴幼儿照护服

务机构"样板间",创建标准化示范性托育机构 300 家。全省通过备案的婴幼儿照护服务机构 2294 家,备案数量位居全国第 2。婴幼儿托育服务形式日益多样化,石家庄探索"互联网+托育",建设"托育机构服务平台"信息化系统,成为河北首个利用信息化系统加强托育服务管理的城市。秦皇岛推动幼儿园托班参照幼儿园给予补贴政策。沧州购买普惠性民办幼儿园等学前教育服务,加大对农村托育服务支持力度。邯郸探索发展社区嵌入式托育机构 9 家,向社会提供托位 200 个。

(五)优质医疗资源下沉,基层医疗卫生体系更加健全

完善基层医疗卫生服务体系。截至 2022 年底,全省共有社区卫生服务中心(站)1598 家,乡镇卫生院 1970 家,村卫生室 48796 家,已实现卫生机构覆盖所有街道办事处和乡镇,卫生室建设和村医配备覆盖所有行政村。截至 2023 年 10 月底,全省 4.8 万家村卫生室被纳入乡镇卫生院的"十统一"一体化管理中,聘用乡村医生 6.3 万名,乡村医生队伍结构得到进一步优化,村卫生室发展更加规范化、更加可持续。

推动优质医疗资源下沉。依托城市医疗集团推进医联体建设,全省已有 387 家基层医疗卫生机构纳入城市医疗集团,畅通上下转诊连接渠道。完善远程医疗服务网络,建设河北省远程医疗平台系统,将市、县医疗机构和乡镇远程医疗诊室接入远程医疗平台系统,62 个脱贫县实现县级医院远程门诊、远程影像诊断全覆盖。加强基层中医类医院建设,截至 2022 年底,全省中医类医院床位数达到 6.79 万张。

(六)就业形势稳中向好,创业带动就业倍增效应进一步增强

2023 年 1~9 月,全省城镇新增就业 80.7 万人,比上年同期增加 0.7 万人。稳岗政策释放红利,阶段性降低失业保险费率,促进 1258.37 万名农民工实现就业创业。通过举办线上线下招聘会,促进劳务工就业 55.7 万人。

创业带动效应进一步凸显。加强创业就业孵化基地、返乡创业园等创业载体建设,截至 2023 年 9 月底,全省 10.1 万名农村居民及 2000 多家小微

企业获得"人社惠农贷"的支持，2.2万人在创业担保贷款的支持下顺利实现创业，创业带动就业倍增效应增强。

积极开展职业技能培训。截至2023年9月底，河北省开展补贴性职业技能培训40.06万人次，依托公共实训基地开展各类培训21万人次。强化困难人员就业援助，健全结对帮扶和劳务协作机制，举办"寻找最美农民工"活动，在全国首创以项目为单位建立农民工工资维权中心。劳动关系保持和谐稳定，劳动人事争议案件仲裁结案率达99.6%。

（七）多领域协同推进，京津冀公共服务共建共享成效显著

优质教育资源帮扶联建。吸引北京景山学校、首都师范大学等28所京津优质学校分校及附属学校落地河北。清华大学、中国人民大学等部属高校帮扶河北省青龙一中、威县一中等县域高中。与京津高校共建高校联盟和协同创新中心，吸纳京津优质高校和科研院所。

医疗卫生合作协同发展深入推进。开展医养远程协同试点，在国家级远程协同试点的基础上，依托北京老年医院，将环京地区10家医养结合机构接入北京医养结合远程协同服务项目。京廊中医药协同发展有效推进，积极开展中医对口合作项目，建设名老中医传承基地和京廊医联体，多项北京优势传统技法在廊坊全面推广。

社保领域经办服务协同机制不断完善，工伤保险鉴定实现区域互认互托，医疗保险互通全面实现，京津冀区域内就医实现免备案，并直接结算。京津冀区域内所有医保定点医疗机构实现三地互认，北京市参保人到河北省就医可以使用北京市医保目录直接结算，真正实现了京津冀异地就医"无异地"。

二 河北省社会发展面临的问题与挑战

面对日趋错综复杂的国际形势和国内"需求收缩、供给冲击、预期转弱"三重压力，改革发展稳定任务更趋艰巨，社会发展过程中长期积累的

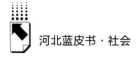

深层次矛盾和结构性问题依然存在，就业压力不减，人口老龄化程度持续快速加深，多层次社会保障体系有待进一步完善，重点领域风险因素增多，等等，社会发展面临着一些问题与挑战。

（一）就业压力不减，结构性就业矛盾依然突出

2023年，随着疫情平稳转段，国民经济运行好转，稳就业政策落地见效，就业形势保持总体稳定，但面对外部环境复杂多变等多重因素冲击，就业压力不减，结构性就业矛盾依然突出。河北是人口大省，新增劳动力总量较大，且随着城镇化水平的提高，大量农村富余劳动力需要向非农产业和城镇转移就业，农民工就业压力持续存在。高校毕业生人数也屡创新高，2023年全省高校毕业生达到55万人，叠加前几年受疫情等因素影响尚未就业的毕业生，未就业高校毕业生总量较大。根据国家统计局数据，2023年6月，全国城镇调查失业率为5.3%，但16岁至24岁劳动力调查失业率高达21.3%，反映出高校毕业生就业形势空前严峻。持续几年的疫情冲击和出口受阻、经济下行压力，导致大批中小微企业经营困难，部分就业人员面临收入减少甚至失业风险。此外，产业转型升级步伐不断加快，战略性新兴产业逐步发展壮大，造成低端劳动力需求减少，技术技能型人才需求增加，劳动力技能水平与产业转型升级需求不匹配问题日趋突出，"招工难"与"就业难"并存，进一步加大了全省就业压力。

（二）人口老龄化程度持续快速加深，养老服务体系建设仍需加强

随着经济社会的持续发展和人口预期寿命的不断提高，河北省人口老龄化进程不断加快，老年人口规模、比重不断上升，养老服务体系面临巨大压力。2022年末，河北省常住人口7420万人，60岁及以上老年人口1559万人，占总人口的比重为21.01%，其中65岁及以上老年人口1160万人，占总人口的比重为15.63%。与上一年相比，60岁及以上老年人口数量增加52万人，比重上升0.78个百分点，65岁及以上老年人口数量增加49万人，

比重上升 0.71 个百分点。2010~2022 年，全省 65 岁及以上老年人口比重已从 8.24%上升至 15.63%，平均每年增长 0.62 个百分点，从图 2 可以看出，2014 年以后，增长幅度加大，人口老龄化速度加快。而且受 1962~1972 年人口出生高峰影响，河北老年人口增长高峰已经来临，1963 年全省出生 151 万人，这些人口于 2023 年进入老年人口行列，预计 2023 年 60 岁及以上老年人口比重增幅将达到 1.50 个百分点，老年人口的大幅增加，以及独生子女父母养老时代的来临，导致养老刚性需求将会大幅增加，这对养老服务体系提出了更高要求。截至 2022 年底，全省养老机构 1804 家，床位 23.2 万张，平均每百名老年人机构养老床位不足 1.6 张，面对处于上升趋势的失能、高龄、空巢老人的养老服务需求仍显不足，按照 3% 的老年人需要机构养老来估算，机构养老床位缺口较大。居家养老服务方面，经过近几年的强力推进，全省城镇街道居家养老服务中心覆盖率已经达到 100%，社区日间照料设施覆盖率已超过 90%，但资源利用率不高，服务内容和服务质量还不能满足实际需求，资源闲置浪费或运营不良现象比较普遍，社区居家服务设施功能尚未得到充分发挥。农村互助养老发展水平参差不齐，养老服务城乡差距仍然较为突出。养老产业"叫好不叫座"，市场主体的积极性尚未被充分激发，发展环境仍需优化。

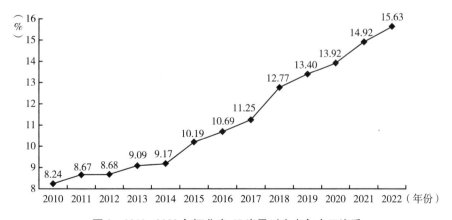

图 2　2010~2022 年河北省 65 岁及以上老年人口比重

资料来源：历年《河北统计年鉴》《河北省国民经济和社会发展统计公报》。

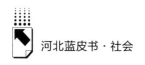
（三）发展结构不太平衡，多层次社会保障体系有待进一步完善

经过多年的改革发展，河北省社会保障体系不断完善，"有"与"没有"的问题已经得到很好解决，但与加快建设经济强省、美丽河北及实现共同富裕的目标相比，还存在一些短板和不足。首先，社会保障体系内部三大系统发展"一险独大"。社会保障体系包括托底型的社会救助、基本型的社会保险和提高型的社会福利三大系统，长期以来社会保障改革更多地着眼于劳动力群体的失业保险、养老保险和医疗保险，造成了今天社会保险在社会保障体系中的绝对主体地位，导致三大系统结构上的失衡。在人口深度老龄化、城镇化加快、城乡融合发展及经济增速放缓等一系列因素形成的巨大压力面前，为更好地满足人们对美好生活的向往所形成的高层次需求，在社会保险之外，社会救助和社会福利也应受到更大关注。其次，社会保险发展也存在不充分不平衡问题。社保制度虽然已经基本实现全覆盖，但仍有部分农民工、灵活就业人员、新业态从业人员等人群因为用工形式复杂、流动性大等因素还处于社保制度边缘，尚未被完全纳入社保体系，当前的社会保险区域之间、城乡之间、人群之间的差距仍然存在。政府建立的基本社会保险制度作为第一支柱，发展"一家独大"，第二支柱企/职业年金制度和第三支柱个人养老金/商业养老保险制度的覆盖范围和补充保障作用还比较有限。截至2022年末，全省企业年金资产规模3211860.78万元，覆盖职工44.17万人，占城镇职工基本养老保险参保人数比例不足3%。个人养老金制度刚刚起步，石家庄、雄安新区先行先试，但从实际运行来看，对应的税收优惠对于高收入群体和低收入群体来说吸引力均不足。人口老龄化加速的形势下，各项社保制度面临的收支压力不断加大，推动社保制度结构转型，实现二三层次补充保险跨越式发展是当务之急。

（四）基层治理能力不足，治理效能亟待提升

基层强则国家强，基层安则天下安。基层治理是国家治理的基础单元，基层是政府提供公共产品和公共服务的"最后一公里"，基层治理水平直接

影响人民群众的切身利益。习近平总书记 2020 年 9 月 17 日在湖南长沙主持召开基层代表座谈会时指出，"十四五"时期，要在加强基层基础工作、提高基层治理能力上下更大功夫。[①] 当前，河北基层治理仍然存在部分基层党组织领导能力偏弱，以及主体单一、人才队伍不强、智慧化水平不高等问题，影响治理效能的提升。一是部分基层党组织领导能力偏弱。部分基层党组织软弱涣散，带头人素质能力不高，对于如何发挥党建在基层治理中的引领作用认识不深，实际工作中缺少方法和手段，形式主义比较突出，党建引领并未落到实处。二是基层治理主体单一。基层治理主体以基层党组织、政府和社区居委会、村民委员会等自治组织为主，服务性、公益性、互助性的社会组织数量少、规模小、服务能力弱，物业、业主委员会、属地企事业单位等多是被动参与，居民群众参与意识不强，还没有形成共建共治共享的合力。三是基层治理人才队伍不强。基层政府和社区居委会等，对上需要完成层层下达的任务和指标，对下需要直接面对群众的利益诉求和服务需求，要完成好各项工作需要较高的综合素质和工作能力，但往往高学历、高素质的青年人才到基层工作的意愿不强，导致基层治理人才队伍整体素质难以得到较大提升。四是基层治理智慧化水平不高。基层治理过程中信息化手段运用不足，各部门之间缺乏信息共享机制，繁复的开会填表等行政性工作消耗了基层干部大量精力，导致基层工作出现"疲态"，严重影响治理效能的提升。

（五）京津冀公共服务差距仍然较大，协同发展深度和广度需进一步拓展

到 2023 年末，京津冀协同发展战略已实施九年多，京津冀交通、环境、产业等领域协同发展和公共服务共建共享取得了显著成效，但受发展基础、资源禀赋及体制机制等因素影响，三地发展差距仍然较大，某些领域甚至有扩大的趋势，这成为打造京津冀中国式现代化建设先行区、示范区所面临的

---

① 《"1+6+5"模式锻造善治基层干部队伍》，人民网，2023 年 3 月 9 日，http://sh.people.com.cn/n2/2023/0309/c134768-40330671.html。

巨大挑战。从经济总量来看，2014年第三季度至2023年第三季度，北京GDP占京津冀GDP比重从32.09%上升到41.88%，天津GDP占京津冀GDP比重从23.66%下降到16.17%，河北GDP占京津冀GDP比重从44.25%下降到41.95%，区域内部经济差距拉大。从居民收入来看，截至2023年第三季度，北京、天津、河北三地居民人均可支配收入分别为61718元、40713元、24243元，与2014年同期相比，北京居民人均可支配收入从是河北的2.67倍缩小至2.55倍，天津居民人均可支配收入从是河北的1.73倍缩小至1.68倍，相对收入差距略有缩小，绝对收入差距仍然较大。从公共服务来看，截至2022年末，京津冀三地每十万人高等学校平均在校生人数分别为5397人、5428人和3070人；京津冀三地每万人拥有卫生技术人员数量分别为135人、91人和79人，每万人拥有执业（助理）医师数量分别为53人、39人和35人，每万人拥有注册护士数量分别为58人、35人和32人；京津冀三地人均拥有公共图书馆藏量分别为1.60册、1.75册和0.63册。教育、医疗、文化等资源和服务不平衡现象仍然较为突出。这种经济发展和公共服务水平的差距，成为河北人口向京津流动的推力，河北籍流动人口在京津两地流动人口中占比长期最大，大量流动人口为京津提供了丰富的人力资源，为京津经济社会发展做出了贡献，但从河北来看，这不仅意味着自身人才和人力资源的流失，也在一定程度上说明河北对人力资源和高端人才的吸引力不足，这不利于形成京津冀协同发展格局。

（六）重点领域风险因素增多，维护社会稳定的压力增大

2023年，省委、省政府统筹发展和安全，全省经济持续恢复，社会大局保持稳定，但我们也要清醒地认识到，受国内外各种复杂因素影响，一些重大安全事故、自然灾害等重点领域的社会风险暗流涌动，给社会稳定带来更大压力和挑战。一是重大安全事故有所增加。这些事故不仅造成了重大人身伤亡和经济损失，也产生了严重的不良社会影响。二是洪水灾害影响面广。7月末至8月初，受台风"杜苏芮"影响，河北遭受了历史罕见的特大暴雨洪水灾害，波及110个县（市、区），截至8月10日，全省388.86万人遭受洪

涝灾害，农作物受灾面积 31.97 万公顷，倒塌房屋 4.09 万间，严重损坏房屋 15.55 万间，受损中小学校、幼儿园 1150 所，受损医疗机构 1871 家，灾区交通、电力、通信、水利等基础设施受损严重，直接经济损失 958.11 亿元。三是房地产行业风险隐患不容忽视。受疫情冲击、行业周期性调整等因素影响，部分房地产企业面临阶段性发展困难，各级政府为了防范房地产企业风险外溢，大力承担"保交楼、保民生、保稳定"属地责任，房地产领域风险总体可控，但集体维权事件时有发生，受国内某房地产企业影响沧州银行发生挤兑，房地产企业引发的潜在社会稳定风险不容忽视。四是政府债务风险凸显。近几年土地市场持续低迷，国民经济受疫情影响发展速度减缓，加上减税降费，政府财政收入受到较大影响，收支矛盾突出，部分县级政府出现财政困难，地方债务风险凸显。这些风险如果得不到足够重视和有力防范，各类风险叠加、联动、传导、共振，将带来更大的社会风险甚至影响社会大局稳定。

三　2024年河北省社会高质量发展的趋势与对策建议

通过对 2023 年河北省社会发展总体运行状况的综合分析，以及京津冀养老、就业、公共服务、基础教育、生态环境等领域协同发展的调查研究，本报告形成对 2024 年河北省社会高质量发展趋势的判断和预测。展望 2024 年，为适应新时代河北省社会高质量发展的内在要求，谱写中国式现代化建设河北篇章，本报告从民生建设、民生保障以及京津冀协同发展、社会工作创新发展等方面提出对策建议。

（一）聚焦重点群体，实施更为有力的就业促进政策

中共中央政治局 2023 年 7 月 24 日召开会议，分析研究经济形势和经济工作，强调要加大民生保障力度，兜牢兜实基层"三保"底线。就业是民生之本、稳定之基。在当前就业所面临的严峻形势下，稳就业被提升到战略高度进行通盘考虑，聚焦重点人群的就业难题，促进河北高校毕业生、农民工、灵活就业人员等重点群体的就业，实施更为有力的就业促进政策势在必

行。推动高质量就业需要创新思路，创新性提出切实促进河北重点群体高质量就业的对策建议。一是打通"最后一公里"。推进公共就业服务"进校园""进社区"。二是切实加大政策宣传力度。加强就业服务基层的理念宣传，充分发挥"纸媒体""视媒体""社群媒体""融媒体""智媒体"的宣传作用，引导高校毕业生树立正确的就业观。三是探索新方法，多措并举系统构建就业培训体系。开展公共实训基地以及稳就业提技能基础设施建设，丰富培训内容，综合提升高校毕业生的就业技能，加大对高校在校生职业资格证书培训的支持力度。四是推进智慧村庄就业工作站建设，拓宽并规范"上门经济"等新业态就业渠道。

（二）加强民生建设，逐步完善社区公共服务基础设施

加强民生建设要以人民为中心，以提高人民群众生活品质、满足人们对美好生活的向往为主要任务和指导原则。处于社会中的人们最主要的两个生活场域就是单位和家，家所在的社区成为人们最主要的活动场所之一。社区也是人们进行社会参与、形成共同社区文化和社区认同感的重要场域。应加强民生建设，通过不断完善社区公共服务基础设施，满足人们对美好生活的向往和对生活品质的追求，不断激发社区活力和社会活力，从而提升基层治理的社会化水平。一是全面开展社区体检，摸清社区设施底数短板。把社区体检延伸到群众身边，将小区、社区、街区列为基本单元，查找出社区养老服务设施、婴幼儿照护服务设施、体育健身设施、公共活动场地、文化活动中心等配建不达标、功能不完善、服务不到位的问题短板。二是推进实施社区嵌入式服务设施建设工程，重点聚焦"一老一小"服务设施短板，实施老年服务站、托儿所、幼儿园等项目建设，衔接15分钟生活圈、健身圈、养老圈，推进相邻社区及周边地区统筹建设、联动改造，加强设施共建共享，拓展群众身边的公共服务，为居民日常生活提供便利。总之，要按照民生需求优化社区功能、丰富公共资源供给，提升公共服务基础设施的服务能力和品质，让人们在社区里生活得更方便、更舒心、更美好。

（三）健全民生保障，逐步完善多层次社会保障体系

习近平总书记指出："社会保障是保障和改善民生、维护社会公平、增进人民福祉的基本制度保障。"[①] 党的二十大报告提出："健全覆盖全民、统筹城乡、公平统一、安全规范、可持续的多层次社会保障体系。"在当前社会保障需求日趋多元化、人口流动不断加快、就业方式多样化等新形势下，要健全和完善河北省多层次社会保障体系必须坚持与时俱进，在做优基础保障的基础上，做强补充保障，统筹谋划和协调推进多层次保障联动发展，形成整体合力，推动社会保障高质量发展。深化实施全民参保计划，建立健全人社、医保、发改、工信、市场监管、统计、民政、教育、税务等部门协作机制，聚焦新业态就业群体以及流动人口、农民工、个体工商户等重点群体，通过灵活多样的参保方式解决农民工、灵活就业人员和自由职业者的参保问题，提高社会保障的覆盖率，实现社会资源的再分配。不断完善包括社会保险、社会救助、社会福利、优抚安置和社会互助、商业保险与慈善事业在内的多层次社会保障体系，保障各类人群因老龄化、疾病、失业、伤残等不可抗力因素而失去劳动能力和收入来源时，能够及时得到救助，确保其基本的社会生存和发展。通过收入再分配，缩小各群体间的收入差距，维护社会公平和正义。另外，要不断增加投入，加大从婚恋到生育、养育、教育等一系列配套设施和政策的支撑力度，以提升适龄男女青年结婚和生育的意愿，促进人口高质量发展，这是一个全方位的社会系统工程。

（四）聚焦重点领域，进一步推进京津冀协同发展

深入实施京津冀协同发展国家战略，推动京津冀协同发展不断迈上新台阶，与京津共同打造中国式现代化建设先行区、示范区是河北的一项重要任务。近年来，京津冀协同发展在产业、交通等方面取得显著成效，未来应着

---

① 《坚持在发展中保障和改善民生》，人民网，2021 年 8 月 17 日，http：//dangjian. people. com. cn/n1/2021/0817/c117092-32195562. html。

力推动京津冀各项社会事业的协同发展，实现共享共赢。建议聚焦交通、生态、教育、医疗卫生等重点领域，深化公共服务共建共享，着眼破除关键性体制机制障碍和制约，与京津联合研究制定并协同实施一批突破性改革措施。推动"轨道上的京津冀"取得更大进展，加大交通规划政策、资金项目支持和改革创新力度，推动京津冀交通一体化持续向纵深发展，提高全省各市通达效率。按照"谁受益，谁支付"的原则，完善落实京冀、津冀横向生态保护补偿机制。持续实施京津冀高职院校跨省份单招和"3+2"联合培养，推进与京津优质中小学基础教育资源共享，强化与京津高校师资队伍培育、学科建设、成果转化等方面的合作。推进京津冀医联体建设，巩固扩大临床检验结果互认、医学影像检查资料共享范围，全力支持国家区域医疗中心和国家医学中心项目建设，实现京津冀区域内所有三级和二级定点医疗机构纳入异地就医定点医疗机构互认范围，同时推动京津养老项目向河北省具备条件的地区延伸布局。另外，建议在国家重大科技专项攻关上，省级进行一定配套支持，推动成果转化，完善科技成果转化服务网络体系，以此推动柔性人才培育和使用，以及推动科技应用场景在河北落地。

（五）发挥社会工作优势，推动社会治理系统深入协作

随着河北省委社会工作部的挂牌成立，省级社会工作部的组建提上日程，省委社会工作部成立后，河北省社会工作领域将会发生重要变化，对于推动基层社会治理具有重要意义。一是社会工作从政府部门转移到党委部门，将会更加强调坚持党的全面领导，强调保持正确政治方向的重要性。二是扩展社会工作涵盖的服务领域。过去社会工作主要集中在社区治理、社会救助、社会事务、为老服务、儿童福利等民政工作领域，未来将会逐步拓展到公检法司、科教文卫、工青妇残等各领域。三是以信访工作和基层社会治理作为主要切口，倒逼社会建设及社会工作的专家学者深入基层，探索出切实有效的中国特色社会工作实务方案。四是进一步巩固社会工作的基层团队，加强乡镇（街道）社工站、村（居）社工室建设，有条件的县（市、区）探索设置基层公职社工师岗位，扩大政府购买社工机构服务的范围。

五是从"独立作战"向"系统协作"转变，慈善家发挥资金优势、志愿者发挥时间优势、公益人发挥团队优势、新乡贤发挥影响力优势、社工师发挥专业优势，"五社联动"的基层社会治理共同体得到加强，有效提升基层社会治理效能。

（六）防范化解各类社会风险，确保社会安全稳定

当前，世界百年未有之大变局加速演进，改革发展稳定任务更加艰巨，矛盾风险挑战之多前所未有，这要求我们主动识变应变求变，增强风险意识、责任意识，着力解决经济社会发展中的突出矛盾和问题，主动防范化解风险，确保社会安全稳定。一是筑牢安全生产防线。持续开展安全生产大排查、大整治，加强矿山、危化、燃气、建筑施工、道路交通等安全监管，强化安全生产源头管控，坚决遏制重特大事故发生。二是有效防范化解房地产行业风险。扎实做好"保交楼、保民生、保稳定"工作，稳妥处置房地产企业债务风险，因城施策支持刚性和改善性住房需求，确保房地产市场平稳发展。三是提高防灾减灾救灾能力。做好防汛抗旱、森林草原防火灭火等工作，强化地质灾害综合防治，提高防灾减灾救灾和应急处置保障能力。四是稳妥化解金融、政府债务等领域风险。压实政府主体责任，建立健全系统解决和防范化解政府债务风险体制机制，做好地方新增专项债券"借、用、管、还"全周期管理。加强地方法人金融机构风险防范化解，强化金融监督管理，严厉打击各类非法金融活动。五是健全矛盾纠纷化解机制。坚持和发展新时代"枫桥经验"，构建源头防控、排查梳理、纠纷化解、应急处置的社会矛盾综合治理机制，把矛盾化解在萌芽状态。常态化开展扫黑除恶斗争，严厉打击各类违法犯罪活动，加快建设更高水平的平安河北。

综合发展篇

B.2
河北省人口发展特征及对策研究*

郑萍　董亚方**

摘　要：　随着我国进入新时代、开启新征程，河北人口发展也呈现新的阶段特征，人口总体规模下降，出生率下降，群众生育意愿整体不高，人口整体素质稳步提升，弱势群体得到有效保障。人口高质量发展瓶颈问题凸显，生育支持政策实效尚不显著，人口老龄化程度加深，少儿人口、劳动年龄人口比重下降，高端人才短缺。为此，要以系统观念统筹协调人口与经济社会发展，多举措综合发力，完善生育支持政策，提振人口生育意愿，健全完善养老服务体系，积极建设多层次开放教育体系，提升人口整体素质，将人口发展新特征转化为谱写中国式现代化建设河北篇章的强劲动力，真正实现人口高质量发展。

关键词：　人口　高质量发展　生育政策

---

* 本报告数据统一来自历年《河北省国民经济和社会发展统计公报》。

** 郑萍，河北省社会科学院社会发展研究所副所长、研究员，研究方向为社会政策与社会治理；董亚方，衡水学院讲师，研究方向为基层治理与志愿服务。

　　人口在中国式现代化建设中发挥着基础性、战略性作用，对经济社会的发展具有重大影响力。随着我国进入新时代、开启新征程，河北人口发展也呈现新的阶段特征，"低出生率、老龄化、城镇化"的发展态势成为河北人口发展的新背景，新时代人口发展特征既是河北经济社会发展的结果，也是河北经济社会发展的条件，对于河北现代化建设既是机遇也是挑战。要以系统观念统筹协调人口与经济社会发展，在完善生育支持政策、应对人口老龄化、提升人口素质等方面综合发力，将人口发展新特征转化为谱写中国式现代化建设河北篇章的强劲动力，真正实现人口高质量发展。

一　河北人口发展特征

（一）人口增长出现拐点，总体规模出现负增长

　　河北人口总量于 2020 年首次出现负增长。2021 年河北人口总量 7448 万人，较 2020 年减少 16 万人，自然增长率为 -0.43‰。2022 年人口规模持续减少，年末常住人口 7420 万人，较上年减少 28 万人，出生率 6.09‰，低于全国 0.68 个千分点，连续三年跌破 10‰，自然增长率 -1.71‰，较上年下降 1.28 个千分点（见表 1）。

表 1　2012~2022 年河北人口规模变化情况

单位：万人，‰

年份	人口总量	出生率	自然增长率
2012	7288	12.88	6.47
2013	7333	13.04	6.17
2014	7384	13.18	6.95
2015	7425	11.35	5.56
2016	7470	12.42	6.06
2017	7520	13.20	6.60

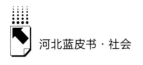

续表

年份	人口总量	出生率	自然增长率
2018	7556	11.26	4.88
2019	7592	10.83	4.71
2020	7464	8.16	2.50
2021	7448	7.15	-0.43
2022	7420	6.09	-1.71

各市人口增减不平衡，石家庄人口增幅最大，2022 年末人口总量比上年增长 1.88 万人，增幅 0.17%，石家庄积极引进优势产业，壮大产业集群，吸引优秀人才到石家庄就业，招聘大量外来人员到石家庄务工。唐山、沧州人口增幅仅次于石家庄，分别增长 0.90 万人和 1.08 万人，增幅分别为 0.12% 和 0.15%。邯郸人口减少最多，2022 年末比上年减少 8.29 万人，减少 0.9%。此外，人口减少超过 5 万人的还有保定和邢台，分别减少 6.30 万人和 6.23 万人，减幅分别为 0.6% 和 0.9%。人口增减的不平衡也从一个侧面反映出地区经济社会发展对人才和劳动力的吸引力差异。

（二）人口出生率整体下降，群众生育意愿整体不高

河北人口出生率在 2021 年出现 1.01 个千分点下降后，2022 年继续下降 1.06 个千分点。调查数据显示，河北青年理想子女数分布较为集中，81% 的青年愿意生育 1~2 个子女，但很少愿意再生育更多子女。在国家鼓励生育的政策背景下，仅有 11.9% 的被访青年有再生育的计划，28.4% 的被访青年还徘徊在生与不生的选择中，一半以上没有再生育计划。当前，河北生育支持政策体系还不完善，生育支持政策对群众生育潜力的激发效果尚不明显。

河北实际生育水平较低，与生育意愿存在差距，外围环境对生育行为选择有显著影响。调查数据显示，河北虽然有 55.4% 的青年希望有 2 个子女，但实现这一愿望的青年比例仅为 23.1%，有 32.3% 的青年愿意生育 2 个子女，但由于各种因素的影响目前只生育 1 个子女。由此可见，河北青年生育

意愿高于实际生育水平，实际生育水平仍有提升空间，这部分尚未实现理想生育意愿的青年是河北进一步提升实际生育水平的潜在对象。

（三）人口城镇化水平提升，与全国差距整体呈扩大趋势

2022年末河北城镇人口4575万人，比上年末增加21万人，增长0.5%，乡村人口2845万人，比上年末减少49万人，减少1.7%。在全省人口总体规模减小的情况下，城镇人口规模仍保持持续增长。河北城镇化水平不断提升，2022年末常住人口城镇化率61.65%，比上年末提高0.51个百分点。城镇化水平与全国差距整体呈扩大趋势，2022年末河北城镇化率低于全国水平3.57个百分点，比2018年末差距扩大0.42个百分点。全省各地区城镇化率差异显著，最大差距达到19.61个百分点，高于全国水平的城市为石家庄、唐山、秦皇岛、张家口、廊坊5个城市，其中石家庄城镇化率最高，达71.44%，高于全国水平6.22个百分点（见表2、表3）。

表2 2018~2022年河北与全国城镇化情况比较

单位：万人，%

年份	河北城镇人口	河北乡村人口	河北城镇化率	全国城镇化率
2018	4264	3292	56.43	59.58
2019	4374	3218	57.62	60.60
2020	4483	2980	60.07	63.89
2021	4554	2894	61.14	64.72
2022	4575	2845	61.65	65.22

表3 2022年河北各地区城镇化率

单位：%

地区	城镇化率	地区	城镇化率
石家庄	71.44	张家口	67.48
唐山	65.79	承德	58.07
秦皇岛	65.47	沧州	52.84
邯郸	60.20	廊坊	66.01
邢台	55.25	衡水	56.34
保定	59.08	雄安新区	51.83

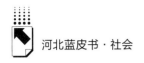

（四）现代教育体系不断完善，人口整体素质稳步提升

教育是提升人口素质的基础，随着"科教兴冀"战略深入实施，河北现代教育体系不断完善，教育现代化水平不断提升，学前教育、义务教育、高中教育和高等教育进一步优质发展。2022 年，河北劳动年龄人口平均受教育年限达到 11.02 年，较 2020 年提高 0.22 年。学前三年毛入园率达到 90.01%，高于全国水平 1.91 个百分点，全省幼儿园总数达到 18692 所，实现了城乡幼儿园全覆盖。九年义务教育巩固率达到 98.02%，小学毛入学率 102.48%，初中毛入学率 107.68%。高中阶段毛入学率 96.1%，高出国家"十四五"末规划目标 4.1 个百分点。积极开展省级示范性高中评估认定，省级示范性高中占比达到 40.24%，超 60% 的学生享受到优质高中教育。高等教育规模不断扩大，2022 年末全省普通高等学校 124 所，招生 55.8 万人，比上年增长 7.9%，全年研究生教育招生 2.9 万人，比上年增长 7.0%，在学研究生 8.2 万人，比上年增长 12.2%，毕业生 1.9 万人，比上年增长 10.3%。

（五）社会保障水平不断提高，弱势群体得到有效保障

社会保障体系不断完善，人口社会保障水平不断提高。"十四五"以来，河北基本医疗保险参保人数每年保持在 7000 万人以上，基本医疗保险参保率 95% 以上，达到了"稳定在 95% 以上"的要求。2022 年全省城镇职工参加基本养老保险的人数 1867.24 万人，比上年增加 61.76 万人；参加失业保险的人数 795.43 万人，比上年增加 48.07 万人；参加工伤保险的人数 1105.92 万人，比上年增加 21.24 万人。

弱势群体保障水平提升。2022 年，全省养老机构护理型床位占比达到 58.62%。城镇户籍低保、低收入家庭申请公租房实现应保尽保，符合条件的农村低收入群体住房安全得到有效保障。残疾人保障水平显著提升，全省困难残疾人生活补贴和重度残疾人护理补贴目标人群覆盖率实现 100%。困难残疾人生活补贴、重度残疾人护理补贴标准分别提高至每人每月 86 元、80 元，增长幅度分别达到 30%、33%。

二 河北人口高质量发展存在的瓶颈问题

（一）生育支持政策存在短板，政策实效尚不显著

虽然河北已经全面实施"三孩"生育政策，但提升生育意愿的政策支持效果并不明显。调查发现，养育成本成为影响青年群体再生育的主要因素，河北婴幼儿每年的养育成本约 3 万元，河北全省居民 2022 年人均可支配收入为 30867 万元，按三口之家计算，一个孩子的养育成本占到家庭总收入的 1/3 左右，较高的养育成本挤压了再生育的资源空间。河北婴幼儿托育资源供给相对不足，截至 2023 年 6 月，全省共有托育服务机构 4655 家，可提供托位数 28.26 万个，每千人口托位数达到 3.81 个，虽然年均增速优于发展预期，但与"到 2025 年，每千人口拥有 3 岁以下的婴幼儿托位数将达到 4.5 个"的发展目标还有一定差距。河北婴幼儿入托率远远低于经济合作与发展组织国家 33.2% 的平均入托率。河北生育医疗资源呈现结构性短缺，优质生育医疗资源尤其紧张，大部分妇幼保健院规模偏小，处理高危产妇病情的技术水平和业务能力不高，难以应对大幅增长的高危孕产病例，无法满足众多家庭追求高质量孕产医疗服务的需求。生育后的职业风险，更加剧职业女性的生育顾虑，女性孕产期间虽然没有被辞退，但面临产假后无工作岗位和职业晋升受阻的情况，青年女性生育后回归劳动力市场仍然面临巨大困难。

（二）人口老龄化程度加深，少儿人口、劳动年龄人口比重下降

从人口年龄结构（见表 4）来看，2022 年末河北省 0～15 岁人口 1476 万人，比上年减少 51 万人，占比 19.89%，下降 0.61 个百分点，近 3 年呈持续下降趋势。2022 年河北少儿抚养比为 33.7%，比上年减少 0.9 个百分点，进一步说明河北少年儿童人口的减少幅度大于劳动年龄人口的减少幅度。国家生育政策的调整虽然在短期内释放了部分生育需求，但仍无法扭转少儿人口比重持续下降的趋势。

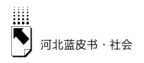

表4 2021~2022年河北人口年龄结构情况

单位：万人，%

年龄段	2021年		2022年	
	人数	比重	人数	比重
0~15岁	1527	20.50	1476	19.89
16~59岁	4414	59.26	4385	59.10
60岁及以上	1507	20.23	1559	21.01
65岁及以上	1111	14.92	1160	15.63

河北省劳动年龄人口呈现负增长趋势，2022年末河北省16~59岁人口4385万人，比上年减少29万人，占比59.10%，下降0.16个百分点。河北省人口出生率下降、劳动力外流等是劳动年龄人口比重下降的主要原因。

老龄化程度持续加深。2022年末河北60岁及以上人口1559万人，比上年增加52万人，占比21.01%，增加0.78个百分点，其中，65岁及以上人口1160万人，比上年增加49万人，占比15.63%，增加0.71个百分点（见图1）。人口老龄化社会的国际通用标准是60岁及以上的老年人口在总人口中的比例超过10%或65岁及以上的老年人口在总人口中的比例超过7%，河北老年人口比例远超这一认定标准。老年人口数量增多伴随劳动年龄人口数量减少，进一步加深了河北人口老龄化程度，给经济社会发展带来更大的挑战。

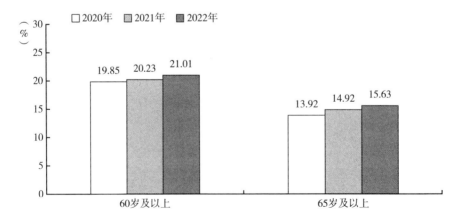

图1 2020~2022年河北老年人口比重变化情况

（三）高层次人才供给缺口较大，高端人才短缺

随着河北产业转型升级步伐加快，河北对高层次人才的需求日益迫切，高端人才短缺问题日益凸显，人才短缺越来越成为制约河北高质量发展的突出问题。高等教育是人才供给的主要渠道，河北高等教育发展基础较为薄弱，2022 年河北普通高等教育在校生数 177.4 万人，比山东少 75.3 万人，研究生教育在校生数 8.2 万人，比山东少 8.3 万人。研究生教育基础尤其薄弱，虽然河北普通高等教育招生数、在校生数、毕业生数远远超过吉林，但研究生教育招生数、在校生数和毕业生数却分别低于吉林 0.3 万人、1.5 万人和 0.6 万人（见表 5），可见河北培养高端人才的研究生教育严重滞后于其他省份，对河北高端人才的培养支撑力度不够。

表 5　2022 年河北与部分省份高等教育比较

单位：万人

省份	普通高等教育			研究生教育		
	招生数	在校生数	毕业生数	招生数	在校生数	毕业生数
河北	55.8	177.4	48.8	2.9	8.2	1.9
山东	85.3	252.7	—	5.7	16.5	—
安徽	46.2	155.4	41.9	3.9	11.9	2.4
吉林	25.5	78.7	21.8	3.2	9.7	2.5

三　河北人口高质量发展的对策建议

（一）完善生育支持政策，提振人口生育意愿

低出生率、老龄化加剧、劳动年龄人口比重下降将会引起社会劳动力不足、养老负担过重等问题，对经济发展活力、消费需求潜力、劳动力供给、社会保障等造成较大压力，对经济社会发展造成不利影响。要不断完善生育

支持政策体系，降低生育、养育、教育成本，提振人口生育意愿。建设新型生育文化是提升生育支持政策实效的有力保障。一要大力倡导新型生育文化，引导社会公众形成正确的婚育观念，转变仅用经济理性来考虑生育问题的价值观念。多形式采用微博、微信等进行政策宣传，在电视、广播等上面多频次高质量投放鼓励生育的公益广告。二要构建多层次托育服务供给网络，缓解子女照料难题。孩子无人照料是超半数家庭放弃再生育的重要原因，积极发展普惠型托育服务，是缓解双职工家庭养育子女问题的重要途径。创新探索医托一体化模式，支持有条件的幼儿园开设托班。合理规划布局社区嵌入式托育服务点，探索国有企业联合幼教集团创办托育服务机构。三要完善孕妇维权体系，设立女性就业投诉平台，监管歧视育龄女性就业的隐性行为，重点受理女性在分娩后重返就业岗位时遭到不公平待遇的问题，保障育龄青年就业公平性。四要建立社会保障和社会福利协同支持的生育补贴机制，减轻生育、养育经济负担。目前，河北社会保障和福利体系中育儿保障支持功能薄弱，尚未对生育形成强有力的支撑。结合河北经济社会发展的实际，可以探索建立社会保障和社会福利协同支持的生育补贴机制，与直接发放生育补贴相比，其既可以部分减轻财政负担，也可以增强社会保险的吸引力，吸引更多人参与社会保险。探索用人单位从工会经费中报销职工未成年子女城乡居民医保费用，在职工福利费中列支托育服务消费券。加大生育保险支持力度，适当提高生育医疗费用的报销比例，为生育家庭提供适当的检查费用减免，逐步将孕产妇产前检查、产后康复费用及辅助生殖技术项目按程序纳入医保基金支付范围。

（二）健全完善养老服务体系，积极应对人口老龄化

河北人口老龄化程度不断加深，给经济社会发展带来一定挑战，但同时也催生了潜力巨大的养老消费市场，因此要健全完善养老服务体系，促进养老服务扩大升级，更高效应对人口老龄化。织密织牢兜底型养老服务网，构建城乡养老服务设施网络，城市地区按照"一街道一中心，一社区一站（点）"标准，构建定位精准、功能互补的社区居家养老服务网络。积极探索

将条件适宜的培训疗养机构转型为医养结合、健康养老等普惠型养老服务设施。推动长期照护服务体系建设，对失能老人家庭进行居家适老化改造，提供医养结合的长期照护服务，解决失能人员基本护理保障需求，提升老年人居家生活品质。依托农村幸福院、邻里互助点等，发展农村互助性养老，鼓励专业服务机构托管运营农村互助养老设施。拓宽医养结合供给渠道，创新医养结合服务模式，强化公立医院医养结合服务，推动乡村医疗机构与养老机构多模式医养结合，鼓励社会力量投入医养结合，推动医养结合深度融合发展。

（三）积极建设多层次开放教育体系，提升人口整体素质

实施"科教兴冀"战略，推动现代教育高质量发展。统筹优化教育资源布局，根据京津冀协同发展、雄安新区建设、新型城镇化战略实施进程，全面加快义务教育优质均衡发展和城乡一体化，推动教育公共服务配置与人口发展规模相适应，使人口红利逐步向人才红利转变。持续推进教育优质均衡发展，加大力度改善农村学校办学条件，实施乡村小规模学校和乡镇寄宿制学校全面改薄校舍建设。继续实施乡土人才培育行动计划，畅通乡土专业技术人才和技能人才职业发展道路，持续优化乡村教师队伍配置，提升乡村教师地位、待遇，进一步稳定乡村教师队伍。加快构建服务全民的终身学习体系，积极推动开展"互联网+老年教育"，广泛开展老年人智能化教育培训，高质量建设河北老年开放大学，构建方式更加灵活、资源更加丰富、学习更加便捷的终身学习体系。

持续加大高素质、高技能人才培养和引进力度，加强高端人才的培养与引进，推动人口和经济社会协调、健康发展。积极引进产业发展急需的领军人才和科研团队，吸引两院院士等高端人才带项目、带技术来冀创业，或直接参与省内重大产业化项目和关键技术攻关。调整高等院校学科结构，鼓励高校设置与战略性新兴产业相关的重点学科群，尤其是电子信息、高端装备制造、生物医药、新能源、新材料、环保等重点战略性新兴产业领域，制订与前沿关键技术相关的面向专业实践、面向跨学科、面向尖端科技的特色教

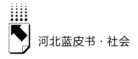

学计划。实施"优秀企业家培养计划",培养一批具有全球战略眼光和市场开拓精神、能够敏锐捕捉国家前沿技术动态、高度重视创新能力建设的知名优秀企业家和高级管理人才。

参考文献

朱荟:《以中国式现代化助推人口发展战略新格局》,《社会科学辑刊》2023年第4期。

王军:《人口负增长背景下人口规模巨大的现代化及其人口发展战略》,《开放时代》2023年第4期。

王广州:《坚持以系统观念统筹谋划人口发展》,《中国人口科学》2023年第5期。

《河北省2022年国民经济和社会发展统计公报》,河北省统计局网站,2023年2月25日,http://www.hetj.gov.cn/cms/preview/hetj/app/tjgb/101672190375289.html?eqid=c49099a6000273e40000000264783ac3。

共青团河北省委员会编《河北青年发展报告(2022)》,社会科学文献出版社,2023。

B.3
河北省民生发展报告

严晓萍*

摘　要： 河北省在长期经济社会发展中，民生事业和民生工程一直是政府关注重点，在居民收入增长、消除贫困人口、社会保障覆盖面扩大、城乡就业环境改善、生态环境治理等方面取得重大成果，但同时也存在一些短板，为弥补河北省民生方面尤其是居民收入、高质量充分就业、生态环境安全等方面的差距和不足，本报告明确了未来发展的重点领域，并提出了做大经济总量，着力稳定和扩大就业，全方位推动教育、医疗资源优化配置，协同管控区域生态空间等对策建议。

关键词： 民生事业　民生工程　河北省

　　增进民生福祉是社会建设的重中之重，也是发展的根本目的，而保障和改善民生是不断实现人民对美好生活的向往的现实需要。党的十九大报告提出"提高保障和改善民生水平"，党的二十大报告进一步提出"增进民生福祉，提高人民生活品质"，从改善到提高，从民生水平到生活品质，体现了根据新发展阶段的新特点提出了新要求、新目标，必须坚持在发展中保障和改善民生，鼓励共同奋斗以创造美好生活，在此背景下，河北省持续推进普惠性、基础性的民生建设，群众获得感显著提高。

---

* 严晓萍，河北省社会科学院社会发展研究所研究员，研究方向为人口社会学。

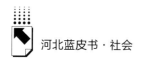

一 河北省民生建设取得全方位成就

河北省经过多年奋斗，特别是在整个发展过程中，注重民生、保障民生、改善民生，民生状况得到极大改善。2022 年，民生支出占一般公共预算支出比重达到 80.8%，有力保障了 20 项国家、河北省民生工程和各项民生政策顺利实施和全面落实，人民的生活质量和社会的共享水平取得了历史性进步。

（一）城乡居民人均可支配收入连续提高

党的二十大报告提出"规范收入分配秩序"，"坚持多劳多得……促进机会公平，增加低收入者收入，扩大中等收入群体"。发展是保障和改善民生的前提，河北省坚持在发展中改善民生，出台了一系列稳增长、促就业、惠民生的政策措施，人均可支配收入从 2012 年的 13647 元，提高到 2022 年的 30867 元，2022 年比 2021 年增长 5.1%，增速比全国平均水平高 0.1 个百分点。2022 年城乡收入差距进一步缩小，城镇居民人均可支配收入提高到 41278 元，农村居民提高到 19364 元，城乡居民收入比由 2021 年的 2.189 缩小为 2022 年的 2.132。2012 年到 2021 年，连续十年调整企业退休人员基本养老金，月人均收入从 1739 元提高到 3025 元，增长了 0.7 倍。①

（二）绝对贫困得到了历史性解决

全国首次消除了区域性整体贫困，9899 万农村贫困人口全部脱贫。河北省 7746 个建档立卡贫困村全部出列，62 个贫困县全部摘帽。②"一个都不掉队"成为全面小康的标志性成就，河北省积极响应国家提出的乡村振兴

---

① 国家统计局数据。
② 《中共河北省委"中国这十年·河北"主题新闻发布会实录》，河北省工业和信息化厅网站，2022 年 8 月 10 日，http：//gxt.hebei.gov.cn/shouji/xwzx12/jdxw/910286/index.html。

战略，持续巩固拓展脱贫攻坚成果。2022 年，全省脱贫人口享受就业帮扶政策补贴共 3.24 万人次，涉及 2225 家企业，支出就业补助资金 9949 万元。推进脱贫人口稳岗就业，全省脱贫人口（含防止返贫监测对象）务工 92.08 万人，完成国家下达目标任务的 110.39%，为他们就业创业提供了有力的金融支撑。①

（三）社会保障实现基本全覆盖

2021 年底，全省基本养老保险、失业保险、工伤保险参保人数分别达到 5358.32 万人、747.36 万人、1084.68 万人，比十年前分别增长了 20%、49%、56%。截至 2022 年 11 月底，河北省基本养老保险、失业保险和工伤保险参保人数分别达到 5412.86 万人、792.14 万人和 1115.28 万人，基本养老保险覆盖率达到 94.9%。失业保险从 2023 年 1 月 1 日起实施省级统筹，社会保险待遇水平稳步提高，经办管理服务规范化、标准化、信息化水平显著提升，河北省社保卡持卡人数达 7379 万人，实现法定人群基本全覆盖。②为保障困难群众基本生活，为低保对象和特困人员增发一次性生活补贴，惠及困难群众 189.3 万人。在人社公共服务方面，一体化平台所有业务系统全部上线运行，实现线上"一网通办"、线下"一窗综办"，省、市、县三级建立人社政务服务大厅，纵向与人社部 83 项数据实现共享，横向与 17 个部门实现数据共享。建成省、市、县、乡、村"五级八统一"的公共服务标准化体系，人社业务延伸到全省所有乡镇和村级综合政务服务站。

（四）卫生健康服务能力不断提升

2021 年每千人口医疗机构床位数、执业（助理）医师数、注册护士数分别达到 6.11 张、3.41 人、3.02 人，与 2020 年相比分别增长 3.01%、

---

① 《河北多措并举帮扶脱贫人口稳岗就业》，中国政府网，2023 年 1 月 6 日，https：//www.gov.cn/xinwen/2023-01/06/content_ 5735235. htm。

② 《民生人社｜基本养老保险覆盖率达到 94.9%！河北民生保障工作取得扎实成效》，河北新闻网，2023 年 1 月 1 日，https：//hebei. hebnews. cn/2023-01/01/content_ 8925896. htm。

5.90%、11.85%。全省 400 余家二级以上医疗机构建设远程医疗系统，其中省市级医院 84 家，县级 320 家。全省 138 个县（市、区）均建有 1 家康复中心，实行市场化运营，实现了全覆盖，未来将建设传染病医院、妇科医院、儿童医院项目共 149 个，其中 51 个项目已完工，进一步改善全省医疗机构的设施条件，为儿童、妇女、老年人、残疾人等人群提供更加方便快捷的健康服务，构建起全方位、全生命周期的卫生健康服务格局。不断完善医养结合的养老服务体系，2021 年底全省医养结合机构数量达到 427 家，培训医养结合机构卫生技术人员 3054 人，有效提高了从业人员能力。截至 2022 年末，全省共有医疗机构 90206 家，其中医院 2424 家，乡镇卫生院 1970 家，社区卫生服务中心（站）1598 家，妇幼保健院（所、站）184 家，疾病预防控制中心 187 家。卫生技术人员 58.20 万人，其中，执业医师及执业助理医师 26.11 万人，注册护士 23.81 万人。医疗机构床位 48.45 万张，其中医院 38.16 万张，乡镇卫生院 7.71 万张。[①]

（五）城乡就业格局发生历史性转变

全省城镇就业人员总量从 2012 年的 1222 万人增加到 2021 年的 2133 万人，就业人员占比由 2012 年的 29.9% 上升到 2021 年的 58.6%，2022 年全省城镇新增就业 89.69 万人，超额完成全年 86 万人目标任务，全省新发创业担保贷款 17.7 亿元，扶持 5000 余人自主创业，带动吸纳 1.6 万人实现就业。城镇失业人员再就业 30.02 万人，比上年增加 1.53 万人，就业困难对象实现再就业 10.29 万人，比上年减少 1.52 万人，促进 1200 万名农村劳动力转移就业。[②]

加大脱贫劳动力就业创业支持力度。对脱贫劳动力实现全覆盖、全实名

---

① 《河北省 2022 年国民经济和社会发展统计公报》，河北省统计局网站，2023 年 2 月 25 日，http：//www.hetj.gov.cn/cms/preview/hetj/app/tjgb/101672190375289.html？eqid=c49099a6000273e40000000264783ac3。

② 《河北人社 非凡十年 | 我省城乡就业格局发生历史性转变》，河北省人力资源和社会保障厅网站，2022 年 10 月 13 日，https：//rst.hebei.gov.cn/a/news/shengting/2022/1013/12396.html。

和全过程管理服务,通过有组织劳务输出、帮扶车间吸纳等"5+N 渠道"促进务工就业,全省建设创业就业孵化基地 525 家,入驻创业实体 3.14 万个,目前全省劳务品牌 230 个,累计带动就业达 1000 万人次,河北省人力资源服务机构达 2998 家,每年帮助近 300 万人次实现就业和流动。有国家级人力资源服务产业园 1 家,省级产业园 5 家,市县级产业园 9 家,初步形成人力资源服务集聚发展新格局。①

重视退役军人就业创业。建立了省、市、县、乡、村五级就业指导、调查登记、政策宣传、岗位推介、跟踪服务全链条服务体系,优化退役军人就业创业需求台账、落实政策清单、加大教育培训力度,高质量推动退役军人就业创业工作,使退役军人就业率逐年提高。

(六)托育、养老服务不断强化

印发《促进 3 岁以下婴幼儿照护服务高质量发展方案》《关于促进 3 岁以下婴幼儿照护服务和"河北福嫂·燕赵家政"融合发展的实施意见》,提出促进婴幼儿照护服务发展具体举措,满足群众多样化婴幼儿照护服务需求。2021 年底全省实施备案的机构达到了 766 家,数量居全国首位,全省可提供托位 90418 个,每千人口 3 岁以下拥有托位数达到 1.21 个。推进社区居家养老服务机构建设,2022 年末全省各类提供住宿的社会服务机构 1882 家,床位 23.69 万张,社区综合服务设施 51975 个。② 全省 4700 多个城市社区实现日间照料全覆盖,采取政府补贴方式,持续加大特殊困难老年人家庭适老化改造力度,全面建立居家社区探访制度,特殊困难老年人月探访率达到 100%。2022 年全省有医养结合机构 462 家,拥有床位 9.58 万张,全面建立 80 岁及以上老年人高龄津贴、养老服务补贴和护理补贴制度,培

---

① 《河北人社 非凡十年 | 我省城乡就业格局发生历史性转变》,河北省人力资源和社会保障厅网站,2022 年 10 月 13 日,https://rst.hebei.gov.cn/a/news/shengting/2022/1013/12396.html。

② 《河北省 2022 年国民经济和社会发展统计公报》,河北省统计局网站,2023 年 2 月 25 日,http://www.hetj.gov.cn/cms/preview/hetj/app/tjgb/101672190375289.html?eqid=c49099a6000273e40000000264783ac3。

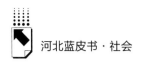

训养老护理员 5.1 万人次，为 50 万人次老年人开展智能技术培训，支持 3 万户特殊困难老年人家庭适老化改造，打造敬老爱老服务公交线路 11 条，完成适老化改造公交站台 141 座。

（七）民生工程不断推进

2023 年河北省棚户区改造开工 12 万套、建成 8 万套，进一步改善群众居住条件。完成老旧小区改造 1816 个。启动城中村改造 459 个，截至 2023 年 5 月，全省已启动改造项目 199 个，并在城市建成区内全部展开，培育保定市、邯郸市峰峰矿区为改造试点，鼓励各市对城中村进行连片、打捆、整体改造。全省共新建成 166 个口袋公园，各县（市、区）分别新建成 1 个高品质口袋公园。改造建设农村公路 7000 公里，其中"对接路" 330 公里。新建农村粪污处理站 695 座，改造提升农户厕所 30.79 万座。新建、改扩建义务教育学校 100 所，校舍面积达 30 万平方米。全省城镇新增就业 86 万人，创建省级劳务品牌 30 个。支持 4 万户有特殊困难的老年人家庭进行居家适老化改造，改善居家生活照料条件，提升居家养老生活品质。创建标准化托育机构 300 家，增加托位 1 万个左右。面向全省城乡居民发放文化和旅游惠民卡（券） 200 万张以上。①

（八）生态环境治理成效显著

森林覆盖率从 2015 年的 31% 提高到 2022 年的 35% 以上，草原综合植被覆盖程度达到 73%，高于全国平均水平 17 个百分点。据河北省生态环境厅发布数据，2022 年，全省 $PM_{2.5}$ 平均浓度达到 36.8 微克/米^3，同比下降 5.2%，优良天数比例达到 74%，11 个设区市历史上第一次全面退出全国重点城市空气质量排名"后十"并稳定向好。全省地表水国考断面优良比例达到 84%，同比提高近 10 个百分点。压减地下水超采量 7.4 亿立方米，生

---

① 《权威发布 | 我省印发〈河北省 2023 年民生工程实施方案〉》，河北网络广播电视台网站，2023 年 1 月 31 日，https://www.hebtv.com/19/19js/zx/lbhj/11024269.shtml。

态补水 53.5 亿立方米，完成营造林 636.0 万亩、退化草原治理 44.6 万亩。创建国家生态文明建设示范区和"两山"实践创新基地 5 家。① 对城市黑臭水体治理，实施县级以上城市雨污分流工程，推进建制镇以上生活污水处理设施全覆盖，推进重点流域重污染企业搬迁改造，推动涉水工业企业入园进区，实现污水全部集中收集、集中处理、达标排放。白洋淀生物多样性显著增强，野生鱼类恢复至 46 种，野生鸟类达到 237 种，比新区设立前增加 31 种，全球极危物种青头潜鸭在白洋淀"安家"，雄安新区建成国内最大的城市郊野公园。

二 在发展中保障和改善民生的重点领域

河北省 2023 年政府工作报告中提出远期目标是到 2027 年，在社会发展领域，持续实施民生工程，坚持在经济社会发展过程中持续保障和改善民生，多措并举提高城乡居民收入，不断提升基本公共服务均等化水平，扎实推进共同富裕。完善就业公共服务体系，落实就业优先战略，促进高质量充分就业。健全覆盖全民、统筹城乡、公平统一、安全规范、可持续的多层次社会保障体系，稳步提高待遇水平。加快建设教育强省，优化区域教育资源布局，构建高质量教育体系。深入推进健康河北建设，促进优质医疗资源扩容和均衡布局，完善公共卫生体系，强化重大疫情防控救治体系和应急能力建设，到 2035 年，全面建成经济强省、美丽河北。近期目标是稳增长、稳就业、稳物价，有效防范化解重大风险，明确了居民人均可支配收入、城镇调查失业率、环境质量等经济社会发展指标。其中提高居民人均可支配收入，促进高质量充分就业，兜牢民生底线，实施民生工程、生态系统保护和修复工程，是河北省民生建设的重点领域，《河北省 2023 年民生工程实施方案》提出的 20 项主要任务也集中于这些方面。

---

① 《政府工作报告——2023 年 1 月 11 日在河北省第十四届人民代表大会第一次会议上》，河北省卫生健康委员会网站，2023 年 1 月 18 日，http：wsjkw.hebei.gov.cn/mtbd/393711.jhtml。

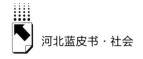

（一）收入是民生之源

增加居民收入是增进民生福祉、扎实推进共同富裕的必然选择，河北省居民人均可支配收入从纵向发展看持续增长，2022年为30867元，2012年为13647元，从横向比较看，全国居民人均可支配收入2022年为36883元，2012年为16510元，河北省一直低于全国居民人均可支配收入水平（见图1）。城乡居民的人均可支配收入差异也始终存在，从2012年的12064元，到2022年的21914元，并且差距有逐年加大趋势。

图1 2012~2022年河北省与全国居民人均可支配收入比较

资料来源：国家统计局网站。

随着经济社会不断发展，广大群众的消费需求从注重量的满足加快向追求质的提高转变，保障和提高城乡居民收入水平，才能满足人民对优质商品、高质量教育、高水平医疗卫生服务、丰富精神文化生活的需要，持续提高城乡居民收入水平，对扩大消费、激发投资活力、培育完整内需体系都具有重要作用。

（二）就业是民生之本

英国经济学家J. M. 凯恩斯在《就业、利息和货币通论》一书中提出，充分就业是在某一工资水平之下，所有愿意接受工作的人，都获得了就业机会。充分就业并不等于全部就业，与一定的失业率并存，有摩擦性失业和结构性失业、自愿失业，以及隐形失业人口或潜在过剩人口等。不同时期充分就业程度是变化的，以美国为例，20 世纪 50～60 年代的自然失业率为3.5%～4.5%，即 95.5%～96.5% 的就业率是充分就业状态，20 世纪 70 年代的自然失业率为 4.5%～5.5%，即 94.5%～95.5% 的就业率是充分就业状态，20 世纪 80 年代的自然失业率为 5.5%～6.5%，即 93.5%～94.5% 的就业率是充分就业状态。据国家统计局数据，2023 年 5 月，全国城镇调查失业率为 5.2%，25～59 岁就业主体人群失业率为 4.1%，外来农业户籍劳动力失业率为 4.9%，河北省 2023 年 6 月城镇调查失业率为 5.1%，总体看接近充分就业状态，但出现青年群体调查失业率整体偏高现象。据智联招聘发布的《2022 大学生就业力调研报告》，44.4% 的毕业生希望在国有企业工作，仅有 17.4% 的毕业生选择民营企业，现实中，我国的民营企业占企业总数的90% 以上，提供了 80% 以上的城镇就业岗位，这表明毕业生的求职意向与现实岗位需求之间存在巨大的结构性矛盾，这与年轻人对就业求职的心理预期过高，自身学历、技能条件与职位需求的匹配差异度大，流动性快，缺乏必要的职业培训等因素有关。

党的二十大报告指出"强化就业优先政策，健全就业促进机制，促进高质量充分就业"。解决就业问题，要靠发展经济，然而，我国正处在经济转型的关键时期，国际国内的经济环境仍处于复苏阶段，经济增速放缓，对青年就业造成很大的冲击，就业需求总量不足。从劳动力供给看，全省人口老龄化程度加深，普通高校毕业生人数再创新高，农村新生代劳动力和青年学生就业压力增大。稳就业就是稳民心，保就业就是保民生，从未就业到能就业、好就业，需要全方位打造高质量充分就业的经济社会发展环境。

（三）社会保障是民生之基

目前优质教育资源存在省内城乡分布不均衡、地区之间分布不均衡、市区内分布不均衡等现象，学校基础设施建设水平、教学质量、优秀教师比例相差很大。做好省内教育资源均衡化，优化中小学幼儿园布局，加强薄弱校建设，大规模提升教师队伍素质，规范义务教育入学秩序，消除区域内教育资源结构差异，逐步满足老百姓家门口上好学校的愿望是未来重点关注的民生领域。未来一个发展重点是实现京津冀区域教育资源共享。京津冀作为全国高质量发展的三大重要动力源地区之一，拥有数量众多的一流院校和高端研究人才，习近平总书记对三地教育协同发展提出殷切期望，"要推动京津优质中小学基础教育资源同河北共享，深化区域内高校师资队伍、学科建设、成果转化等方面合作"。①

（四）医疗是民生之需

河北省医疗卫生方面同样需要进一步推动优质医疗资源扩容和京津冀区域均衡布局，目前区域之间、城乡之间群众就近享有的优质医疗服务与优质医疗资源发展不平衡不充分的矛盾尚未得到根本缓解。基础设施、高素质医疗人才匮乏是基层医疗卫生机构发展的短板。

（五）生态环境是民生之福

京津冀区域内，河北省第二产业占比较大，空气污染治理任务重，北部还承担着防风抗沙的重要责任，一方面水资源供需矛盾突出，另一方面雨水集中形成山洪对山区村庄、河道沿线城镇的危害巨大，草原、湿地、岸线治理修复，以及国土绿化、造林、压减地下水超采量等重要生态系统保护和修复工程亟待推进，确保生态安全任务艰巨。

三　在发展中保障和改善民生的对策建议

党的二十大明确提出，中国式现代化是全体人民共同富裕的现代化，发展为了人民、发展依靠人民、发展成果由人民共享。

---

① 《推动基础教育资源共享，深化区域内高校合作——京津冀共绘教育"同心圆"》，教育部网站，2023 年 6 月 13 日，http：//www.moe.gov.cn/jyb_ xwfb/s5147/202306/t20230613_1064058.html。

（一）做大经济总量，做强主导产业、做大新兴产业、做优传统产业

以经济高质量发展夯实居民增收基础，拓展京津冀协同发展深度广度，积极承接京津产业转移，利用曹妃甸区、渤海新区、北戴河生命健康产业创新示范区等重点平台，保证疏解项目落地，为河北省经济发展积累能量。发展石家庄、廊坊等现代商贸物流产业，在环京地区建设一批高质量康养结合项目和蔬菜生产基地，加快与京津服务业深度融合。加快京津冀文化旅游带、长城文化旅游带、大运河文化旅游带等建设，构建环京津旅居大格局，拓展人民增收渠道。

（二）着力稳定和扩大就业，实现经济增长与扩大就业良性互动

从提高居民工资性、经营性、财产性和转移性收入方面进行通盘考虑，把创新创业的各项扶持政策落实到位，扩大就业容量，增强就业者与岗位的适配性。强化就业指导，完善职业技能培训，破解招工难与就业难并存的结构性矛盾。帮助高校毕业生、进城农民工等重点群体自主创业和灵活就业，鼓励中小微企业吸纳就业。不断增加居民经营性收入，持续改善投资环境，优化民营企业发展环境。发展具有核心竞争力的高科技新兴产业龙头企业，拓宽居民财产性收入渠道，抓好社会保障兜底，完善社会保障体系，不断增加群众的转移性收入。

（三）全方位推动教育、医疗资源优化配置，实现区域均衡发展

河北省在新改扩建义务教育学校、做好优化区域教育资源布局的同时，通过结对帮扶、委托管理、开办分校等方式，推动京津冀优质中小学基础教育资源共享，引入更多优质学校援建帮扶。三省市协同做好政策、人员、经费、待遇等方面的保障，协同破解教育面临的重点难点。加快推进国家区域医疗中心建设，做到百姓"大病不出省"，推动优质医疗资源扩容和均衡布

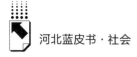
局，缩小重点病种治疗水平与京津等地差距。利用托管、合作等模式，主动与京津高水平医院"嫁接"，打造医教研协同发展体系，促进地方医院实现良性发展，通过技术帮扶、业务指导等方式培养基层医生，把优质医疗资源向基层延伸。

（四）协同管控区域生态空间，保障京津冀生态空间安全

协同管控区域生态空间，划定生态保护红线，保障京津冀生态空间安全。对标京津不断提高重点行业排污标准，补齐由产业结构造成的大气环境污染治理短板，构建空气质量与水环境省、市、县、乡监测体系，实施重点河湖流域生态保护治理，采用传统和现代手段，解决京津冀区域缺水和水患并存难题，减少和避免水灾损失，立足京津冀生态环境支撑区定位，统筹山水林田湖草沙湿地系统治理。

参考文献

《习近平：高举中国特色社会主义伟大旗帜 为全面建设社会主义现代化国家而团结奋斗——在中国共产党第二十次全国代表大会上的报告》，中国政府网，2022年10月25日，https：//www.gov.cn/xinwen/2022-10/25/content_5721685.htm。

《政府工作报告——2023年1月11日在河北省第十四届人民代表大会第一次会议上》，河北省卫生健康委员会网站，2023年1月18日，http：//wsjkw.hebei.gov.cn/mtbd/393711.jhtml。

《权威发布丨我省印发〈河北省2023年民生工程实施方案〉》，河北网络广播电视台网站，2023年1月31日，https：//www.hebtv.com/19/19js/zx/lbhj/11024269.shtml。

河北省卫生健康委员会：《健康河北建设行动方案（2023—2027年）》，2023年4月7日。

B.4
河北省社会保障发展报告

侯建华*

摘　要： 经过近年来的改革和发展，河北社会保障体系更加健全，覆盖范围迅速扩大，保障水平不断提升，服务效能显著增强，对于保障和改善民生、维护发展稳定大局发挥了重要作用，社会保障已经进入高质量发展阶段。但还存在全民覆盖面有待扩大、参保质量不高、发展不平衡、二三层次发展滞后、系统性协同性不足等短板。需要在做优基础保障的基础上，做强补充保障，统筹谋划和协调推进一、二、三层次保障联动发展，形成整体合力，推动社会保障高质量发展。

关键词： 社会保障　社会保险　河北省

习近平总书记指出："社会保障是保障和改善民生、维护社会公平、增进人民福祉的基本制度保障，是促进经济社会发展、实现广大人民群众共享改革发展成果的重要制度安排，发挥着民生保障安全网、收入分配调节器、经济运行减震器的作用，是治国安邦的大问题。"[1] 这一重要论述明确了社会保障在民生发展领域中不可或缺的基础性地位，揭示了社会保障在国家发展全局中不可替代的重要地位，也决定了社会保障在推进中国式现代化、实现全体人民共同富裕的进程中将承担更加重大的责任与使命。基于此，党的二十大报告提出要"健全覆盖全民、统筹城乡、公平统一、安全规范、可

---

* 侯建华，河北省社会科学院社会发展研究所副研究员，研究方向为人口城镇化与社会政策。

[1] 习近平：《促进我国社会保障事业高质量发展、可持续发展》，《求是》2022年第8期。

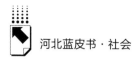

持续的多层次社会保障体系"。经过近年来持续的改革发展，河北省社会保障体系不断完善，"有"与"没有"的问题已经得到很好解决，现在其已经迈入追求"好"与"更好"的新阶段，需要进一步健全和完善多层次社会保障体系，推动社会保障持续健康高质量发展，为谱写中国式现代化建设河北篇章助力。

一 河北省社会保障发展状况

河北省历来重视社会保障事业改革和发展，特别是党的十八大以来，河北省突出保障和改善民生，使广大人民群众不受城乡、地域、性别、职业限制，在面对年老、疾病、失业、工伤、残疾、贫困等风险时都有了相应的制度安排，保障水平也逐步提高，全省社会保障体系建设已站在一个新的历史起点上。

（一）体系更加健全

党的十八大以来，省委、省政府把社会保障体系建设摆在改革发展的突出位置，社会保障体系建设快速推进。城镇居民社会养老保险和新型农村社会养老保险实现制度并轨，建立起统一的城乡居民基本养老保险制度，机关事业单位和企业职工养老保险制度实现并轨，城镇职工基本养老保险实现全国统筹。城镇居民基本医疗保险和新型农村合作医疗制度完成整合，建立起城乡居民基本医疗保险制度和大病保险制度，城乡居民基本医疗保险、城镇职工基本医疗保险实现市级统筹。生育保险和城镇职工基本医疗保险合并实施，工伤保险、失业保险实现省级统筹，长期护理保险试点稳步推进。除第一支柱的基本社会保险制度取得了突出成效外，第二支柱的企业年金、职业年金制度建立，并已初具规模，第三支柱中个人养老金制度 2022 年 11 月启动，石家庄、雄安新区作为全国先行城市（地区）开始落地实施。分层分类、综合高效的社会救助体系不断完善，养老、托幼、助残等福利事业不断发展，以社会保险为主体，涵盖社会救助、社会福利在内的功能完备的社会保障体系基本建成。

（二）覆盖范围迅速扩大

随着社会保障体系的逐步完善，各项社会保险、社会救助和社会福利覆盖面不断扩大。2022 年末，全省基本养老保险覆盖 5436.2 万人，比 2012 年增加 976.0 万人；参加工伤保险的人数 1105.9 万人，比 2012 年增加 411.1 万人；参加失业保险的人数 795.4 万人，比 2012 年增加 293.7 万人（见图 1）；截至 2023 年 9 月底，全省工伤保险参保人数达到 1155.1 万人，失业保险参保人数达到 808.4 万人，覆盖面进一步扩大。2022 年末，全省基本医疗保险参保人数为 7020.25 人，其中城镇职工基本医疗保险参保人数为 1238.30 万人、城乡居民基本医疗保险参保人数为 5781.96 万人，基本医疗保险参保率稳定在 95% 以上，比 2012 年提高 3 个百分点左右。2023 年第二季度，全省城乡低保人数为 159.28 万人，城乡特困人员救助供养人数为 25.12 万人，基本实现应保尽保。2023 年第二季度，全省集中养育孤儿 1511 人，社会散居养育孤儿 3261 人；享受困难残疾人生活补贴和重度残疾人护理补贴的人数分别达到 52.67 万人和 74.60 万人。总体来看，儿童、残疾人等福利保障的精准度不断提升。

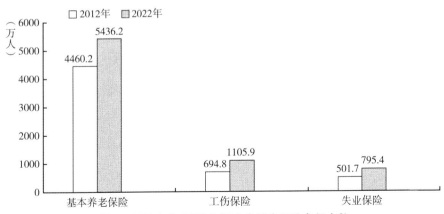

图 1　2012 年和 2022 年河北省社会保险参保人数

资料来源：历年《中国统计年鉴》。

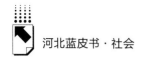

（三）保障水平稳步提升

随着社会保障体系逐步完善，各级财政投入持续增加，各项社保待遇调整机制不断健全，全省社会保障水平稳步提高。企业退休人员基本养老金实现 18 连涨，月人均从 2012 年的 1739 元提高到 2022 年的 3213 元，2023 年再次上调 3.8%。城乡居民基础养老金最低标准由最初的每人每月 55 元提高到 2023 年的 138 元，领取人数超过 1100 万人。2023 年，医保系统实施提高群众实际报销比例 3 个 1% 行动，截至 2023 年 11 月底，全省职工住院实际报销比例提高 4.32 个百分点，居民住院实际报销比例提高 3.76 个百分点。失业保险金月人均发放标准从 2012 年的 520~770 元上调至 2023 年的 1800~2200 元。全省城市平均低保标准从 2012 年的每人每月 335 元提高到 2022 年的 711 元、农村平均低保标准从 2012 年的每人每年 1847 元提高到 2022 年的 6141 元，困难群众的基本生活得到有效保障。2023 年，集中养育、社会散居孤儿养育标准分别达到 1750 元/人·月和 1300 元/人·月。2022 年，困难残疾人生活补贴和重度残疾人护理补贴标准分别达到每人每月 86 元和 80 元。

（四）经办服务不断优化

人社系统全面落实国家和省"放管服"改革和优化营商环境部署，积极运用信息化手段，以群众关注的问题为重点，努力打通经办服务"最后一公里"。不断完善社保关系转移接续政策，参保人员跨统筹、跨制度转移接续更加顺畅。强化数字技术赋能，全省人社一体化公共服务平台开通运行，社保业务实现线上"一网通办"、线下"一窗综办"。建成省、市、县、乡、村"五级八统一"的公共服务标准化体系，加强基层公共服务平台建设，社保服务延伸到全省所有乡镇和村级综合政务服务站。医保异地就医直接结算制度不断完善，异地就医购药直接结算服务范围持续扩大，基本医疗保险实现省内无异地。2023 年 2 月河北率先取消到京津异地就医备案手续，2023 年 4 月京津取消到河北异地就医备案手续，京津冀全面实现区域内所有定点医药机构就医免备案和直接结算，2022 年以来，全省异地就医直接结算超过 2500 万人次。

二　河北省多层次社会保障体系存在的短板

目前，社会保障体系已解决了"有"与"没有"的问题，进入追求"好"与"更好"的新阶段，我们应该清醒地认识到，虽然河北省社会保障改革与发展已经取得了突出成就，但多层次社会保障体系与我们加快建设经济强省、美丽河北，实现共同富裕的目标相比，还存在一些短板。

（一）全民覆盖还有提升空间

河北省社保制度已基本实现全覆盖，但仍有部分农民工、灵活就业人员、新业态从业人员等人群还未被纳入社会保障，"漏保""脱保""断保"等情况在一定程度上仍然存在。近年来，新就业形态快速发展，工作时间灵活、市场需求巨大的快递员、外卖送餐员、网约车司机、电商、网络主播等新型就业群体人数迅速增加，已经成为推动经济社会发展的重要力量，但这些新业态用工形式复杂，人员流动性大，而且从业者工作地点灵活、劳动时间自由、收入极度量化，导致与劳动关系绑定的部分社会保险制度不适应这种用工模式，大量的新业态从业人员无法被纳入工伤、失业等社会保险覆盖范围。调查中我们也发现，部分平台企业不提供任何保险，部分平台企业仅为从业人员购买商业保险，存在保险范围窄、保险期限短等问题，从业人员面临的职业伤害风险、疾病风险与养老风险不可忽视。在调研中我们还发现，部分居民特别是农村居民认为城乡居民医保个人缴费标准增长过快，缴费负担重，而且不能累计，自己不生病不住院享受不到报销政策就给别人做了贡献，居民参保缺乏持续动力，城乡居民医保征缴难度逐年加大。

（二）参保质量有待提升

近几年社保扩面提质取得了突出成效，但总体上仍存在参保质量不高的问题。一是部分群体存在参保年限短、中断缴费和缴费水平低等现象。相较而言，机关事业单位和大中型企业社保制度执行比较规范，参保缴费水平也较高，而一些中小微企业职工、个体工商户、灵活就业人员、城乡居民等社保覆盖面、参保年限、缴费水平明显不如机关事业单位和大中型企业，相当一部分人处于社保最低缴费水平。二是社会保险参保结构不合理，职保比例偏低。以基本养老保险为例，2022年，河北省参加基本养老保险的5436.2万人中，参加城镇职工基本养老保险的有1867.7万人，占比34.4%，比全国平均水平低13.4个百分点，与京津、苏浙等省份相比差距较大，也低于周边山东、山西等省份（见表1）。河北城镇化率已超过60%，农村劳动力大规模向城镇非农产业转移就业，城镇就业人员超过2100万人，但职保比例并没有大幅提高，主要是因为一些农业转移人口、灵活就业人员、中小微企业职工、个体工商户等群体仍然以居民身份参保，并未纳入职保体系之内。城乡居民基本养老保险基金筹集由政府补助和个人缴费两部分组成，由于居保参保人数多，缴费档次低，还有相当一部分老年人没有缴费，随着老龄化程度的进一步加深，待遇发放和调整将会给各级财政造成沉重负担，保障水平持续提高也面临严峻挑战。当前，在职工和居民两大制度并行的形势下，积极调整参保结构成为社会保障可持续发展的重要着力点。

表1　2022年河北省与全国及其他部分省份基本养老保险参保结构比较

单位：万人，%

地区	城镇职工基本养老保险参保人数	城乡居民基本养老保险参保人数	基本养老保险覆盖人数	城镇职工基本养老保险参保人数占比
全国	50355.0	54952.3	105307.3	47.8
北京	1867.8	188.3	2056.1	90.8
天津	800.1	171.6	971.7	82.3
山西	1065.8	1628.2	2694.0	39.6
山东	3333.6	4636.2	7969.8	41.8
河南	2484.9	5296.0	7780.9	31.9
江苏	3690.3	2340.7	6031.0	61.2
浙江	3472.8	1047.3	4520.1	76.8
河北	1867.7	3568.5	5436.2	34.4

注：基于不同资料来源，部分数据有细微出入。

资料来源：《中国统计年鉴2023》。

（三）发展不平衡状况仍然突出

由于我们的社会保障体系建设是一个先城镇后农村、分人群渐次推进的过程，而且区域经济发展不平衡状况长期存在，所以当前的社会保障区域之间、城乡之间、人群之间的差距仍然存在，发展不平衡状况仍然突出。一是区域、城乡差距长期存在。从全国来看，河北职工、居民基本养老保险待遇水平均不高，2022 年，全省城镇职工基本养老保险人均 3841 元/月，与京津的差距分别达到 2105 元/月、460 元/月；城乡居民基本养老保险人均 139 元/月，分别是京津的 10%、27%，仅高于吉林、河南、贵州三省（见图 2）。不仅如此，省内各县（市、区）之间由于财政状况不同，补贴标准不一，城乡居民基础养老金标准也存在一定差距，在统筹层次较低的情况下，各县（市、区）之间的待遇差别容易引起群众攀比，降低政府公信力，社会保障促进社会公平、缩小地区差距的目的没有达到，还有可能在长期的循环发展中进一步加大地区差距。二是人群之间差距仍然较大。尽管机关事业单位养老保险制度进行了改革，

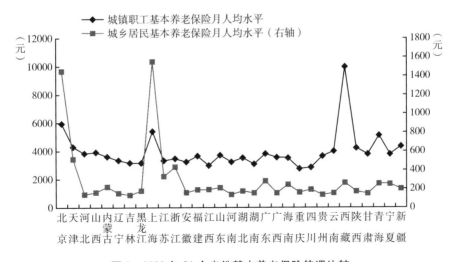

图 2　2022 年 31 个省份基本养老保险待遇比较

资料来源：《中国统计年鉴 2023》。

和企业职工养老保险制度实现了并轨，但机关事业单位的职业年金是强制性缴费，企业年金并没有强制性要求，未来二者的养老金水平必然还会存在差异，加之灵活就业人员、城乡居民养老保险缴费水平低、缴费年限短，其待遇与企业职工养老保险的差距也会客观存在，未来各个人群间养老保障水平依然会有所不同。我们在调研中也发现，部分退休时间较长的企业职工、灵活就业人员对自身社保待遇满意度较低，对于与机关事业单位退休人员的待遇差距所形成的不公平感较为强烈，这种由制度化碎片造成的城乡、人群差距不仅不利于经济社会协同发展，还可能会激化社会矛盾，增加社会不稳定因素。

（四）二三层次发展跟不上新时代发展要求

长期以来，政府建立和管理的基本社会保险制度作为第一支柱，发展"一家独大"，第二支柱企/职业年金制度和第三支柱个人养老金、商业养老保险制度的覆盖范围和补充保障作用还比较有限。从第二支柱来看，企业大多覆盖面不足。河北省职业年金制度 2014 年开始实施，虽然建立较晚，但因为是强制参加所以基本全面覆盖了机关事业单位职工，2022 年底，职业年金基金累计投资运营规模达到 788.13 亿元。企业年金制度 2005 年开始实施，2022 年底，全省企业年金资产金额达到 321.19 亿元，尚不足职业年金的一半，建立年金的企业只有 1476 家，占全省企业总数的比例不足 0.1%，覆盖职工 44.17 万人，占城镇职工基本养老保险参保人数的比例不足 3%，尽管近几年企业年金规模和参与企业、职工数量都在增加，但总体增速在下降，扩面任务艰巨（见表 2）。从第三支柱来看，个人养老金和商业养老保险制度还难以起到补充保障作用。由于个人保险意识不强，加之商业养老保险产品条款专业性强，对部分人来说复杂难懂，甚至存在误导营销乱象，群众消费意愿普遍不强。个人养老金制度在石家庄、雄安新区等先行城市实施以来，开户数量不少但实际缴费人数并不多。据统计，石家庄截至 2023 年6 月底开设个人养老金账户 104 万个，缴费资金 2.8 亿元，平均每个账户缴费不足 270 元，难以起到补充保障作用。现行个人养老金制度设置的缴费上限是 1.2 万元/年，对应的税收优惠对于中高收入群体吸引力不足。在人口老龄化速度进一步加快的形势下，各项社保制度面临的收支压力逐步加大，推动社保制度结构转型，推广普及二三层次补充保险是提高养老保险替代率、提升保障水平的重要突破口。

表 2 2012~2022 年河北省企业年金发展情况

年份	企业账户数（家）	增长率（%）	职工账户数（人）	增长率（%）	资产金额（万元）	增长率（%）
2012	445	—	358661	—	430692.47	—
2013	590	32.58	476384	32.82	601162.94	39.58
2014	929	57.46	525389	10.29	765477.69	27.33
2015	638	−31.32	390457	−25.68	976591.77	27.58
2016	682	6.90	377361	−3.35	1153252.79	18.09
2017	814	19.35	392298	3.96	1324295.32	14.83
2018	876	7.62	386370	−1.51	1482134.59	11.92
2019	1042	18.95	399693	3.45	1794997.45	21.11
2020	1188	14.01	424539	6.22	2541156.87	41.57
2021	1311	10.35	435918	2.68	2975040.49	17.07
2022	1476	12.59	441650	1.31	3211860.78	7.96

资料来源：根据历年《全国企业年金基金业务数据摘要》整理。

（五）系统性、协同性不足

社会保障体系内部包含三大系统，即托底型的社会救助、基本型的社会保险和提高型的社会福利。长期以来社会保障改革更多地着眼于解决经济体制改革进程中出现的相关问题，例如劳动力群体的失业保险、养老保险和医疗保险，当然这些改革在当时的历史条件下是合理的、有效的，为经济体制改革破除阻力、解决矛盾和问题提供了支撑，但也造就了今天社会保险在社会保障体系中的绝对主体地位，导致三大系统结构上的失衡。然而，我们也必须认识到，今天的社会保障不但面临着人口深度老龄化、城镇化加快、城乡融合发展及经济增速放缓等一系列因素形成的巨大压力，也面临着如何应

对主要社会矛盾变化，更好地满足人们对美好生活的向往所形成的高层次需求问题，社会救助和社会福利理应受到更大关注。

三　健全和完善河北省多层次社会
保障体系的主要着力点

要健全多层次社会保障体系，需要树立系统观念，着眼长远目标，立足发展实际，针对多层次社会保障发展不平衡不充分的问题，着力"固根基、扬优势、补短板、强弱项"。

（一）精准扩面，着力实现高质量全覆盖

深化全民参保计划，建立健全人社、医保、发改、工信、市场监管、统计、民政、教育、税务等部门协作机制，聚焦灵活就业人员、新业态就业人员、农民工等重点群体，精准定位到每一位未参保或断保人员，摸清底数，建立扩面对象动态信息库。积极探索适应新业态的参保缴费政策，促进和引导新业态就业人员参加城镇职工基本养老保险、工伤保险和失业保险。健全为困难群体代缴城乡居民基本养老保险、基本医疗保险费政策，适度加大困难群体参保补贴力度，将特困人员、低保对象、边缘易致贫返贫人口、脱贫人口、就业困难人员等特殊群体全部纳入基本社会保险补贴范围，全方位帮助困难群体稳定参保。持续开展社保政策、社保缴费与社保待遇等宣传活动，深入城乡社区、工地、集市等灵活就业人员较为集中的场所，使宣传活动融入更多烟火气，让社保知识与群众零距离接触，进一步提高群众对社保政策的知晓度和参保意识。加速数字化转型升级，促进线上线下深度融合，实现社保服务"一网通办、全程网办"，通过提高社保服务的便捷性来扩大社保覆盖范围。

（二）完善调整机制，着力提高社保待遇水平

根据国家部署，结合河北社会经济发展水平，完善各项社会保障待遇

调整机制，综合考虑社会平均工资增长幅度、社会消费水平和基金承受能力，合理确定各项待遇调整水平，让参保人员共享发展成果。落实城乡居民基本养老保险待遇确定和基础养老金正常调整机制，适度增加政府补贴，提高城乡居民基础养老金标准。健全失业保险待遇标准科学确定和正常调整机制，适度提高失业保险待遇，将失业保险支出范围从保障失业人员基本生活进一步扩大到支持职工技能提升、企业稳定岗位上。建立工伤保险药品目录、工伤保险诊疗项目目录、工伤保险住院服务标准动态调整机制，保障职工的基本用药和治疗康复需要，逐步提高因工致残人员伤残津贴、生活护理费等定期待遇水平，建立伤残津贴和供养亲属抚恤金最低保障机制。

（三）构建差别平衡机制，着力缩小城乡、区域差距

城乡之间、区域之间发展不平衡是河北的客观现实，并且很难在短时间内完全消除，现阶段的社保制度改革，不宜强求职工、居民两大制度合一，主要应从扩面、筹资、提高待遇、转移接续等方面做出统筹安排，逐步缩小城乡之间、区域之间差距。2022年，全省常住人口城镇化率已达到61.65%，而城镇职工基本养老保险参保人数占基本养老保险覆盖人数的比例不足35%，当前应主动完善政策，全面破除参保和转移接续的体制机制障碍，推动符合条件的农业转移人口和农村非农就业人群转入职工社保，调整参保人员结构，并逐步缩小职工和居民社保的筹资落差。逐步淡化城乡居民基本养老保险和医疗保险的福利性，在自愿的基础上适当增加一定的强制性，引导中青年群体积极参保缴费，合理设置梯度补贴，提高政府缴费补贴标准，激励个人多缴费、长缴费，增加个人账户积累，不断缩小城乡居民和城镇职工的社保待遇差。借鉴福建、山东、宁夏等地经验，尽快实施职工医保省级统筹，适时推动城乡居民基本养老保险和基本医疗保险省级统筹，均衡各市医保、社保基金支撑能力，防止区域之间社保水平差距扩大，缓解个别地区支付压力，增强制度公平性和抗风险能力。

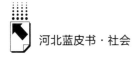

（四）补齐二三层次短板，着力做强补充保障

完善多支柱养老保险体系，拓展二三层次发展空间，培育壮大企业年金、职业年金、个人养老金、商业养老保险等补充养老保障。相关部门要加强企业年金宣传推介活动，提升企业和职工对企业年金制度的知晓程度，营造企业年金发展的良好社会氛围。引导国有企业、上市公司全面建立企业年金，鼓励中小微企业和社会组织建立企业年金，对不具备建立企业年金单一计划的用人单位，可通过企业年金集合计划管理模式，先行为中高级专业技术人员、管理人员建立年金。鼓励机关事业单位为编外人员建立企业年金，鼓励各类产业园区为驻区企业人才统一发起建立企业年金。推动个人养老金制度在石家庄和雄安新区先行先试，加大宣传力度，提高开户缴费比例，为在全省顺利实施探索可行路径。健全多层次医疗保障体系，推动大病保险、补充医疗保险、医疗救助、商业健康保险与基本医疗保险融合发展，满足人民群众多元化医疗保障需求，解决部分患者重特大疾病、特殊罕见病等高额医疗负担问题，推进各类医疗保障经办管理服务主体数据共享、信息互通，实现不同医疗保障待遇享受无缝衔接，为参保群众提供便捷高效、体验良好的综合性医保服务。

（五）统筹发展社会救助和社会福利，着力增强系统性、协同性

加强社会救助、社会保险和社会福利制度的衔接，健全分层分类的综合救助体系和适度普惠的社会福利体系，满足多层次保障需求。建立低收入人口动态监测信息平台，精准定位社会救助对象。巩固完善最低生活保障、特困人员救助供养制度，探索对低保边缘家庭、支出型困难家庭进行常态化救助帮扶。强化医疗、教育、康复、就业、住房等救助，推动救助对象提高自身发展能力，实现自立与发展。加快社会福利事业发展，落实残疾人两项补贴标准动态调整机制，有条件的地方可将困难残疾人生活补贴覆盖至低保边缘家庭和其他困难残疾人。完善儿童社会福利制度，保持孤儿、事实无人抚

养儿童基本生活保障水平与社会消费水平同步提升。完善 0~3 岁幼儿托育体系，健全养老服务体系，优化"一老一小"服务供给。

参考文献

梅仕城：《坚持以人民为中心完善全民社保体系》，《唯实》2020 年第 3 期。

房连泉、刘双：《"十四五"健全多层次社会保障体系展望》，《中国社会保障》2020 年第 12 期。

翟燕立：《科学理解和把握党的二十大对社保体系建设的新要求》，《中国社会保障》2022 年第 11 期。

汪小棠：《推进新就业形态下社保制度改革》，《中国社会科学报》2022 年 12 月 7 日。

B.5
河北省生态环境建设发展报告[*]

田翠琴　田桐羽[**]

摘　要： 2023 年，河北省以改善生态环境质量为核心，加强生态环境治理的顶层引领，积极谋划生态环境的整体治理与协同治理，统筹产业结构调整，加快发展方式的绿色转型，推进减污降碳协同增效，完善生态环境标准体系建设，强化产业园区的规划环评，持续深入治理大气污染、水污染、固废污染和土壤污染等，在推进绿色转型、治理柴油货车污染、增强生物多样性与推动生态文明建设、推进排污权交易市场化等方面取得显著成效，为加快建设经济强省、美丽河北贡献力量。

关键词： 生态环境建设　生态环境治理　生态环境标准体系

一　加强生态环境治理的顶层引领

生态环境治理是生态文明建设的重要内容，是推进生态文明建设的主要抓手。2023 年，河北省加强生态环境治理的顶层引领，积极谋划生态环境的整体治理与协同治理，推进全省新污染物治理，完善生态环境标准体系建设，强化产业园区的规划环评，引领全省生态环境治理的发展方向。

---

[*] 本报告系田翠琴主持的 2023 年度河北省社会科学发展研究课题"河北省生态共享共建机制研究"（课题编号：20230205086）的研究成果。

[**] 田翠琴，河北省社会科学院社会发展研究所研究员，研究方向为环境治理与环境社会学；田桐羽，内蒙古师范大学地理科学学院博士生，研究方向为城市地理与区域发展。

（一）部署污染治理的重点任务

推进全省新污染物治理。2022 年 12 月，河北省政府办公厅印发《河北省新污染物治理工作方案》，要求全省 2023 年底前完成首轮化学物质基本信息调查和首批环境风险优先评估化学物质详细信息调查，启动新污染物环境调查监测试点工作。对重点管控的新污染物实施禁止、限制、限排等环境风险管控措施。逐步建立健全有毒有害化学物质环境风险管理体系，明显增强新污染物治理能力。主要工作任务包括 6 个方面：健全新污染物治理机制、开展新污染物调查监测、严格新污染物源头管控、强化新污染物过程控制、深化新污染物末端治理和夯实新污染物治理基础。①

实施减污降碳协同增效新方案。污染防治和气候治理是一个整体性、系统性工程，基于污染物排放和碳排放同根同源的特征，2023 年 2 月，河北省生态环境厅等六部门联合印发《河北省减污降碳协同增效实施方案》，强调目标、区域、领域、任务、政策、监管协同，将减污中实现降碳、降碳中促进减污、实现减污降碳协同增效的工作主线贯穿始终。明确了源头防控、强化生态分区管控、加强生态环境准入管理、推动能源绿色低碳转型、加快形成绿色生活方式等重点任务，细化了不同领域减污降碳协同增效实现路径，提出从大气、水、土壤、固体废物等方面优化各领域环境治理的目标与策略，推动减污治污兼顾降碳减排。提出建立减污降碳协同增效指标评价体系、建设智慧化管理平台、制定减污降碳融合清单等新机制、新模式。②

提出大气污染综合治理重点任务。2023 年 4 月，河北省大气污染防治工作领导小组办公室印发《河北省 2023 年大气污染综合治理工作要点》，提出大气污染综合治理的 8 项重点任务：大力推进结构优化调整、持续做好工业企业达标排放治理监管、全面巩固空气质量"退后十"成果、深化服

---

①《〈河北省新污染物治理工作方案〉解读》，河北省生态环境厅网站，2022 年 12 月 29 日，http：//hbepb. hebei. gov. cn/hbhjt/zwgk/zc/101665709138160. html。

②《〈河北省减污降碳协同增效实施方案〉解读》，河北省生态环境厅网站，2023 年 2 月 9 日，http：//hbepb. hebei. gov. cn/hbhjt/zwgk/zc/101675332292046. html。

务绿色转型高质量发展、精准开展臭氧污染防治、持续抓好柴油货车污染治理、深入实施城市大气污染深度治理、加快推动重污染天气消除。①

加强危险废物规范化管理。开展危险废物规范化环境管理评估工作是危险废物污染环境防治的重要内容，是防控危险废物环境风险的重要举措。2023年7月，河北省生态环境厅编制印发了《河北省危险废物规范化环境管理评估工作指南》（2023年版），对危险废物规范化环境管理评估10余个评估环节、50余项评估指标逐一细化讲解。该指南是国家提出危废管理新要求后，全国首个省级危废规范化环境管理评估指导性文件，对涉危险废物单位规范化管理具有很强的指导性和可操作性。

（二）完善生态环境标准体系建设

完善生态环境标准体系建设是落实生态环境法律法规的重要手段，是规制环境行为的强制性措施。完善的生态环境标准体系对环境治理与生态文明建设具有基础性、规范性和引领性作用。

强化标准引领，全面推进重点行业企业环保绩效创A。开展钢铁等重点行业环保绩效创A，是河北省委、省政府着眼全省发展实际做出的一项重要决策部署。河北省分行业制定出台创A标准，包括装备水平、数字化智能制造、有组织排放、无组织排放、节能降碳、监测监控水平、环境管理水平和清洁运输8个方面353项具体指标。强化政策支持，在年初出台18项支持创A的政策措施基础上，针对各行业特点细化制定系列个性化激励政策。建立A级企业"服务直通车"机制，设立政策兑现举报电话，确保出台的各项政策能落地落实，企业应享尽享。②

颁布水污染物排放的四项标准。2023年11月15日，河北省生态环境厅与河北省市场监督管理局联合颁布《滦河及冀东沿海流域水污染物排放标准》《潮白河流域水污染物排放标准》《永定河流域水污染物排放标准》

---

① 《河北省2023年大气污染综合治理工作要点》，江苏·新月涂装网站，2023年4月19日，https://www.chinaxinyuetz.com/5846/。
② 《我省环保绩效A级企业达到76家》，《河北日报》2023年12月28日。

《海水养殖尾水污染物排放标准》四项强制性河北省地方标准。三项流域标准，分别规定了河北省滦河及冀东沿海流域、潮白河流域和永定河流域水污染物的排放控制、监测、监督管理要求，选取化学需氧量、五日生化需氧量、氨氮、总氮、总磷等五项控制指标，分区分类提出管控要求，对河北省完善流域水污染物排放标准体系，加强流域水污染物协同管控，持续改善水环境质量具有重要意义。①

《海水养殖尾水污染物排放标准》基于河北海水养殖业现状和产业发展规划，合理设置了排放限值水平、控制指标、排放等级等。其中控制要求是《海水养殖尾水污染物排放标准》的主体部分，根据海水养殖尾水污染物特征及近岸海域环境质量改善需求，综合确定选取 pH 值、化学需氧量、悬浮物、总氮、总磷五项控制指标。根据河北省不同海水养殖模式尾水水质现状、冀津协同发展要求科学确定了排放控制项目及限值。该标准针对不同受纳海域水质类别和环境质量改善需求，合理设置排放等级，填补了河北省海水养殖尾水污染物排放监管空白，将在一定程度上推动减少悬浮物、总氮、总磷等海水养殖尾水主要污染物的排放，改善近岸海域环境质量。

颁布《餐饮业大气污染物排放标准》。餐饮业大气污染物主要为油烟和挥发性有机物（以非甲烷总烃表征）。加强餐饮业油烟整治、严格管控挥发性有机物，是大气污染治理的重点之一。河北省对不同规模的餐饮服务单位实行了差异化管理。为有效防治餐饮业大气污染，合理确定油烟排放限值，加强对非甲烷总烃的排放控制，促进餐饮服务单位安装高效烟气净化设施，2023 年 9 月，河北省生态环境厅、河北省市场监督管理局组织编制了《餐饮业大气污染物排放标准》，内容主要包括对餐饮服务单位分类管理，科学确定油烟排放限值，增加非甲烷总烃控制指标，加强治理设施安装维护，优化污染物监测要求等。

---

① 《我省发布〈海水养殖尾水污染物排放标准〉等四项强制性地方标准》，河北省生态环境厅网站，2023 年 11 月 19 日，http://hbepb.hebei.gov.cn/hbhjt/xwzx/jihuanyaowen/101699834120331.html。

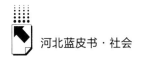

制定《河北省生态环境行政处罚自由裁量权裁量基准》，规范行政处罚自由裁量权的行使。2023年8月29日，河北省生态环境厅印发了《河北省生态环境行政处罚自由裁量权裁量基准》，其内容包含适用范围、实施原则、裁量计算方法、应当依法从轻或者减轻处罚的情形、从重处罚的情形、不予行政处罚的情形以及实施程序、195项主要违法行为裁量规则、通用裁量表、不予行政强制事项清单。

（三）强化产业园区的规划环评

环境保护规划是环境保护的基础，是组织开展环境保护的依据和准则，对环境保护的发展具有引领性和导向性作用。产业园区规划环评，旨在分析园区规划实施后可能对环境产生的影响，提出污染防治对策和措施。各级政府部门批准设立的经济技术开发区、高新技术产业开发、旅游度假区等产业园区，在编制开发建设有关规划时，应依法开展规划环评工作。[1] 2023年，河北省重点开展产业园区规划环评优化提升行动，助推产业园区高质量发展。

围绕服务园区产业发展，河北省生态环境厅制定了《河北省产业园区规划环评优化提升行动实施方案》。优化提升行动开展以来，河北对梳理摸排的产业园区制定一园一策解决方案，切实做到靶向发力、精准施策，积极建立环评服务包联机制，由省、市、县生态环境部门业务骨干和有关专家组成五个包联帮扶组，全过程跟踪指导服务。据悉，截至2023年10月，河北省生态环境厅已对全省295个产业园区开展现场调研摸底。对未开展规划环评、规划环评过期、未按时开展跟踪环评，以及有扩区或修订计划尚未完成规划环评的园区，分类建立环评服务台账，梳理排查出的问题，逐一登记园区基本情况、问题类型和整改措施、规划环评进展等信息。

---

① 《全省产业园区规划环评"过筛子"助推经济与环境高质量发展》，河工新闻网，2023年10月19日，http：//www.hbgrb.net/hbxw/202310/t20231019_202794.html。

二 生态环境建设取得新成效

2023 年河北省在推进绿色转型、治理柴油货车污染、增强生物多样性与推动生态文明建设、推进排污权交易市场化等方面取得显著成效。

（一）推进绿色转型实现新突破

钢铁行业是河北的支柱性行业之一，直接关系到全省经济社会发展和生态环境改善，也直接影响到全省绿色转型的进程。环保绩效评级是促进企业与行业绿色转型的有效手段。A 级，是环保绩效评级的最高等级，代表同行业环保治理最高水平。从改善生态环境看，创 A 是推动减污降碳协同增效的现实需要。河北在推进全面绿色转型中，以推动环保绩效全面创 A 为抓手，引导钢铁等重点行业增强创新能力、降低能耗水平，全面提升竞争力。

从 2019 年开始，河北在全国率先对包括钢铁在内的 50 个重点行业实施环保绩效评级，采取差异化管控措施，多排多限、少排少限、不排不限。重污染天气期间，A 级企业可以自主采取应急减排措施，不停不限。2022 年 6 月，河北省委办公厅、省政府办公厅印发《全省钢铁企业环保绩效全面创 A 工作方案》，提出利用 3 年时间实现钢铁企业全面创 A，用高水平环保绩效管理推动钢铁企业转型升级、绿色发展。在钢铁行业全面创 A 基础上，2022 年底，河北决定在焦化、水泥、平板玻璃、建筑陶瓷、火电、垃圾发电 6 个重点行业开展环保绩效创 A，全面提高重点行业环保治理水平和产业竞争力，以产业"含绿量"提升发展"含金量"。截至 2023 年 11 月，全省钢铁行业环保绩效 A 级企业达到 26 家，数量居全国第一位，钢铁行业创新发展和节能降耗工作取得重要阶段性成效。[①] 截至 2023 年 12 月，全省新增环保绩效 A 级企业 40 家，总数达到 76 家，其中，A 级钢铁企业总数达到 35 家，数量全国第一，[②] 有力推动了钢铁行业绿色转型和高质量发展。

---

① 《钢铁企业创 A，创出了什么》，《河北日报》2023 年 11 月 16 日。
② 《我省环保绩效 A 级企业达到 76 家》，《河北日报》2023 年 12 月 28 日。

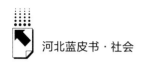

（二）柴油货车污染治理见成效

2023年，河北省将重型柴油货车排放污染作为全省高标准打好蓝天保卫战的重点攻坚方向，强化机动车和非道路移动机械污染综合治理。前三季度，全省坚持"车、油、路、企"统筹，在保障物流运输通畅的前提下，以传输通道城市为重心，以机动车和非道路移动机械为监管重点，持续深入打好柴油货车污染治理攻坚战。

2023年前三季度，机动车和非道路移动机械污染综合治理取得7个方面的成效。一是严格新生产车辆（机械）源头管控。二是推进柴油货车新能源替代。全省新能源重型货车保有量已突破1.6万辆，稳居全国第一。三是加强重点用车单位管理。已有1800余家重点行业企业与省智慧环保平台实现联网运行，对污染天气车辆管控措施起到重要技术支撑作用。四是强化在用车执法监管。全省累计发现超标排放车辆2936辆次并移交公安机关处理。五是强化非道路移动机械污染综合治理。全省已累计编码登记23万台，处罚超标排放等违法行为130个次。六是强化排放检验机构日常监管。全省770余家排放检验机构均已实现排放检验全过程监控。七是强化油气回收装置运行监管。全省累计检查加油站（点）1.69万家次，处罚油气回收不正常运行加油站（点）41家次。①

全面优化清洁运输方式。推进中转货场或物流园区的规范化建设，结合电动重卡短途转运，加快解决钢铁企业长途清洁运输运力不足的问题，打通清洁运输"最后一公里"。2023年，14家钢铁企业新投用1500多辆电动重卡、氢能重卡运输大宗物料及成品，新购入270多辆电动装载机和电动叉车。钢铁企业从厂内到厂外，持续优化交通运输结构。②

（三）生态环境质量显著改善

2022年，河北省多措并举精准治污，全省环境空气质量显著改善，11

---

① 《我省持续深入打好柴油货车污染治理攻坚战　1800余家企业与省智慧环保平台联网运行》，《河北工人报》2023年11月2日。
② 《河北省今年新增A级钢企14家　新实现治理风量上亿立方米》，河北省生态环境厅网站，2023年12月27日，https://hbepb.hebei.gov.cn/hbhjt/xwzx/meitibobao/101703326010142.html。

个设区市历史上第一次全面退出全国重点城市空气质量排名"后十"。2022年，全省环境空气质量优良天数平均为270天，比2021年增加1天。重度污染及以上天数平均为4天，比2021年减少5天。全省PM$_{2.5}$年平均浓度为36.8微克/米^3，比2021年下降5.2%。[1]

水环境质量进一步向好。2022年，全省实际监测176个地表水国、省控断面中，达到或好于Ⅲ类水质断面比例为84.1%，比2021年上升13.3个百分点；Ⅳ类水质断面比例为15.9%，比2021年下降10.9个百分点；无Ⅴ类和劣Ⅴ类水质断面。[2]

声环境质量总体继续保持稳定。2022年，全省11个设区市区域昼间等效声级平均值为53.2分贝，比2021年下降1.1分贝。

生态环境状况稳中有升。2022年，全省生态质量指数为58.31，比2021年增加0.11，生态质量为二类，稳中向好。全省167个县（市、区）中生态质量为一类或二类的有52个，面积占全省总面积的58.18%，所占比重比2021年上升0.48个百分点。

农村环境治理进一步取得成效。2023年以来，河北省生态环境厅围绕提升农村坑塘沟渠水质大力控源截污，深入开展农村生活垃圾、生活污水、畜禽养殖粪污专项清理行动。截至2023年10月底，全省累计排查坑塘沟渠8.2万个，共排查出农村黑臭水体938个（126.7万平方米），已完成整治705个（87.9万平方米）。累计清理农村生活垃圾8.6万余立方米。同时，加强农村生活污水收集处理，全省2023年新增完成农村生活污水治理村庄3152个，累计完成治理村庄2.35万个，治理率达到47.7%。[3]

---

[1] 《2022年河北省生态环境状况公报》，河北省生态环境厅网站，2023年6月2日，https://hbepb.hebei.gov.cn/hbhjt/sjzx/hjzlzkgb/。
[2] 《2022年河北省生态环境状况公报》，河北省生态环境厅网站，2023年6月2日，https://hbepb.hebei.gov.cn/hbhjt/sjzx/hjzlzkgb/。
[3] 《我省大力提升农村坑塘沟渠水质 治理黑臭水体 留住美丽田园风光》，《河北日报》2023年12月20日。

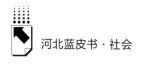

（四）增强生物多样性与推动生态文明建设取得新进展

河北省县域生物多样性调查阶段性工作取得新进展。2023年，河北省完成了72个县域的生物多样性调查。此次调查共发现国家重点保护植物9种，国家重点保护动物59种。2023年县域生物多样性调查共发现鸟类19目57科277种，包括国家重点保护鸟类49种，省级重点保护鸟类80种。发现哺乳动物6目15科39种。发现两栖动物1目5科9种。发现维管植物138科606属1177种。发现底栖动物34目118科348种，浮游植物8门128属385种，浮游动物3门65属200种。发现鱼类13目30科102种。①

白洋淀水质连续三年稳定保持Ⅲ类，白洋淀生物多样性显著增强，野生鸟类增加到269种，较雄安新区设立前增加63种。

2023年10月，承德市、承德市隆化县被生态环境部命名为第七批生态文明建设示范区；唐山迁西县、秦皇岛北戴河区被命名为"绿水青山就是金山银山"实践创新基地。截至2023年10月，全省共有10个生态文明建设示范区和8个"绿水青山就是金山银山"实践创新基地，承德市成为河北省首个获得国家生态文明建设示范区称号的地级市。

（五）排污权交易市场化进一步推进

积极推进排污权交易市场化及试点示范工作，排污权交易金额全国领先。河北省构建了排污权交易市场化的"1+3+2"政策体系，推动完成了全省7.6万家排污单位排污权确权，保障159个总投资1260亿元的重点项目落地。2022年，全省排污权交易2249笔，交易金额达3.97亿元，居全国第二位。② 2023年1~11月，河北省排污权交易累计1220笔、2.12亿元，交易金额居全国第三位。③

---

① 《长城网：河北省县域生物多样性调查阶段性工作取得新进展》，河北省生态环境厅网站，2023年12月27日，https：//hbepb.hebei.gov.cn/hbhjt/xwzx/meitibobao/101703326009926.html。

② 《河北新闻网：以高质量生态产品支撑高质量发展》，河北省生态环境厅网站，2023年12月17日，https：//hbepb.hebei.gov.cn/hbhjt/xwzx/meitibobao/101702127448574.html。

③ 《长城网：1-11月河北省累计排污权交易2.12亿元 交易金额居全国第三》，河北省生态环境厅网站，2023年12月27日，https：//hbepb.hebei.gov.cn/hbhjt/xwzx/meitibobao/101703326009976.html。

（六）降碳产品价值实现机制改革初见成效

建立健全降碳产品价值实现机制，是实现碳达峰碳中和的关键路径。河北省积极探索发掘自然生态系统固碳功能，以降碳产品价值转化为核心要素，创新建立降碳产品价值实现机制。经过两年的努力，初步构建多领域降碳产品方法学体系，夯实市场运作支撑基础，强化碳排放刚性约束和减排激励举措，河北省降碳产品价值实现机制改革取得初步成效。截至2023年底，全省累计完成降碳产品项目开发26个，核证总规模近700万吨；全省累计交易131.5万吨，实现价值转化7390万元。①

三 进一步推进生态环境建设的建议

2024年是全面推进美丽河北建设的重要一年，是保障"十四五"目标任务顺利完成的关键一年，也是实现《河北省生态环境保护"十四五"规划》的关键一年。协同推进降碳、减污、扩绿、增长，推进绿色低碳发展，是河北省生态文明建设的核心工作和长期任务。2023年12月19日召开的省委经济工作会议提出，要坚决打好蓝天、碧水、净土保卫战，抓好重点行业环保绩效创A，持之以恒降碳减污。

（一）协同治理"四大污染"

持续治理"四大污染"，协同推进降碳、减污、扩绿、增长，是今后河北省生态环境建设的重点任务，是推进生态文明建设的基础。重点抓好"四大污染"治理具体包括以下方面。

加强治理大气污染，打好蓝天保卫战。加强大气污染的综合治理与污染物协同控制，各市要持续抓好"退后十"工作，推进城市环境空气质量持续改善。强化区域大气污染综合治理，优化污染天气应对体系。加强

---

① 《我省降碳产品项目开发核证总规模近700万吨》，《河北日报》2023年12月30日。

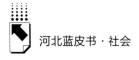

省、市两级环境空气质量预报能力建设。构建省、市、县污染天气应对三级预案体系。深化生态环境监管正面清单制度建设，精准管控区域重点污染源。

加强水生态环境系统治理，打好碧水保卫战。统筹"三水"的协同治理与综合治理，继续压采地下水，保护地下水资源。要健全城乡黑臭水体治理长效机制，巩固城市黑臭水体治理成效，强化农村黑臭水体整治，深化农村污水无害化治理，保障人的饮用水安全。加强地下水环境监测体系建设，全面推进地下水超采综合治理。加强全省地下水污染状况的普查、调查与监测，建立地下水资源刚性约束制度，建立健全地下水利用与保护长效机制。完善地下水污染预警机制，加快预警应急体系建设。此外，强化水污染源头防控。

加强土壤污染治理，打好净土保卫战。加强严格管控类耕地监管，依法划定特定农产品严格管控区域，优先采取种植结构调整、退耕还林还草还湿、轮作休耕等措施。定期开展受污染耕地农产品质量监测和安全利用效果评估，强化受污染耕地治理修复和安全利用。加大建设用地土壤环境联动监管力度。依法开展土壤污染状况调查和风险评估，加强土壤污染源头防控，同时加强各类固废的治理与安全处置。强化建设用地土壤环境管理，有序推进风险管控和治理修复。

加强农业农村环境污染治理。加强农业面源污染防治与农业废弃物污染防治，逐步完善农膜及农药包装废弃物回收利用体系，提高农业生产废弃物资源化利用水平。强化农业生产污染监管。开展化肥农药施用量调查统计核算，健全农业投入品追溯体系。科学划定养殖业禁养区域，推进畜禽规模养殖场废弃物资源化利用。整治和改善农村人居环境，建设"生态宜居"新农村。推进农村生活垃圾治理。分类整治非正规垃圾堆放点，建立健全村庄环境卫生日常维护机制。推进垃圾源头分类减量、资源化处理利用。实施农村污水差异化治理。建立健全污水治理设施管护机制。推广低成本、易维护、高效率的典型地区农村污水治理适用技术。

（二）创新"无废城市"建设机制

"无废城市"建设是城市生态环境治理的重要抓手。河北省推进"无废城市"建设要从省情出发，根据不同城市的产业结构与发展特色，因地制宜，制定不同的政策。要加快顶层设计、机制和模式创新，加强"无废城市"的主体建设，尽快形成"无废城市"建设的长效机制。

完善固体废物管理制度体系。要明确"无废城市"建设的目标、标准和评价指标体系，建立和完善"无废城市"建设执行落实机制，完善"无废城市"建设地方性法规、政策性文件及有关规划。

完善"无废城市"建设评价指标体系。完善"无废城市"建设评价指标体系，要从各地实际出发，经过探索、试点检验、逐步完善，最终引导"无废城市"持续健康发展。

完善"无废城市"建设的专项管理机制。"无废城市"建设是一个系统工程，需要明确各类固体废物的全过程管理与各环节的部门职责，强化调度、督导和考核措施，助推各项政策在"无废"产业迅速、切实落地。

健全"无废城市"建设的市场机制。"无废城市"建设的市场机制是通过信息、技术、金融等要素的相互作用，形成一个有效的废物循环利用体系。依靠市场机制维持废物循环利用体系的有效运行。规范和维护市场秩序，加强市场监管。

健全"无废生活"体系。加强日常生活领域固体废物管理，践行绿色生活方式，推进生活固体垃圾源头减量、精细分类，完善垃圾收运与处置体系。

（三）创新降碳产品价值实现机制

摸清全省降碳产品底数，建立健全降碳产品调查监测、价值核算和项目开发运营机制，是健全降碳产品价值实现机制的基础支撑。因此，应加快推进河北省降碳产品统一确权登记，推进河北省降碳产品价值核算工作的信息化、规范化和常态化。

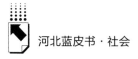

建立健全降碳产品价值实现机制，要充分发挥政府的主导作用与市场的主体作用。既要以"政府主导+市场调节"强化降碳产品保护补偿，建立健全生态环境保护利益导向机制，也要以"市场主体+政府引导"充分发挥市场在资源配置中的决定性作用，促进降碳产品增值溢价。

有序提升降碳产品开发能力，增加降碳产品有效供给。重点围绕生态改善、乡村振兴、绿色消费、低碳生活等，完善降碳产品开发指导目录；丰富完善碳普惠场景，推动碳普惠体系与降碳产品价值实现机制互联互通。

稳妥推进碳排放抵消。统筹全省年度碳排放总量以及碳排放强度控制目标，制定重点行业碳排放基准值。全面构建碳排放抵消激励约束机制。鼓励支持大型活动、组织和个人购买降碳产品抵消碳排放。

推动建立健全碳管理体系。强化生产全流程碳排放数据管理，试点开展钢铁行业碳减排。持续开展企业温室气体排放报告和核查工作，实行碳排放月度存证制度，动态掌握企业碳排放情况。

突出降碳产品金融赋能。鼓励企业开发碳减排项目，制定以碳减排量为基础的碳资产量化标准，探索建立企业碳账户管理体系，激励企业开展绿色低碳科技研发应用，助力实现低碳转型、绿色发展。

完善碳普惠消纳和激励机制。深入研究碳普惠实施路径，完善碳普惠平台建设，开发更多碳普惠场景及核算方法学，建立完善碳普惠消纳和激励机制，倡导低碳、节约、绿色、环保的生产生活方式，引导推进绿色低碳全民行动。

参考文献

赵乃诗、田翠琴：《创新机制与模式　推进河北"无废城市"建设》，《河北经济日报》2023年9月28日。

田翠琴、赵乃诗：《经济变迁与环境治理转型的社会学研究——以河北省为例》，河北人民出版社，2021。

田翠琴、田桐羽、赵乃诗：《河北省环境保护与生态建设（1978~2018）》，社会科学文献出版社，2019。

《2022 年河北省生态环境状况公报》，河北省生态环境厅网站，2023 年 6 月 2 日，https：//hbepb. hebei. gov. cn/hbhjt/sjzx/hjzlzkgb/。

B.6
河北省城乡社会治理发展报告

王凤丽　郑春媛*

摘　要： 　2023年是全省认真学习贯彻党的二十大精神的一年，是继续推进城乡社会治理工作并取得明显成绩的一年。全省社会治理方法明显改进，治理效能明显提高，持续完善城乡社会治理体系，市域社会治理取得明显成绩，创新基层矛盾调处模式，县域基层治理工作进步明显。本报告还重点探讨了2023年社会治理典型案例及经验总结，全省在推动新时代"枫桥经验"发扬光大中取得了显著成绩，重拳打击突出的违法犯罪，大力整治社会治安问题，全省公安机关夏季治安整治行动有力推进，为社会治理筑牢坚实屏障，应对洪涝灾害，社会治理体系高效协同作战，保持社会稳定。同时也指出了当前社会治理领域尚存的不足，并就2024年社会治理工作提出建议：一是在社会基层坚持和发展新时代"枫桥经验"，全面提升基层治理水平；二是加速推进市域社会治理的现代化，提升市域社会治理的整体能力；三是进一步强化整体社会治安防控，推动常态化扫黑除恶；四是强化群防群治力量，塑造崇尚见义勇为的社会风尚，构建人人有责、人人尽责、人人享有的社会治理共同体。

关键词： 　城乡社会治理　社会治理共同体　河北省

一　2023年社会治理基本形势与主要成绩

2023年是全面贯彻落实党的二十大精神的开局之年。全省精准把握党

---

* 王凤丽，博士，河北省社会科学院社会发展研究所副研究员，研究方向为文化社会学；郑春媛，河北省福利彩票发行管理中心高级经济师，主要研究方向为经济管理、社会福利。

的二十大精神，敢担当、勇创新、善作为，以新气象新作为推动社会治理工作取得新成效。

（一）全省社会治理方法明显改进，治理效能明显提高

2023 年，全省在社会治理方面取得了显著的进展，不仅在治理方法上进行了明显的改进，而且治理效能有了明显提高。这一系列变化充分体现了各级党政及职能部门对社会治理工作的深刻思考和务实行动。

第一，治理方法的改进体现在更加注重精准施策。各级政府深入了解社会矛盾和问题的根源，通过科学调查研究，制定更加精准的社会治理方案。例如，石家庄、邯郸、廊坊等市在解决城市交通拥堵问题上，通过大数据分析和人流热力图，精准找出瓶颈和高峰期，制定出台有针对性的交通疏导措施，使得交通治理更加高效。

第二，治理方法的改进表现在更加注重信息化和智能化。各级政府积极推动社会治理与先进技术的深度融合，建设智慧城市、智能社区等。比如，沧州、衡水、秦皇岛等市通过引入人工智能、物联网等技术手段，提高社会治理的精细化水平，实现对社会问题更精准的预测、监测和应对。例如，全省各地市在环境保护方面，纷纷采用大气监测站或无人机等智能化工具，实时监测空气质量，及时采取有效措施，保障居民的健康。

第三，治理效能的提高表现在更加注重法治建设。党政及职能部门通过加强法治宣传教育，增强公民法治观念，推动法治与社会治理相互促进。加强执法队伍建设，提升执法水平，形成法治社会的基础。例如，在打击犯罪方面，全省公安机关开展的"夏季治安"专项行动，加大对违法犯罪分子的打击力度，提高了社会治理的效能。

第四，治理效能的提高还表现在更加注重多元共治。石家庄、保定、唐山等市通过建立多方参与的社会治理机制，鼓励社会组织、企业和居民等多方面参与治理。形成共建共治共享的社会治理局面，发挥各方积极作用。例如，在社区治理方面，邢台、承德等地大力组建社区服务组织，更好地解决社区内的问题，明显提高了社区治理效能。

第五，治理效能的提高也体现在更加注重综合治理。全省各级政府在治理中不再采取单一手段，而是通过综合运用各类手段，形成治理的合力。例如，在打击黄赌毒等违法犯罪方面，全省各地通过整合警方、卫生健康部门、社区组织等资源，形成了综合治理的工作模式，提高了治理效能。

总之，全省各级政府在2023年不断创新社会治理方法，深化改革，社会治理的不断创新与完善将为实现全面建设社会主义现代化国家目标提供有力支持。

（二）持续完善城乡社会治理体系，市域社会治理取得明显成绩

党的二十大报告明确指出，要"加快推进市域社会治理现代化，提高市域社会治理能力"。自2020年被确定为全国市域社会治理现代化试点地区以来，全省各地因地制宜、积极探索，形成了一批可复制、可推广的社会治理创新模式。

2023年，石家庄市被中央政法委评为"全国市域社会治理现代化试点合格城市"，标志着试点任务圆满完成，河北省再添"国字号"荣誉。自2020年5月成为全国市域社会治理现代化试点城市以来，石家庄市持续加强创新，高效完成各项试点任务。社会治理格局更完善，风险防控能力增强，平安建设基础更扎实，形成了社会治理现代化"石家庄模式"。2023年4月石家庄市通过全国市域社会治理现代化试点省级验收，7月通过中央政法委的抽查复核，9月被中央政法委评为"全国市域社会治理现代化试点合格城市"，"一站式"矛盾纠纷多元化解模式被确定为"全国市域社会治理现代化试点优秀创新经验"。石家庄市将持续巩固深化试点成果，全面提升基层社会治理和平安建设水平，推进政法工作现代化，为建设美丽省会城市贡献政法力量。①

唐山市为认真贯彻落实党的二十大精神及中央、省委、市委关于加强网格化服务管理工作部署，以"网格化管理、精细化服务、信息化支撑"为方向，瞄准"全国一流、全省领先"的目标，学习借鉴北京、上海、

---

① 《石家庄市被评为"全国市域社会治理现代化试点合格城市" 平安石家庄再添"国字号"荣誉》，"石家庄发布"百家号，2023年10月16日，https：//baijiahao.baidu.com/s？id=1779876354565138602&wfr=spider&for=pc。

广东、浙江等地的先进经验，全力攻坚推进网格化服务管理平台建设，不断提高全市网格化治理工作规范化、实战化水平。2023 年，全市以"1+6"网格标准为引领，不断提升服务水平。一是全域网格全覆盖，城乡 7 万余个网格，实现电子地图全面绘制，覆盖学校、医院、企业等，全面推动社会治理。二是构建多功能服务平台，构建市、县、乡、村四级管理平台，实现统筹协调、数据分析、指挥调度，建立"小事不出村、大事不出乡、矛盾不上交"的工作模式，推动社会治理全面提质。三是优化工作流程，整合网格员手机 App 和四级平台联动，实现问题上报和任务处置情况实时上传，确保问题的闭环处置。多措并举推动社会治理现代化，使城市管理更加科学、精细、智能，为高质量创新发展提供更有力的"智慧"支撑。①

邢台市在市域社会治理现代化试点中采取了一系列创新措施。通过"百姓议事厅"和微信群（8505 个群众议事微信群）成功解决基层问题。在德治教化中，通过"红黑榜"机制，建立了道德榜单，营造了积极向上的学习氛围。推广"道德银行"积分制度，引领善行和好民风，发放 80 余万户"道德银行"存折。数字赋能方面，通过"民情通办"平台解决了 20534 件民意诉求，解决率 99.4%。在巨鹿县，以推进基层网格化管理为切入点，建立了"巨好办"数字乡村综合管理平台，解决了 46 万余件群众诉求，办结率 98.71%，满意率 98.89%。这些创新措施有效提升了社会治理水平。② 值得一指的是，2023 年，邢台市数字城管平台已升级为城市运行管理服务平台，包含指挥协调、行业应用等十大系统，涵盖智慧防汛、舆情监测等多个应用场景。平台在综合评价、运行监测、指挥协调与行业应用方面实现了创新建设与实践，专注于城市管理科

---

① 《数字政通：积极推进唐山市社会治理智能化指挥平台建设，以"市域之治"助推"中国之治"》，东方财富网，2023 年 3 月 5 日，https://caifuhao.eastmoney.com/news/2023 0305214508264517550。

② 《市域社会治理现代化试点探访 ｜ 河北邢台："小平台"实现"大效果"》，"纵览新闻"百家号，2022 年 9 月 15 日，https://baijiahao.baidu.com/s? id = 174399656660341172 8&wfr=spider&for=pc。

学化、精细化、智能化，有力支撑城市管理高质量创新发展，提升社会治理水平。[1]

（三）创新基层矛盾调处模式，县域基层治理工作进步明显

自 2021 年中共中央、国务院发布《关于加强基层治理体系和治理能力现代化建设的意见》以来，河北省通过创新思维，努力解决基层治理存在的问题。以党建为引领，打破机制障碍，整合公共设施、闲置空间、活动阵地等资源，促进党群服务圈与便民生活圈的融合发展，不断提升城市治理服务水平，实现了以党建引领基层治理的有效探索。各县（市、区）在基层治理领域的实践为全面贯彻党的二十大有关社会治理的要求提供了宝贵经验。在贯彻落实党的二十大精神过程中，县域基层治理在精准排查和解决矛盾纠纷方面取得了显著成果，并通过创新性的方式构建了一套多层次社会治理系统，其中包括智慧指挥中心、综合服务平台、调解机构和法律服务队伍。

以唐山市路南区为例，该区将城市基层党建作为重要项目，强化设计和责任层层传递。成立党建引领社会治理指挥部，发布"1+8"系列工作文件和"1+6"系列工作文件，明确全区坚持党建引领，完善基层治理机制，提升"一引双融三化"机制水平。2023 年，在文明城市创建等工作中，路南区实施"党员干部平时包联、急时就地下沉"制度，5814 名党员干部在 3 天内下沉社区，划分为 536 个临时党小组，迅速及时完成各项工作，该经验被中央组织部和省委组织部肯定并推广。[2]

保定市曲阳县在建设社会治理中心方面取得了显著进展。通过整合综治中心、群众工作中心等 6 个工作平台，成功实现了从"多中心"向"一中心"的转变，引入法院、信访、公安等 20 个部门以及律师协会等 7 个社会

---

[1] 《全省首个！邢台市城市运行管理服务平台率先通过省验收》，网易网，2023 年 10 月 3 日，https://www.163.com/dy/article/IG52J4AB0514DPVJ.html。

[2] 《精准赋能强治理 优化服务暖民生——党建引领城市基层治理的"路南路径"》，《唐山劳动日报》2023 年 7 月 13 日。

组织，从而将原本的"单兵战"模式转变为更为高效的"集团战"模式。与此同时，该县对预警、受理、分流、转办、交办等工作流程进行了优化。这一系列措施确保了矛盾纠纷能够"全方位"受理，通过"多手段"调处，最终实现"一揽子"终结。这不仅提高了治理效率，也为更加全面、多层次的社会治理奠定了坚实的基础。①

张家口市沽源县通过智慧沽源指挥中心，成功实现了全县各类数据资源的互通共享，构建了县域基层社会治理的智慧中枢。在组织体系方面，县、乡、村三级党组织充分发挥了引领作用，形成了上下贯通、协调联动的治理指挥组织体系。通过整合乡镇力量，打造了"1123"综合服务平台，作为联调枢纽，统领基层社会治理。此外，村（居）民议事厅搭建了群众参与社会治理的平台。在智慧沽源指挥中心和大好河山App技术的支持下，该县实现了信息的收集、分析研判、交办处置和结果反馈，形成了上下贯通的闭环工作体系。同时，建立了环境保护、物业管理、婚姻家庭纠纷等调解机构，提供了专业的调解服务。沽源县的这一系列创新性做法为基层治理效能的显著提升树立了榜样，为更好地服务人民群众、化解社会矛盾、维护社会稳定做出了积极贡献。②

沧州市孟村回族自治县近年来在社会治理方面进行创新。通过划分663个片区网格，配备3000余名网格员和微网格员，利用小程序、智慧孟村App等网络平台，构建了社会治理现代化智治平台，建立了网上网下双线解纷机制，提升了基层治理效率。2023年，孟村回族自治县成立了社会治理服务中心，该中心结合群众工作、诉前调解、法律服务、行政复议、综合治理、纠纷调处六大功能，成为基层治理的核心。为提高服务效率，县政府利用人工智能、大数据、信息化等技术，通过智慧孟村App和县、乡智治平台，实现了群众诉求直达，信息监测、诉求应答、数据共享的全面推进。该

① 《"枫"景"冀"好——我省坚持发展新时代"枫桥经验"推进社会治理现代化综述》，《河北法制报》2023年11月20日。
② 《河北沽源：创新矛盾调处模式 打造基层治理样板》，新华网，2023年11月1日，http：//www.xinhuanet.com/2023-11/01/c_1212296177.htm。

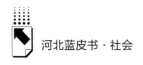

县通过这一系列举措推动了社会治理服务水平的提高，为更智能、高效地服务社区居民树立了榜样。①

二 2023年社会治理典型案例及经验总结

（一）全省在推动新时代"枫桥经验"发扬光大中取得了显著成绩

2023年是毛泽东同志批示学习推广"枫桥经验"60周年暨习近平总书记指示坚持和发展"枫桥经验"20周年。20世纪60年代，浙江枫桥干部群众创造了"发动和依靠群众，坚持矛盾不上交、就地解决"的"枫桥经验"，其于1963年11月20日被毛泽东同志亲笔批示各地仿效，在全国推广"枫桥经验"。党的十八大以来，"枫桥经验"重新成为基层社会治理的中国智慧和东方经验。近年来，河北省认真贯彻落实习近平总书记重要指示精神，坚持党的群众路线，紧紧依靠人民群众，把问题解决在基层、化解在萌芽状态，走出了一条源头治理、多元共治、和谐共享的基层治理之路，成为河北传承发展"枫桥经验"的生动实践。

为推动新时代"枫桥经验"在全省发扬光大，河北省聚焦典型建设，坚持人民主体地位，尊重群众首创精神，守正创新，积极构建省、市、县、乡、村五级创新责任链条。在全省"一站式"矛调中心建设运行中，注重实施部门联动机制，通过常驻、轮驻、随叫随驻相结合的方式，安排相关部门人员进驻，优化工作流程，实现群众诉求的"一站式"接收、"一揽子"调处、"全链条"解决。

全省各地积极推动信息化应用与"一站式"矛调中心建设深度融合，以信息共享的方式带动"条块"线下协作，实现基层矛盾纠纷有序流转。例如，沧州市新华区推出了"民意快递"智慧解纷模式，通过群众在线"填单"、系统逐级"派单"、工作人员及时"接单"、事结群众"评单"等

---

① 《河北孟村："网络+网格"推进基层治理促和谐》，人民网，2023年11月23日，http://he.people.com.cn/n2/2023/1123/c192235-40652343.html。

措施，推动矛盾纠纷的分层、分流、多元化解，并通过线上办、"指尖办"显著提升了当事群众的获得感和满意度。

在"一站式"矛调中心建设运行中，河北省注重发挥群众智慧，凝聚各方力量，从"独角戏"转变为"大合唱"。以石家庄市为例，各级矛调中心积极吸收第三方力量，如行业性专业性调委会、品牌调解室、心理服务机构、仲裁机构、律师队伍等，共同解决矛盾问题。自2021年以来，该市通过第三方力量参与化解矛盾纠纷超过2.3万起。

2023年，全省在推动新时代"枫桥经验"发扬光大中取得了显著成绩。中央政法委在全国范围内评选出104个"枫桥式工作法"单位，其中河北省有4个单位入选，它们是：保定市莲池区五尧乡、海兴县香坊乡、秦皇岛市海港区文化路街道、阳原县人民法院。① 这4个单位创新"枫桥式工作法"的做法，是全省坚持和发展新时代"枫桥经验"的一个缩影。2023年12月召开的河北省坚持和发展新时代"枫桥经验"提升社会矛盾纠纷预防化解能力推进会议上，通报了全省"枫桥式"基层政法单位创建情况，评选出50个"枫桥式工作法"单位。② 这些工作，充分展示了全省2023年坚持和发展新时代"枫桥经验"的决心、努力和成绩，也为今后继续做好社会治理工作奠定了更扎实的基础。

（二）重拳打击突出的违法犯罪，大力整治社会治安问题

党的二十大报告明确提出，要"强化社会治安整体防控，推进扫黑除恶常态化，依法严惩群众反映强烈的各类违法犯罪活动"。2023年，面对近年来突出的违法犯罪行为，全省全力以赴采取有效措施，通过大力整治社会治安问题，旨在确保人民群众的生命财产安全，全面提升社会治理水平，构筑更为安宁、和谐的社会环境。

一是通过加大执法力度，着力提高打击犯罪的效果。在突出的违法犯罪问题上，全省毫不犹豫地采取零容忍的态度，针对涉及人民群众切身利益的案件，

---

① 《"枫"景"冀"好——我省坚持发展新时代"枫桥经验"推进社会治理现代化综述》，《河北法制报》2023年11月20日。

② 《河北评选50个"枫桥式工作法"单位》，《法治日报》2023年12月15日。

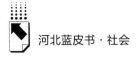
严厉打击，决不手软。更重要的是，全省加大了对执法的投入，提高了执法水平，以确保打击犯罪的准确性和效果。同时，积极建立科学、高效的信息共享机制，加强各级执法部门之间的协同作战，形成了打击犯罪的合力。

二是着眼于加强社会治安防控体系建设，在全省范围内加强智能监管。通过完善城市监控系统、提升社区警务水平等手段，全面提升社会治安问题的防范能力。借助现代科技手段，建设智能化的治安监管体系，提高社会治安问题的预警和处置能力。同样，加强对治安重点区域的巡逻和盘查工作，确保社会治安工作的全面覆盖，从而在源头上防患于未然。

三是深入推进社会治安问题的根本解决，主动加强法治建设，提高人民群众的法治意识，促使全社会共同参与治安工作，形成了良好的氛围。对未成年人进行法治教育，培养良好的社会公民意识和法治观念，从根本上减少犯罪的发生。通过加大对社会矛盾和纠纷的调解力度，积极化解社会矛盾，减少治安问题的滋生土壤。

四是注重加强对刑事犯罪的预防工作，通过提高社会教育水平，改善人民群众的生活条件，减少犯罪的发生。对各类高危人群进行有力的帮教工作，提供更多的社会救助和帮扶措施，降低这些人群再次犯罪的可能性。通过社会宣传和教育活动，增强人民群众的法治观念，提高全社会的治安意识，共同培育良好的社会风气。

总之，全省在打击违法犯罪、整治社会治安问题方面采取了一系列有力措施，强化执法、加强社会治安防控、深入推进法治建设等多方面的工作取得了显著成效。这不仅是对社会治安问题的有力回应，更是对人民群众生命财产安全的切实保障，为社会的繁荣稳定提供了坚实的基础。今后，全省将继续加强各项工作的协同配合，为全省人民创造更加安宁、和谐的社会环境，全面提升社会治理水平。

（三）全省公安机关夏季治安整治行动有力推进，为社会治理筑牢坚实屏障

公安机关维护治安对社会治理具有重要的积极意义，主要体现在以下

几个方面。一是维护社会秩序稳定。公安机关通过打击犯罪和防范违法行为，创造了安定有序的社会环境，提高了人民群众的生活质量。二是树立法治观念。公安机关的执法行动有助于人民树立法治观念，通过依法打击违法犯罪，推动全社会形成法治意识，提高法治素养。三是预防犯罪与维护公共利益。公安机关通过专项行动、宣传教育和社会巡逻，预防潜在犯罪行为，同时维护了公共利益，包括处理突发事件、抢险救灾、交通管理等方面。

2023年，省公安厅在夏季治安整治行动中取得显著成果，有效震慑了违法犯罪，净化了社会治安环境。在此次行动中，省公安厅刑侦总队积极响应，制订详细的行动计划，召开多次专题会议，加强与各地公安刑侦部门的沟通协调。其建立了工作监测机制，及时通报、总结行动进展，确保了工作的有序推进。此外，对62起重大案件、8名在逃人员进行了挂牌督办，有力集聚了精干力量，破解了案件攻坚难题。在黑恶犯罪打击方面，公安机关采取果断措施，聚焦深挖彻查，形成了打击黑恶犯罪的"歼灭战"。在网络诈骗方面，通过"荣誉2023"专项行动，成功破获了3813起电信网络诈骗案件，抓获犯罪嫌疑人15475名，止付资金达66.2亿元。各地也积极组织打击治理本地涉诈犯罪专项行动，取得了明显战果。公安机关还注重对在逃人员的缉捕工作，综合运用侦查技术手段，全面开展了在逃人员的缉捕工作。在此次专项行动中，共抓获了220名历年在逃人员，其中包括逃跑10年以上的在逃人员29名，公安部A级通缉令在逃人员1名、B级通缉令在逃人员3名。

2023年的夏季治安整治行动，为全省社会治理筑牢了坚实屏障。通过有力打击黑恶犯罪、新型犯罪和在逃人员，不仅保护了人民群众的合法权益，还在社会治理中发挥了积极的作用，为全省人民创造了一个更加安全、和谐和稳定的社会环境。[1]

---

① 《河北省公安机关夏季治安整治行动取得显著成效：严打黑恶及新型犯罪》，河北新闻网，2023年9月27日，http://zhuanti.hebnews.cn/2023-09/27/content_9076611.htm。

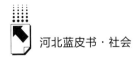
（四）应对洪涝灾害，社会治理体系高效协同作战，保持社会稳定

习近平总书记指出，防灾减灾救灾事关人民生命财产安全，事关社会和谐稳定，是衡量执政党领导力、检验政府执行力、评判国家动员力、体现民族凝聚力的一个重要方面。① 2023 年 8 月，华北地区出现极端降雨，引发洪涝和地质灾害，灾情十分严重。受永定河水汛影响，涿州积水区道路被淹，部分地方水深近 6 米，受灾人数超过 13 万人。但在党组织的有力组织和引领下，社会稳定，人民群众在灾后积极重建家园，社会治理水平经受住了考验，河北省也积累了新的经验。一是党的领导至关重要。洪灾发生后，各级党组织快速响应，形成有序高效的工作机制，通过及时发布指导意见、调拨救援力量，确保了抗洪抢险工作的科学有序进行，展现了党的组织优势和执行力。二是社会治理体系需要高效协同作战。各级政府迅速启动应急预案，形成多部门联合协同作战的局面。社会治理体系在前期灾害防范到后期救援和重建阶段展现较高的危机应对能力，同时进行广泛的宣传教育，提高人民群众的自救互救能力，有效维护社会的整体安宁。三是河北省群众展现出顽强的韧性和团结协作的品质。在党和政府组织下，受灾群众得以及时转移，并积极参与灾后重建工作，展现了顽强的韧性和团结协作的品质，为社会的快速恢复提供了强大的动力。四是全面规划和科学谋划灾后重建工作。省、市政府部门启动灾后评估工作，科学综合考虑灾情和受灾范围，全面规划灾后重建工作。政府调动社会各方面资源，确保灾后重建有序进行，投入大量资金修复基础设施、帮助灾民安置，为社会的稳定提供坚实保障。

习近平总书记时刻牵挂河北省防洪抗灾工作。2023 年 11 月 10 日，习总书记亲自到河北考察灾后恢复重建工作。在涿州市白沟河治理工程（涿州段）考察时，习近平总书记还亲切看望慰问水利工程建设人员、曾经参加涿州抗洪救援的解放军和武警部队官兵、民兵预备役人员、消防救援队伍

---

① 《深入学习贯彻习近平总书记防灾减灾救灾重要论述　全面提高我国自然灾害防治能力》，旗帜网，2020 年 6 月 16 日，http://www.gongwei.org.cn/n1/2020/0616/c422372－31748878.html。

等方面的代表。① 习总书记激励全省广大基层党员干部敢担当、勇创新、善作为。全省党员干部立即掀起持续深入学习贯彻习近平总书记考察灾后恢复重建工作时的重要讲话精神的热潮。②

通过 2023 年的这次成功的抗洪抢险和灾后重建，党领导下的社会治理水平得到了显著提升，展示出全省团结协作和应对灾害的能力，为今后自然灾害的应对积累了实践经验，奠定了我国社会治理体系不断完善的坚实基础。

三 城乡社会治理工作现存问题及2024年工作建议

在省委、省政府的正确领导下，全省对社会治理工作的重视程度日益提升，积极推动社会治理现代化，已经通过或正在采取一系列创新举措和改革措施，力求提升社会治理水平，确保广大人民群众过上安定有序的生活。

（一）2023年全省城乡社会治理工作仍然存在一些不足

一是全省各级党政及职能部门对社会治理工作的政策支持力度有待加大。通过深入研究和分析社会矛盾和问题，及时制定并出台一系列切实可行的政策措施，旨在更好地满足人民群众对安全、稳定、公正的期望。这包括强化对特殊人群的关爱、提升基层治理水平、促进社区建设、构建更加和谐的社会结构。

二是各级政府需进一步增加对社会治理工作的投入。通过合理配置经费，加强公共服务体系建设，完善公共安全设施，全面强化社会管理力量，

---

① 《时时放心不下的牵挂——记习近平总书记在北京河北考察灾后恢复重建工作》，中国政府网，2023 年 11 月 12 日，https://www.gov.cn/yaowen/liebiao/202311/content_6914900.htm?ddtab=true。

② 《河北党员干部持续深入学习贯彻习近平总书记考察灾后恢复重建工作时的重要讲话精神》，《河北日报》2013 年 11 月 14 日。

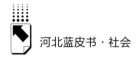

以进一步完善社会治理体系。投入不仅包括物质资源，更注重提升从业人员的培训水平，提高治理能力，以确保社会治理工作更加专业、精准。

三是社会治理中先进技术手段的潜力有待充分发挥。各级政府积极引入先进技术手段，包括大数据、人工智能、物联网等，以深化社会治理与科技的融合。通过智慧城市的建设、数字化管理的推动，提升社会治理的科学性和智能化水平，以更好地应对复杂多变的社会情况。

四是社会治理工作与法治建设有待更进一步相互促进、共同发力。各级党政及职能部门可通过推动法治宣传教育，增强人民群众的法治观念，加强法治建设，以构建法治社会的基础。在治理中，更应注重依法行政，推动社会治理工作规范、科学、有序进行。

五是全省社会治理工作的多元共治机制有待进一步完善。各级政府应加强与社会组织、企业、居民等多方面的合作，以形成共建共治共享的社会治理局面，更有效地发挥各方的积极作用，共同构建社会治理的合力。

（二）2024年做好城乡社会治理工作的建议

展望2024年，为做好全省城乡社会治理工作，各级政府要继续贯彻落实党的二十大报告对完善社会治理体系提出的明确要求，不断创新社会治理模式，推动社会治理工作向更高水平迈进，重点抓好以下几项工作。

一是在社会基层坚持和发展新时代"枫桥经验"，全面提升基层治理水平。要不断巩固和发展新时代"枫桥经验"，将基层一线视为解决矛盾纠纷的前沿，完善正确处理人民内部矛盾机制，加强改进人民信访工作，畅通规范群众诉求表达、利益协调、权益保障渠道。通过完善基层治理平台，采取网格化管理、精细化服务、信息化支撑等手段，建立健全城乡社区治理体系，确保在基层及时化解矛盾纠纷，使其处于萌芽状态。为确保基层一线成为解决矛盾纠纷的前沿，要采取一系列措施，注重预防、调解、法治和基层的综合角度，实现"预防在前、调解优先、运用法治、就地解决"的目标。在源头上进行预防，通过社会稳定风险评估、法规审核等手段，加强对决策的科学性和合法性的审查。这一系列举措将为2024年全省社会基层能够更加有效地解决矛盾纠纷提供支持。

二是加速推进市域社会治理的现代化，提升市域社会治理的整体能力。为解决综治中心力量不足、解纷资源整合不够、各类解纷方式衔接不畅等问题，要进一步加大各级综治中心的建设力度，强化综治中心实体平台建设。同时，通过与诉讼服务中心、检察服务平台、公共法律服务中心、信访接待大厅的有机整合，集结各方解纷力量。应更加深化信息技术在社会治理中的应用，构建智能化社会治理体系。借助大数据、人工智能等技术手段，提升社会治理的科学性和精准度，强化对社会动态的预测和监测，以更好地应对潜在问题。加强突发事件的预防和应对能力，建立健全应急机制。通过科技手段，加强信息的迅速传递，确保在突发事件中能够快速、有序、有效地做出应对。建立多方参与的社会治理机制，鼓励各地在社会治理中进行创新实践，积极尝试新的模式和理念。这一系列举措将为2024年全省市域社会治理的现代化发展提供有力支撑。

三是进一步强化整体社会治安防控，推动常态化扫黑除恶，对群众反映强烈的各类违法犯罪行为依法进行严厉惩治。在矛盾纠纷的化解工作中，务必明确具体部署，坚持调解优先原则，构建调解、行政裁决、行政复议、仲裁、诉讼等途径有机衔接的工作格局。在执法实践中，强调全程依法办事，确保执法过程公正文明。对于重点领域的矛盾纠纷，要充分发挥行业主管部门和行业性专业性调解组织的作用，以确保专业性问题得到专业化调解。这一系列举措将有力推动2024年全省社会治理工作的持续进步。

四是强化群防群治力量，塑造崇尚见义勇为的社会风尚，构建人人有责、人人尽责、人人享有的社会治理共同体。为此，我们要强化排查机制，通过灵活的动态排查机制，整合各领域的排查力量，建立县、乡两级系统完备的机制，有关部门实行分级负责和归口管理，以及时发现并快速处置矛盾。同时，深化法治宣传教育，广泛普及法律法规知识，引导市民增强法治观念。在此基础上，加大执法力度，确保法律的切实实施和执行，推动社会秩序更加规范。我们还将加强对基层治理力量的培训和支持，促进社区自治，激发居民参与社区事务的热情，形成基层治理的合力。通过改善社会民生，提升人民群众的获得感和幸福感，进一步增强社会的凝聚力和稳定性。这一系列举措将为 2024 年全省社会治理工作顺利开展奠定坚实基础。

参考文献

《全省首个！邢台市城市运行管理服务平台率先通过省验收》，网易网，2023 年 10 月 3 日，https：//www. 163. com/dy/article/IG52J4AB0514DPVJ. html。

《河北党员干部持续深入学习贯彻习近平总书记考察灾后恢复重建工作时的重要讲话精神》，《河北日报》2013 年 11 月 14 日。

《深入学习贯彻习近平总书记防灾减灾救灾重要论述 全面提高我国自然灾害防治能力》，旗帜网，2020 年 6 月 16 日，http：//www. gongwei. org. cn/n1/2020/0616/c422 372-31748878. html。

《市域社会治理现代化试点探访 | 河北邢台："小平台"实现"大效果"》，"纵览新闻"百家号，2022 年 9 月 15 日，https：//baijiahao. baidu. com/s？id=1743996566603411728&wfr=spider&for=pc。

《数字政通：积极推进唐山市社会治理智能化指挥平台建设，以"市域之治"助推"中国之治"》，东方财富网，2023 年 3 月 5 日，https：//caifuhao. eastmoney. com/news/20230305214508264517550。

《精准赋能强治理 优化服务暖民生——党建引领城市基层治理的"路南路径"》，《唐山劳动日报》2023 年 7 月 13 日。

《河北省公安机关夏季治安整治行动取得显著成效：严打黑恶及新型犯罪》，河北新闻网，2023 年 9 月 27 日，http：//zhuanti. hebnews. cn/2023-09/27/content_ 9076611. htm。

《石家庄市被评为"全国市域社会治理现代化试点合格城市"平安石家庄再添"国字号"荣誉》，"石家庄发布"百家号，2023 年 10 月 16 日，https：//baijiahao. baidu. com/s？id=1779876354565138602&wfr=spider&for=pc。

《河北沽源：创新矛盾调处模式 打造基层治理样板》，新华网，2023 年 11 月 1 日，http：//www. xinhuanet. com/2023-11/01/c_ 1212296177. htm。

《时时放心不下的牵挂——记习近平总书记在北京河北考察灾后恢复重建工作》，中国政府网，2023 年 11 月 12 日，https：//www. gov. cn/yaowen/liebiao/202311/content_ 6914900. htm？ddtab=true。

《"枫"景"冀"好——我省坚持发展新时代"枫桥经验"推进社会治理现代化综

述》,《河北法制报》2023 年 11 月 20 日。

《河北孟村:"网络+网格"推进基层治理促和谐》,人民网,2023 年 11 月 23 日,http://he.people.com.cn/n2/2023/1123/c192235-40652343.html。

《河北评选 50 个"枫桥式工作法"单位》,《法治日报》2023 年 12 月 15 日。

B.7
河北省社会工作发展报告

李素庆　刘　猛*

摘　要：　自 2000 年以来，河北省社会工作沿着教育先行—行政推进—实务探索—行业规范的轨迹，坚持中国共产党的领导，探索具有中国特色社会工作的发展道路。经过 20 余年，河北省社会工作行政体系逐步完善，社会工作政策制定处于全国领先地位，在社会工作教育、机构、人才队伍、研究与标准化建设和京津冀协同发展上都取得了一定的成果。但同时，面临着社会认知度和接纳度偏低、政策落实有待加强、协作不足、社工服务机构发展和人才队伍建设面临诸多困境等问题。接下来，河北省社会工作发展要增加在宣传、政策落实、系统协作、机构与人才的孵化培育和中国特色社会工作理论与实务体系研究上的投入。

关键词：　社会工作　社会建设　中国特色　系统协作

　　2023 年是社会工作发展极为重要的一年。2023 年 3 月，中共中央、国务院印发了《党和国家机构改革方案》，提出组建中央社会工作部，这是在中央层面对社会建设的一次重大改革，开启了党中央对各领域社会工作系统管理与统筹协调的新篇章。继往开来，在社会工作的主导部门由民政部转向中央社会工作部之际，回顾河北省社会工作发展具有重要的意义，能为新发展阶段的政策制定与实施提供参考依据。过去 20 多年，河北省社会工作沿着教育先行—行政推进—实务探索—行业规范的轨迹，在探索具有中国特色

---

* 李素庆，河北省社会科学院社会发展研究所助理研究员，研究方向为社会工作和社会治理、文化交流；刘猛，河北省社会工作促进会副会长、秘书长，研究方向为社会工作和社会治理。

社会工作的发展道路上，为河北省的社会建设注入了新的活力、贡献了专业力量。

一 社会工作发展沿革

（一）全国社会工作发展沿革

1952 年，我国除香港、澳门和台湾地区外，全面停止了社会工作专业教育。直到 1988 年，国家教委批准在北京大学设立社会工作与管理专业，才开启了我国社会工作专业教育的重建时代。1991 年，中国社会工作者协会成立，标志着社会工作行业发展的开端。2006 年 10 月，党的十六届六中全会通过了《中共中央关于构建社会主义和谐社会若干重大问题的决定》，提出建设宏大的社会工作人才队伍，社会工作首次被纳入国家顶层设计。2006 年 12 月，《人民日报》发文"在党委领导下，建立组织部门综合协调，人事、民政、教育、劳动和社会保障等职能部门具体负责，司法、卫生等有关部门以及工会、共青团、妇联组织密切配合的工作格局，形成工作合力，把分散在方方面面的社会工作力量整合起来"，初步确定了重建初期的任务分工和发展路径。2008 年 6 月，民政部等实施了全国首次社会工作者职业水平考试，标志着社会工作进入职业化发展阶段。2008 年，民政部人事司正式加挂社会工作司牌子，行政推动力度进一步加大。2010 年，《国家中长期人才发展规划纲要（2010—2020 年）》将社会工作人才队伍列为六类人才队伍之一，社会工作人才作为一级分类与党政人才、企业经营管理人才等并列。2012 年，民政部、财政部联合出台《关于政府购买社会工作服务的指导意见》，首次对政府购买社会工作服务进行了制度设计。2013 年 11 月，全国社会工作标准化技术委员会成立，社会工作迈上了规范化、可量化的新台阶。2016 年 3 月，中国社会工作联合会党委成立，社会工作实务领域加强了党的领导。2017 年，民政部社会工作司并入社会组织管理局。2018 年底，中共中央办公厅、国务院办公厅印发民政部"三定"规定，民政部设慈善事业促进和社会工作司，社会工作独立成司。2020 年 10 月，党的十九届五中全会提出"畅通和规范市场主体、新社会阶层、社会工作者和志愿者等参与社会治理的途径"。2021 年 4 月，民政部办公厅发布《关于加快乡镇（街道）社工站建设的通知》，指出要加紧制定政策，将乡镇（街道）社工站建设纳入民政重点工作，标志着社会工作作为一支生力军正式参与到社会建设大战略之中。2023 年 3 月，中共中央、国务院印发《党和国家机构改革方案》，提出组建中央社会工作部，这是在中央层面对社会建设的一次重大改革，开启了党中央对各领域社会工作系统管理与统筹协调的新篇章。

（二）河北省社会工作发展沿革

2000 年，河北大学获批开设社会工作本科专业。2001 年，河北省首批社会工作本科生入学，开启了社会工作专业教育。2006 年，省民政厅着手筹划社会工作发展，行政主导提上日程。2008 年，省民政厅与省人力资源和社会保障厅共同组织了社会工作者职业水平考试，开启了社会工作的职业化进程。2010 年，省社会工作专业人才队伍建设领导小组成立，加大了行政主导力度。2012 年，省社会工作促进会成立，协助推进全省社会工作专业人才培训、社会工作服务机构能力建设、社会工作服务项目开发、社会工作宣传等工作，此后，各市、县陆续成立社会工作行业组织 44 家，有效地推动了行业发展。2013 年，"暖心续航"和"星火"项目获批立项，开启了政府购买社会工作服务的先河。2019 年，省社会工作孵化培育基地获批建设，2020 年基地建成投入运营，重点孵化培育枢纽型、支持型社工服务机构，培养社会工作高端人才。2021 年 2 月，省民政厅、省财政厅印发《关于推进社会工作高质量发展　畅通参与基层社会治理途径的意见》，要求按照"政府扶持、社会承接、专业支撑、项目运作"的思路，采取政府购买服务的方式，推动构建县（市、区）社工服务中心—乡镇（街道）社工站点—村（居）社工室的三级社会工作服务体系，这是河北省社会工作发展史上的一个重要节点，标志着社会工作由"游击战"进入"阵地战"，由"侧后战场"进入

"正面战场"。① 2021 年 4 月，省民政厅提出并委托省社会工作促进会制定的《社会工作服务项目监测与评估规范》（DB13/T 5372—2021）由省市场监督管理局发布，这是河北省首次发布社会工作地方标准，标志着社会工作迈上了规范化服务台阶。2023 年 12 月 29 日，党中央、国务院批准《河北省机构改革方案》，随着河北省委社会工作部的成立，河北省社会工作将会开启党委统一领导、多部门系统协作的新篇章。

二 河北省社会工作发展现状

（一）社会工作行政体系逐步完善

2006 年，党的十六届六中全会以后，省民政厅按照党中央提出的建设宏大的社会工作人才队伍的决策部署和要求，以人才培养为基础，以人才使用为根本，以人才激励机制建设为手段，积极推动社会工作专业化、职业化、本土化发展和社会工作人才队伍建设。2009 年，省民政厅新增推进社会工作和相关志愿者队伍建设及促进慈善事业发展的职责，会同有关部门拟订全省社会工作发展规划和政策措施，推进全省社会工作人才队伍建设和相关志愿者队伍建设。② 2010 年，省社会工作专业人才队伍建设领导小组成立，民政厅厅长任组长。同年，省编办专门为社会工作职责增加了一名处级职数，人事处加挂社会工作处牌子，民政厅直属事业单位中有 6 个组建了社会工作科，进一步加大了行政主导力度。2015 年，保定市民政局新增设社会工作处，其是河北地级市民政部门中成立的首个社会工作处室。③ 2017 年，社会工作职责由民政厅人事处转移到社

---

① 李素庆、庞国志：《中国特色社会工作概念的时代特征和属性——基于社会工作参与基层社会治理实践的探讨》，《社会科学论坛》2022 年第 5 期。

② 《河北省人民政府办公厅关于印发河北省民政厅主要职责内设机构和人员编制规定的通知》，河北省人民政府网站，2009 年 9 月 9 日，https：//info. hebei. gov. cn/hbszfxxgk/6806024/6807473/6807180/6826651/6826893/6835005/index. html。

③ 《保定成立省内首个社会工作处》，河北新闻网，2015 年 11 月 15 日，https：//hebei. hebnews. cn/2015-11/15/content_ 5163780. htm。

会组织管理局。2018 年，省民政厅新增慈善事业促进和社会工作处，承担拟订全省社会工作和志愿者服务政策，组织推进社会工作人才队伍建设和相关志愿者队伍建设等职责。[①] 石家庄市、保定市、张家口市、承德市、廊坊市和沧州市民政局成立了单独的慈善事业促进和社会工作科，其他地市采用合署办公的方案。社会工作职能科室开展的工作包括政策法规制定、人才队伍建设、组织机构培育、项目策划实施、分领域社会工作发展协调等。

（二）社会工作政策制定处于全国领先地位

河北省委、省政府将新发展理念贯穿到社会工作领域，对全省社会工作的发展进行了顶层设计，科学规划了社会工作的全面、稳步发展。2010 年 9 月，省委、省政府印发《河北省中长期人才发展规划纲要（2010—2020 年）》，提出努力建设一支规模宏大、结构合理、素质优良的社会工作人才队伍。之后，河北社会工作政策制定处于全国领先地位。[②]

1. 关于人才队伍建设的政策

2008 年 10 月，省民政厅印发《关于在全省民政系统开展社会工作人才队伍建设试点工作的实施方案》，方案涉及指导思想、目标要求、工作内容、方法步骤。2013 年 3 月，省委组织部等 18 部门联合印发《河北省关于加强社会工作专业人才队伍建设的实施意见》。随后，省委组织部印发《〈河北省关于加强社会工作专业人才队伍建设的实施意见〉任务分工方案》，将人才队伍建设落实到全省各个单位部门，协同开展工作。2013 年 4 月，省委组织部等 19 部门联合发布《河北省社会工作专业人才队伍建设中长期规划（2012—2020 年）》，强调了到 2020 年社会工作专业人才队伍建设的战略目标。2013 年 6 月，省民政厅发布关于贯彻落实《河北省关于加强社会工作专业人才队伍建设的实施意见》和《河北省社会工作专业人才队伍建设中长期规划（2012—

---

① 《河北省民政厅职能配置、内设机构和人员编制规定》，河北机构编制网，2019 年 11 月 1 日，https://www.hebjgbz.gov.cn/hbjgbz/kxgl/sdgd/101597838548803.html。

② 《民政部办公厅关于 2018 年度社会工作和志愿服务法规政策规划落实情况的通报》（民办函〔2019〕10 号）3 次肯定性提及河北社会工作政策制定情况。

2020 年）》的通知，要求各级民政部门高度重视和积极贯彻落实。

2. 关于政府购买服务的政策

2014 年 7 月，省民政厅、省财政厅发布《关于政府购买社会工作服务的实施意见》，对政府购买社会工作服务的购买主体、承接主体、购买内容、购买方式、监督管理等方面进行了详细规定。2016 年 11 月，省财政厅、省民政厅联合印发《河北省民政部门政府购买服务指导性目录》，将社会工作与社会救助、养老服务、社会组织建设与管理等相并列且作为二级目录，明确将社会工作专业人才培训、社会工作项目组织实施以及社会工作信息管理系统建设及维护作为具体的购买内容。

3. 关于机构发展的政策

2010 年 5 月，省民政厅转发《民政部关于促进民办社会工作服务机构发展的通知》，要求从登记管理、政府购买和组织领导等方面推动民办社会工作服务机构的发展。2016 年 4 月，省民政厅出台《关于进一步推进民办社会工作服务机构发展的实施意见》，提出力争用 5 年努力，逐步使民办社会工作服务机构数量、结构、服务和管理水平适应社会需要。2020 年 3 月，省民政厅发布《关于民办社会工作服务机构登记有关问题的通知》，重新规定了民办社会工作服务机构成立条件及注册资金等内容。

4. 关于岗位开发与职业规范的政策

2006 年 12 月，省人事厅、省民政厅转发人事部、民政部《社会工作者职业水平评价暂行规定》和《助理社会工作师、社会工作师职业水平考试实施办法》，要求贯彻落实国家关于职业水平评价与职业水平考试的管理规定。2020 年 3 月，省民政厅在 2017 年印发的《河北省社会工作师登记管理制度（试行）》和《河北省社会工作师继续教育登记实施细则（试行）》的基础上，印发《河北省社会工作者职业水平登记办法》《河北省社会工作者继续教育办法》，对社会工作师登记管理和继续教育进行了详细规定。2018 年 1 月，省民政厅等 12 部门印发《关于加强社会工作专业岗位开发设置与人才激励保障的实施意见》，对加快推进社会工作专业岗位开发设置、建立健全社会工作专业人才的激励措施、加强组织保障三方面提出了具体的要求。

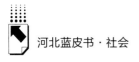

5.关于实务发展的政策

根据政府职能转变和实际工作需要，省民政厅联合有关部门在社区治理、社会救助、特定人群权益保护、社区矫正、脱贫攻坚、慈善志愿服务等领域试点并推广专业社会工作服务，为对具体领域社会工作服务进行规范和引导，出台了一系列相关政策（见表1）。

表1　河北省社会工作实务领域部分相关政策一览

领域	颁布部门	发布时间	文件名称
社区治理	省民政厅、财政厅	2016年6月8日	《关于加快推进社区社会工作服务的实施意见》（冀民〔2016〕59号）
	省民政厅等16部门	2017年2月22日	《河北省城乡社区服务体系建设规划（2016—2020年）》（冀民〔2017〕17号）
	省民政厅办公室	2017年3月18日	《关于加快推进社区社会工作服务标准化的通知》（冀民办〔2017〕2号）
	省民政厅	2018年11月13日	《关于大力培育发展社区社会组织的实施意见》（冀民规〔2018〕5号）
	省民政厅	2018年11月17日	《关于加快推进"三社联动"推动社会治理创新的意见》（冀民规〔2018〕6号）
	省民政厅	2018年12月27日	《关于加快发展农村社会工作的指导意见》（冀民规〔2018〕7号）
	省民政厅	2021年2月24日	《关于印发〈推进全省乡镇（街道）社会工作服务站点项目建设实施方案（试行）〉的通知》（冀民〔2021〕22号）
社会救助	省民政厅、财政厅	2015年6月23日	《关于转发〈民政部　财政部关于加快推进社会救助领域社会工作发展的意见〉的通知》（冀民发〔2015〕46号）
	省民政厅、财政厅	2018年8月8日	《关于进一步加强和改进临时救助工作的实施意见》（冀民〔2018〕95号）
特定人群权益保护	省民政厅等6部门	2015年4月3日	《关于推进青少年事务社会工作建设的意见》（冀团联字〔2015〕12号）
社区矫正	省司法厅等10部门	2016年9月21日	《关于社会组织参与帮教社区服刑人员、刑满释放人员工作的实施意见》（冀司〔2016〕100号）
脱贫攻坚	省民政厅、财政厅、扶贫办	2017年11月6日	《关于支持社会工作专业力量参与脱贫攻坚的实施意见》（冀民〔2017〕102号）
慈善志愿服务	省民政厅	2020年5月9日	《关于印发〈河北省促进慈善事业发展三年行动计划（2020—2022年）〉的通知》（冀民〔2020〕57号）

资料来源：笔者根据官方网站整理。

（三）社会工作教育在探索中前进

2000~2023 年，河北共有 18 所院校开设过社会工作专业，其中开设专科教育的 4 所，开设本科教育的 14 所，同时开设硕士研究生和本科教育的 3 所。截至 2023 年底，有 10 所院校停止招生。

专科教育。河北获批开设社会工作专科教育的院校有 4 所。其中，河北女子职业技术学院未曾招生；邯郸学院于 2008 年开始招生，2010 年停招；河北政法职业学院于 2008 年开始招生，2021 年停招；承德应用技术职业学院于 2022 年首次招生，是目前河北省唯一保留社会工作专科教育的高校。

本科教育。河北获批开设社会工作本科教育的院校有 14 所。截至 2023 年底，已经停招的有华北理工大学、邢台学院、中央司法警官学院、唐山师范学院、河北科技师范学院、河北北方学院、华北理工大学轻工学院等 7 所，仍在招生的有河北大学、华北电力大学、河北科技大学、石家庄学院、衡水学院、北华航天工业学院、廊坊师范学院等 7 所。

硕士研究生教育。河北有 3 所大学开设社会工作硕士研究生教育。河北大学 2010 年获批社会工作硕士专业学位授予权，2011 年招收首届社会工作硕士研究生，是河北省最早开设社会工作硕士研究生教育的高校。华北电力大学、河北科技大学 2021 年获批社会工作硕士专业学位授予权，2023 年首次招收社会工作硕士研究生。2023 年，全省社会工作硕士研究生招生总量为 53 名，其中河北大学 40 名，河北科技大学 6 名，华北电力大学 7 名。

（四）社会工作组织持续发展

1. 登记注册

全国社会组织信用信息公示平台的数据显示，截至 2023 年 12 月 31 日，河北依法登记的社工组织 523 家，其中社会团体 44 家，民办社会工作服务机构 479 家。[①]

2020 年成为河北社会工作组织登记注册高峰年，新增社会工作组织 149 家（见图 1），几乎占到总数的 1/3，多因素综合导致产生这一现象。首先，省民政厅发布《关于民办社会工作服务机构登记有关问题的通知》，将民办社工服务机构的注册资金降低到 1 万元，鼓励了各种社会力量的加入；其次，省社会工作孵化培育基地投入运营，为筹备期、初创期社会工作组织提供了有力辅助；最后，乡镇（街道）社工站建设工作的开启，推动了社工组织的创建和发展。

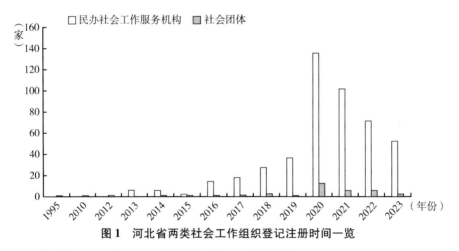

图 1　河北省两类社会工作组织登记注册时间一览

资料来源：根据全国社会组织信用信息公示平台的数据整理。

2. 发展现状

为把握河北社会工作组织的发展现状，课题组采用分层随机抽样法，向全省社会工作组织发放《河北省社会工作组织发展现状调查问卷》70 份，回收有效问卷 57 份。

（1）从业人员结构特征

在参与调查的社会工作组织中，专职负责人占比 93%，专职员工占比

---

① 全国社会组织信用信息公示平台，https：//xxgs. chinanpo. mca. gov. cn/gsxt/newList。在该平台上输入社会工作或社工，选登记区域为河北、组织状态为正常，以此来统计社会工作组织的数量。需要说明的是，部分社会组织的名称虽未含有"社会工作"或"社工"，但业务范围内包含社会工作，该类组织未在本次统计范围内。

72%；45 岁以下人员占比 83%，35 岁以下人员占比 74%。从业人员呈现职业化、年轻化的特征。

（2）组织架构设置

多数社会工作组织架构清晰，包括党务、运营、项目、财务、专业等五个部门，个别机构设有宣传、外联、研究部门。接受调查的社会工作组织中设有督导岗位的占比 76%，其中 24% 的组织由内部资深社工师担任，29% 的组织聘请本地域外机构资深社工师担任，23% 的组织聘请高校教师担任。

（3）项目来源

对近三年所执行的项目进行统计分析，3% 来自企业支持，9% 来自基金会委托，其余来自政府购买服务。政府购买服务部分，3% 属于全国项目，9% 是省级采购，20% 来自市级，42% 来自县（市、区），26% 来自乡镇（街道）。县（市、区）成为政府购买服务的最主要主体。

（4）营业额与员工规模

有 75% 的组织近三年年均收入低于 50 万元，有 93% 近三年中有过年收入低于 50 万元的年份。有近 2/3 的组织员工数量在 10 人以下。

3. 制约因素

在回答"对社会工作组织发展产生影响的因素有哪些"问题时，排在前三位的是：政府对社会工作组织持续发展的政策支持是否到位、政府购买服务政策和机制的完善程度、政府对社会工作组织监管机制的健全程度。在回答"面临的主要困难有哪些"问题时，政府购买服务资金不能及时到位、政府购买服务少且不延续占据了前两位。

（五）社会工作人才队伍逐步建立

1. 人才数量

如图 2 所示，河北社会工作人才数量发展经历了两个阶段。2008~2017 年为缓慢发展阶段；2018~2023 年为快速增长阶段，这得益于全省各级民政部门采取了一系列鼓励和促进措施。截至 2023 年底，河北有持证社工人才 26443 人，占总人口比例为 0.36‰。其中，初级 20750 人，中级 5684 人，高级9人。① 石家庄、保定和唐山三市通过人数占比最高（见图3），这与经济水平、专业教育水准、政策力度等因素有关。

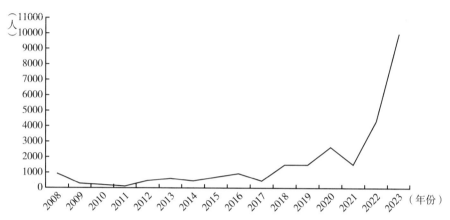

图2 2008~2023年河北省新增社会工作者职业水平考试合格人数

资料来源：笔者整理。

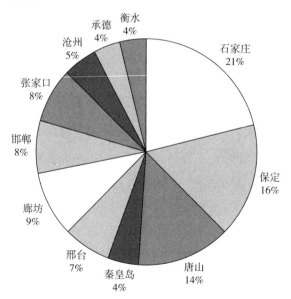

图3 2023年河北省各地市社会工作者职业水平考试合格人数分布

资料来源：笔者整理。

① 初级20750人和中级5684人为考试实际通过人员，暂无条件识别持双证、去世、考试通过未通过审核等人员。

2. 人才结构

采用分层随机抽样法，向全省发放 283 份《河北省社会工作人才发展现状调查问卷》，回收有效问卷 258 份。数据显示，女性占比 78%，45 岁以下人员占比 81%，本科生占比 61%，研究生占比 8%，大专及以上学历者占比 97%。高学历年轻女性成为河北社会工作的主力军。

3. 登记注册

在被调查者中，有 16% 的人员没有按照规定进行首次登记注册和再登记注册，其中 6% 的人员通过考试后从未进行过登记注册。未按照规定进行首次登记注册和再登记注册的人员中有将近一半是不清楚登记注册的有关规定。

4. 自我评价

社会工作从业人员的自我评价充满了矛盾性，一方面有较强的职业自豪感，另一方面又觉得待遇低、稳定性差、社会认同感不强、前途迷茫。

（六）社会工作研究与标准化建设初具成果

1. 研究成果

以"社会工作"为主题词，以"河北"和河北的 14 个地市名（含辛集、定州、雄安新区）为作者单位在中国期刊全文数据库中共搜索到文献 741 篇。涵盖了社会工作实务、社会工作服务机构建设与管理、社会工作专业教育、社会工作专业方法与技巧、社会工作本土化等领域。按照研究对象划分，集中在未成年人、老年人等；按照场域划分，集中在城市社区、农村、企业和医院。

2. 研究主体

河北社会工作研究主体包括：社会科学院系统、高校系统、民政系统、社会工作行业协会、社会工作服务机构。经过几年的磨合，各主体之间已经形成优势互补、通力合作的态势，行动研究和实践研究逐步展露出优越性。2021 年，省社会工作促进会与省民政厅采用行动研究方案合作完成的《中国特色社会工作实务探索与研究——以乡镇（街道）社工站建设为切入点》获得全国民政政策理论研究一等奖，打破了河北省连续 7 年一等奖空白的局面；2022 年，河北

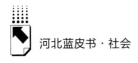

大学与省民政厅合作完成《朝向新时代基层治理共同体——"五社联动"助力基层治理体系和治理能力现代化研究》，再获一等奖。

3. 标准化建设

社会工作标准与规范是社会工作服务、管理和评价的重要技术支撑，在深化社会工作实践方面发挥着标尺性作用。截至2023年底，河北省已经发布《社会工作服务项目监测与评估规范》、《养老机构特殊困难老年人社会工作服务规范》（DB13/T 5715—2023）、《乡镇（街道）社会工作服务站三级体系建设管理规范》（DB13/T 5671—2023）、《未成年人救助保护机构服务规范》（DB13/T 5735—2023）、《困境未成年人风险分级干预规范》（DB13/T 5842—2023）五项地方标准。另有"精神障碍社区康复社会工作服务规范"和"学校社会工作服务规范"已经立项在研。[①]

（七）京津冀社会工作协同发展稳步推进

2016年4月，北京社会工作者协会、天津市社会工作协会、河北省社会工作促进会共同签订了《京津冀社会工作人才队伍建设协同发展框架协议》及四个子协议，强调了三地在社会工作资源方面的共享与合作。同年5月，召开首届京津冀社会工作协同发展研讨会，签订《京津冀社会工作发展战略合作框架协议》。2017年10月，京津冀三省市民政部门签署了《京津冀社会工作共创共建共享行动计划（2017—2020年）》。此后每年，民政部门之间、行业协会之间、社工服务机构之间一直保持着密切的合作与交流。2023年6月，三地签订《京津冀社会工作人才协同发展合作协议》，在深化社会工作教育培训资源、督导人才共享和社会工作行业交流方面推动形成长效机制。[②]

---

① 《河北省市场监督管理局关于下达2023年河北省地方标准制修订项目计划的通知》，河北省市场监督管理局网站，2023年8月23日，http://scjg.hebei.gov.cn/info/98141。

② 《共商协同发展大计　签订系列合作协议　京津冀民政事业协同发展第七次联席会议在京召开》，民政部网站，2023年6月15日，https://www.mca.gov.cn/n152/n166/c1662004999979993681/content.html。

三 河北省社会工作发展过程中存在的问题及原因分析

（一）社会认知度和接纳度偏低

自1952年社会工作专业被取消后，"社会工作"一词一直没能作为具象的概念深入人们的视听中，社工师没能像医师、律师、教师那样形成自己的职业肖像，大众对其非常陌生。

本研究开展的调研结果显示，无论是公职人员还是普通民众，能够认识到社会工作是一个学科、一个专业、一种职业的人数占比非常低，很少有人能讲清楚社会工作的内容、性质、与自己的关系等深层意涵。居民知晓度低，导致产生有需求不知道找社工师求助、不敢让子女报考社工专业、自己不敢从事社工职业等现象；领导干部认知度低，在部署工作时，易出现忽视社会工作的作用、瞻前顾后、不敢对社工师委以重任等现象。

（二）政策落实有待加强

调研中，从业人员对人才队伍建设、政府购买服务两个方面的政策落实有待加强提及较多。例如，"实施高层次社会工作专业人才培养引进工程，培养和引进在国内有一定影响、对学科有带动作用的高层次社会工作专业人才，充分发挥他们在社会工作专业教育、研究与督导等方面的作用"，并未出台具体措施；"各级党校、行政学院要把社会工作列为教学内容，每期培训要安排不少于4个课时教学"，并未落实；"城市按照每个社区居委会不低于居民人口2/10000的比例设置岗位，配备具有社会工作者职业水平证书人员"，未建立机制；"每个乡镇开发2个社会工作专业岗位"，没有实施；"受聘到事业单位工作的社会工作专业人才，执行专业技术人员工资待遇"，多人反映难以享受待遇；"组建省级社会工作培训基地，将社会工作行政管理人才纳入党政人才素质提升工程"，尚未启动；"到2020年，力争培养或引进10名社会工作专业博

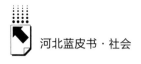

士，1000 名社会工作专业硕士，60 名'双师型'专业教师"，尚未出台相应的措施。

（三）多部门、多组织协作机制尚未形成

在民政系统内部，社会救助、社区治理、社会事务、养老服务、儿童福利、慈善事业、社会组织管理等职能部门都以政府购买服务的方式委托社会工作组织开展服务，但彼此之间尚未形成合力。具有服务性任务的党政机关和群团组织也都已经开始购买社会工作组织的服务，但仍然是各自为战。在有些乡镇（街道）会看到教育、民政、妇联、团委、关工委等部门分别购买了不同社会工作组织的儿童服务，各组织的服务对象与服务内容存在大量重叠，但彼此信息不通，缺乏统筹协调，导致服务对象出现了应接不暇的现象。

（四）社会工作组织发展总体处于初级阶段

1. 总量偏少

社会工作组织数量是一个地区社会工作发展水平的重要标志。截至 2023 年 10 月，全国成立了近 1.9 万家社会工作组织，河北占比 2.8%，相对于 5.3% 的人口占比，仍有进步空间。从绝对数量上看，低于山东省的 800 余家和北京市的 960 余家。总量不足会导致缺乏竞争意识和交流机会，阻碍专业能力和管理水平的提升。

2. 规模普遍较小

调查结果显示，大部分社会工作组织年营收在 50 万元以下，稳定员工在 10 人以下，年承接社工项目在 3 个以下。规模微小，抵御风险的能力就弱，遇到项目空档期，往往会造成人员流失，难以形成专业积累，难以开发出精品项目。河北缺乏全国知名品牌社工项目。

3. 对政府的依赖度过高

多数组织在初创期，尚未熟练掌握整合资源的技巧，也不具备自我营收能力，同时，河北缺乏资助型基金会，这就导致项目和资金来源单一，主要

依靠承接政府购买服务，一些组织的资金甚至全部来源于政府购买服务，这就容易患上"熊猫病"，生存风险升高，一旦遇到政策调整，会立刻陷入衰退期，甚至进入停业状态。

4. 区域发展不平衡

就地域而言，社会工作组织的数量分布不平衡，主要集中在石家庄、唐山、保定等市，这与经济水平、专业教育水准、政策力度等因素有关。

（五）人才队伍建设水平仍有待提升

1. 社会工作人才总量不足

截至 2023 年底，河北持证社工人才数量为 26443 人。现有人才存量与《河北省社会工作专业人才队伍建设中长期规划（2012—2020 年）》提出的"到 2020 年，社会工作专业人才总量增加到 5 万人"的要求相去甚远。2023 年，河北社会工作人才占总人口的比例为 0.36‰，低于全国 0.91‰的比例，远低于发达国家 3‰的比例。造成这一局面最重要的原因是河北社会工作经历了长达 10 年的缓慢发展阶段（2008～2017 年），历史欠账太多。虽然自 2018 年开始进入快速增长阶段，但仍旧无法填平亏欠。

2. 社会工作高端人才缺乏

截至 2023 年底，河北有高级社会工作师 9 名；具有正高级职称且具有 10 年以上社会工作教学、科研或实务经历人才不足 10 名；具有社会工作学博士学位者 1 名；全国社会工作领军人才 2 名；省级社会工作领军人才 20 名。由于社会工作高端人才缺乏，河北省尚无力组建高级社会工作师评审委员会，连续 4 届委托全国高级社会工作师评审委员会代为评审。

3. 实务能力有待提升，领域有待拓展

河北社会工作专业教育中断了半个世纪，后虽然有十余所院校开设了社会工作专业，但师资严重缺乏，教师多由社会学、社会保障、哲学、思想政治、公共管理等专业转调而来，自身缺乏实务经验，没有接受过系统的个案、小组实务训练，教学过程中只能言传无法身教，再加上课程设置上重理论轻实践，实习课时偏少，导致学生出现了面对服务对象"有心无力"的情况；现行的课程设置、专业理论与技术均源自欧美，与我国的现实需求相差较大，导致从业人员在服务中出现"水土不服"的现象；非社会工作专业毕业的持证人才多缺乏系统性的价值、伦理、情怀和养成教育，在实际工作中难以满足岗位期待。实务能力的不足进一步导致实务覆盖领域不全。当前，河北社会工作实务主要集中在儿童与青少年、老年人、社区、司法等几个领域，在妇女、家庭、医务、精神康复、残障、社会救助、学校、军休、企业等众多细分领域开展的服务较少，有待进一步拓展。

4. 人才评价机制不健全，结构有待优化

目前，国家社会工作者职业水平评价仅有初级、中级、高级三个等级，缺乏对细分领域专才的评价机制，影响了某些领域对社会工作的接纳度。另外，河北社会工作人才集中在实务领域，社会工作教育、管理、督导、研究四类人才数量明显不足；社会工作从业人员中男性偏少、缺乏中年及60岁以上人员；村（居）—乡镇（街道）—县（市、区）—市—省社会工作岗位能力要求尚不明晰，尚未形成与岗位要求相匹配的人才梯队。

四 河北省社会工作发展对策建议

（一）增加对社会工作的具象化宣传

提升社会工作在全社会的认知度和接纳度不仅仅关系到社会工作自身的发展，更关系到其在提升社会福祉、助力社会建设上效能的发挥。河北社会工作发展要增加对社会工作的具象化宣传。一是建立专门的社会工作宣传队伍，增加宣传投入，为社会工作者进行多视角、立体化画像。二是寻找典型人物和典型事件，创作文字、图片和影视作品，通过传统媒体和网络自媒体等途径，广泛宣传社会工作者在工作中取得的实际成就，以及他们对个体、家庭或社区的积极影响。三是在社会工作日或社会工作月，深入社区、机关、学校和医院等，举办社会工作主题的公共活动或展览，组织包括座谈会、讲座、义工服务等在内的系列活动，以面对面的方式开展线下社会工作宣传活动，提升全社会对于社会工作的关注度和认知度。

（二）建立健全社会工作政策落实监督机制

确保社会工作政策的贯彻落实是社会工作能发挥其社会效能的关键。一方面，针对已有政策落实不到位的情况，成立社会工作政策落实核查小组。对过去几年来各部门所发布的政策、文件进行系统审查，修订已经不合时宜的，理顺相互掣肘的，完善尚有漏洞的，对仍具时效的政策，督促职责部门落地实施。另一方面，建立健全社会工作政策落实监督机制。首先，新政策颁布的同时启动系统内宣贯、行业内培训、全社会宣传。其次，建立执行通报制度，包括进度、成效、问题以及改进建议等。最后，建立社会参与机制，使社会组织、专业机构和公众能够参与监督政策的落实。

（三）建立多部门、多组织的系统协作机制

社会工作是"五位一体"总布局中社会建设部分的重要抓手，涉及方方面面，相互之间既有横向交叉，又有纵向延伸，头绪众多，错综复杂。为确保社会工作能够充分发挥其专业效能，需要建立多部门、多组织的系统协作机制。一是建立跨部门协调机构，即社会工作系统协作领导小组。由社会工作部门牵头，建立由组织、宣传、政法、统战、信访、公安、检察、法院、民政、教育、卫健、人社、退役军人、农业农村、应急管理、市场监督、工会、团委、妇联、残联等多部门参与的社会工作联席会议制度，促进信息共享和资源整合，达到一通百通的效果。二是成立社会工作基金会，设立社会工作的联合资金池，以支持跨部门、跨组织的合作项目。针对特定的社会工作议题，设立相应的工作小组或专项委员会。三是组织跨部门、跨组织的培训，提高各方在社会工作领域的专业素养，促进跨学科、跨专业合作，各自发挥优势，共同解决问题。

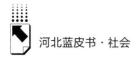

（四）加强社会工作孵化培育基地建设

加强社会工作孵化培育基地建设对于促进河北社会工作服务机构和人才队伍的成长至关重要。基地建成三年来，孵化 130 家机构，培养 1040 名人才，提供 1878 个课时培训、636 小时督导、125 小时实训，有效促进了社会工作人才队伍建设和组织机构发展，充分显示了它的价值。河北省要继续完善省级社会工作孵化培育基地的功能，建立健全市、县社会工作孵化培育基地，通过基地提供项目合作、资源链接和能力建设课程，持续加强对社会工作组织的扶持和赋能，增强其资源整合和运营管理能力，在政治方向、专业技能和财务管理等方面实现不断提升。

（五）加强社会工作人才队伍建设

人才队伍建设是河北社会工作发展的关键。积极探索社会工作人才的多渠道培养路径。首先，在学历教育领域，深入开展校社合作、校部合作，建立校—部—社联合培养机制，开展订单式培养，实现招生—培养—就业之间的无缝衔接。其次，在继续教育领域，建立课程反馈制度，开发高质量、多领域、多层次的精品培训课程，提升学员选择自由度，增强培训内容和学员需求的匹配性，充分依托互联网和 AI 技术，建设在线培训平台，方便社会工作人才随时随地进行学习，并实现信息化管理和实时反馈，淘汰价值不高的课程。最后，在实务技能领域，鼓励"师徒制"和"督导制"两种模式并行发展，综合建立社会工作管理人才、督导人才、实务人才、研究人才和评估人才的培养与认定机制。

（六）加大中国特色社会工作理论与实务体系的研究力度

加大中国特色社会工作理论与实务体系的研究力度是河北社会工作事业能够实现弯道超车的关键举措。"现代意义上的……专业社会工作是舶来品，……西方社会工作中好的做法、好的经验我们要学习、要吸收，但不能一味地照搬照抄，否则就容易出现教条主义错误，关键要在结合上、在创造上下功夫，形成中国风格、中国表达、中国内容的社会工作来。"① 河北省独特的地理位置和典型的人文特征决定了开展本土探索的需求更迫切，这也促进了河北在中国特色社会工作领域的研究与探索取得了初步成果。接下来，应该继续加大科研投入力度，设立科研专项，鼓励青年学者和实务从业者投身到该项研究领域，鼓励采用行动研究和实践研究的方法，探索出适合省情的社会工作体系，为中国特色社会工作发展贡献河北力量。

① 《詹成付：在社会工作与基层民政力量建设座谈会上的讲话》，中国慈善联合会网站，2017年10月17日，http://www.charityalliance.org.cn/gov/10064.jhtml。

京津冀协同篇

B.8
推进京津冀公共服务共建共享研究

郝　雷*

摘　要：　京津冀公共服务共建共享是缩小三地公共服务差距的重要途径。京津冀协同发展战略实施以来，三地在教育、医疗、养老等重点领域通过跨区域合作交流，取得了较好的成绩。但河北与京津公共服务水平依旧悬殊，亟须补齐公共服务建设短板。站在河北视角，推进京津冀公共服务共建共享研究，对推动京津冀协同发展战略向深度和广度拓展意义深远。

关键词：　公共服务　共建共享　京津冀

　　京津冀公共服务共建共享是促进京津冀协同发展的主要内容和有效支撑。习近平总书记在河北考察并主持召开深入推进京津冀协同发展座谈会时

----
　　* 郝雷，河北省宏观经济研究院经济师、助理研究员，研究方向为区域经济、城乡经济、社会问题。

强调:"加快推进公共服务共建共享,强化就业优先政策,推动京津优质中小学基础教育资源同河北共享,推进医联体建设,推动京津养老项目向河北具备条件的地区延伸布局。"① 习近平总书记的重要指示,明确了做好京津冀公共服务的重点和路径,为进一步推动京津冀公共服务共建共享指明了方向。

一 京津冀公共服务共建共享的重要进展

京津冀协同发展战略实施以来,三地持续疏解京津发展压力和弥补河北发展短板,持续深化教育、医疗、养老等领域公共服务共建共享,有效提高了群众获得感、幸福感、安全感。

(一)京津冀教育合作实现提质增效

京津冀教育共建共享重点是加快推动在京优质教育资源向津冀地区延伸布局,促进京津优质教育资源辐射河北地区。京津冀协同发展战略实施以来,三地联合出台了《"十三五"时期京津冀教育协同发展专项工作计划》《京津冀教育协同发展行动计划(2018—2020年)》《京津冀教育协同发展行动计划(2023年—2025年)》等政策措施,以教育集团、学校联盟等形式开展跨区域合作办学,全面加强师资队伍培育、学科建设、成果转化等方面的合作。

京津优质教育资源输入河北,带动河北的教育管理水平和教学质量得到双提升。一是基础教育加强合作交流。引入246所京津基础教育学校与河北370所学校开展合作办学;与京津组建了京津冀基础教育协同发展联盟,1200多名河北中小学骨干教师到京津优质学校跟岗学习。雄安新区61所学校与59所京津优质学校建立合作关系,雄安北海幼儿园、雄安史家胡同小学、北京四中雄安校区等北京援建项目在雄安落地建设。二是职业教育加强

---

① 《新华社评论员:让京津冀成为中国式现代化建设的先行区、示范区》,"新华社"百家号,2023年5月14日,https://baijiahao.baidu.com/s?id=1765797382782254565&wfr=spider&for=pc。

联合体建设。与京津实现高职跨省份单招，争取京津8所高职院校投放单招计划；与京津构建了中职阶段在冀培养、高职阶段在京津培养的"3+2"联合培养模式，联合成立15个京津冀跨区域职教联盟。天津在河北建立雄安新区、承德、威县青龙三大板块5所职业院校分校。与河北联建承德应用技术职业学院。三是高等教育强化创新合作。与京津高校联合组建"京津冀经济学学科协同创新联盟""京津冀建筑类高校本科人才培养联盟"等22个高校创新发展联盟，雄安高校协同创新联盟签约成功。三地高校开展涉及多领域的科研合作和学术研讨。廊坊市联合北京市通州区、天津市武清区组建了10个基础教育共同体、1个职业教育联盟、1个特殊教育联盟和1个幼教联盟。

（二）京津冀医疗合作走深走实

京津冀医疗共建共享重点是着眼于北京城市医疗卫生功能疏解，加快推动在京优质医疗资源向津冀地区延伸布局，促进京津优质医疗资源辐射河北。京津冀协同发展战略实施以来，三地出台《京津冀医疗卫生协同发展规划》《2023年京津冀药品联合带量采购工作实施方案》等政策措施，加快跨区域医联体建设，异地就医住院、普通门诊和门诊慢特病医疗费用实现直接结算"免备案"，4900余家定点医疗机构实现跨省份异地就医住院费用直接结算，7000余家定点医疗机构实现异地就医普通门诊费用直接结算；50项临床检验结果在京津冀685家医疗机构实现互认，20项医学影像检查资料在京津冀313家医疗机构实现共享，职业健康检查结果、职业病诊断结果、职业病鉴定结果等9项职业健康事项实行互认。

河北积极引进京津优质医疗资源，提升医疗服务能力和水平。河北与京津医疗机构形成了一般合作、共建共管、集团化管理、强势专科合作、建设分院、整体托管和一体化管理等多种合作模式。河北省儿童医院与北京儿童医院、河北燕达医院与北京朝阳医院等京津冀医疗机构开展合作交流，保定、沧州、承德、张家口、唐山等区域率先与京津优质医疗资源对接建设，保定承接建设北京儿童医院、中国中医科学院广安门医院、北京大学肿瘤医院和北京同仁医院新院区，沧州中心医院成为国家心血管疾病临床医学研究中心分中心建设单位。北京大学人民医院石家庄医院、天津市肿瘤医院秦皇岛医院等 8 个国家区域医疗中心项目落户河北，燕达金色年华健康养护中心、香河大爱医养中心等一批环京协同养老项目投产运营。一系列举措促进河北临床研究、学科建设和人才培养等方面实现重大突破。

（三）京津冀养老服务合作持续加强

推进京津冀养老服务协同发展是满足三地老年人养老服务需求、促进区域人口经济社会协调发展的重要内容。京津冀养老服务共建共享重点是加强养老资源对接互补，推动京津养老项目向河北具备条件的地区延伸布局。京津冀协同发展战略实施以来，三地签署了《京津冀养老工作协同发展合作协议（2016 年—2020 年）》，建立了养老服务协同发展联席会议机制，以及养老机构等级评定、老年人能力综合评估等标准互通互认长效机制，开展了区域养老服务人才协同培训，出台了《关于进一步深化京津冀养老服务协同发展的行动方案》《关于推进京津冀养老政策协同的若干措施》《京津冀养老服务人才培训协同工作方案》等政策措施，京津养老项目向廊坊北三县等环京周边地区延伸布局。

河北利用生态资源和生活成本优势，实施京津冀协同养老示范带创建行动。在环京 14 个县（市、区）周围重点发展医养康养相结合的养老服务业，推动承德、廊坊、保定、张家口等区域与北京市通州区、西城区，以及天津市武清区等区域的养老协作建设。跨区域建立了一批养老院、护理院、康复中心等高水平的养老机构，廊坊三河市燕郊燕达金色年华健康养护中心成为首批京津冀养老工作协同发展试点单位，率先实现京冀医保互联互通，入住京籍老年人 4102 人。

二 京津冀公共服务共建共享存在的问题

京津区域优质公共服务资源过度集中，河北与京津公共服务资源差距过

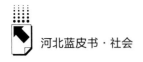
大，是制约京津冀人口、资本、技术等生产要素自由流动和合理布局的重要因素。

（一）区域整体合作协调机制尚未健全

京津冀协同发展战略主要任务是提高京津城市发展效率，补齐河北发展短板，缩小区域差距。京津冀公共服务共建共享涉及领域广、利益主体多，资源要素流动受财政、行政、人事等体制机制约束影响较大，区域壁垒、部门壁垒、行业壁垒和制度障碍等差异化的政策规定阻碍了资源要素自由流动和合理配置，影响了公共服务的共建共享。

河北作为京津冀公共服务共建共享的主体和短板，与京津公共服务水平差距较大，亟须补齐公共服务建设短板，优化基本公共服务资源的空间布局。重点要破除京津冀三地间政策、标准、服务规范、补贴等诸多隐形壁垒和体制机制障碍，健全区域整体合作协调机制，解决管理机制、合作机制、基础设施、布局调整等方面的关键问题，进一步助推京津冀公共服务共建共享。

（二）优质公共服务资源不均衡

受经济发展和财力保障水平等因素影响，京津两市集聚了大量的优质公共服务资源，河北与京津公共服务发展层次和水平落差较大。

与京津相比，河北公共服务资源基础薄弱，优质资源依旧短缺。一是优质教育资源与京津差距依旧很大。京津优质教育资源高度集聚状况依旧未发生明显改变。河北人均教育经费投入、教育投入资金来源结构、师资力量等方面与京津存在较大差距。河北教育发展主要集中在基础教育上，基础教育学生多、教师少的现象较为明显，教育资源承受压力大于京津。2022 年，河北每十万人口小学平均在校生数分别是京津的 1.80 倍和 1.59 倍，每十万人口初中平均在校生数分别是京津的 2.64 倍和 1.63 倍，每十万人口高中平均在校生数分别是京津的 1.28 倍和 1.69 倍；京津冀小学生师比（教师人数＝1）分别为 14.13、15.59 和 16.25，初中生师比（教师人数＝1）分别为

8.88、11.78 和 13.57，高中生师比（教师人数＝1）分别为 8.73、11.64 和 13.07，① 区域内具有全国影响力的优质幼儿园、小学和中学的数量也少于京津。高等教育领域 211 重点高校不多，与京津高等教育差距明显。2022 年，河北每十万人口高等学校平均在校生数仅分别为京津的 56.88% 和 56.56%。另外，河北教育投入主要依赖公共财政，教育投入来源单一。2022 年，京津冀一般公共预算教育经费（包括教育事业费、基建经费和教育费附加）分别为 1161.00 亿元、474.88 亿元、1754.60 亿元，占一般公共预算支出比例分别为 15.54%、17.40%、18.86%，河北分别高于京津 3.32 个百分点和 1.46 个百分点，② 三地间财力和教育供给水平差距较大。二是优质医疗资源与京津差距较大。京津两地集聚了众多三甲医院，需要满足巨大的就诊需求。河北三甲医院相对较少，医疗机构规模小、每万人拥有卫生技术人员较少，医疗资源人均拥有量严重低于京津地区，现有的医疗资源未能满足群众对优质医疗资源的需求。2022 年，京津冀每万人拥有卫生技术人员数分别为 135 人、91 人、79 人，河北仅分别相当于京津的 58.52% 和 86.81%；每万人拥有执业（助理）医师数分别为 53 人、39 人、35 人，河北仅分别相当于京津的 66.04% 和 89.74%；每万人拥有注册护士数分别为 58 人、35 人、32 人，③ 河北仅分别相当于京津的 55.17% 和 91.43%。京津冀每万人医疗机构床位数分别为 61.32 张、50.29 张、65.45 张。④ 对比数据显示，河北医疗资源还有很大的发展空间。

（三）养老管理与服务标准不统一

受属地管理模式和地方利益约束，京津冀三地尚未建立统一的养老服务质量标准和评价体系，养老补贴不统一、医保政策不统一、异地养老费用报销难等问题导致跨地区公共服务对接和共享程度低。

---

① 资料来源：国家统计局。
② 资料来源：《2022 年全国教育经费执行情况统计公告》。
③ 资料来源：国家统计局。
④ 资料来源：国家统计局。

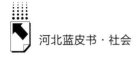

与京津相比，河北养老服务市场化程度低，主体单一，补贴标准较低。一是河北养老服务机构单一。北京搭建了以社会力量投资建设或运营管理为主的多元化的养老产业框架，社会资本参与度较高，形成了集团化管理模式，天津形成了社区为老服务综合体、居民楼日间照料中心的"自下而上"养老模式，河北构建了以居家为基础、社区为依托、机构为补充、医养相结合的社会养老服务体系，三地养老服务参与主体和建设内容不同，导致养老服务相关政策侧重点不同。二是养老机构补贴标准较低。与京津相比，养老机构建设补贴标准和运营补贴标准差距较大。北京实行以收住服务对象身体状况补贴标准为基础性补贴标准，服务质量星级评定、信用状况、医疗服务能力等3个标准叠加享受补助的形式，给予养老机构差异化综合建设补贴；运营补贴以实际收住服务对象的床位数、月数等作为依据，与入住率、运营安全、服务对象满意率、医养结合等预算绩效指标挂钩。天津针对不同类型的公办公营养老机构分别给予每张床位3万元和1.2万元不等的建设补贴，针对不同类型的非营利性养老机构分别给予每张床位1.5万元和0.6万元不等的建设补贴；运营补贴方面只给予营利性养老机构收住经济困难的高龄失能老人（低保对象及低保边缘家庭成员且80岁以上失能）每人每月300元补贴，公办公营养老机构则不享受养老机构运营补贴。河北设定不同的补贴总额对社会资本投资新建、改建和租赁改造的每张床位分别给予8000元、3500元和1500元的建设补贴，根据入住老年人生活能力等级判定，给予重度失能、中度失能者每人每月300元补贴，轻度失能、能力完好者每人每月100元补贴。同时，与京津相比，河北养老服务质量标准、护理服务建设标准、护理分级标准等方面差距较大，缺少专业化养老龙头企业和养老服务品牌，难以满足京津籍老年人跨区域养老服务需求。

三 推进京津冀公共服务共建共享的对策建议

推进京津优质公共服务资源向河北疏解和配置是推进京津冀公共服务共建共享的关键，是解决公共服务设施区域配置不均问题的重要手段。当前，京津冀公共服务共建共享已进入全面深化实施的新阶段，补齐河北发展短板是关键。河北要在前期共建共享基础上，进一步把牢改革创新强劲动力，持续提升承接北京非首都功能疏解的能力，抓好共建共享的关键载体，加强政策机制衔接，实现重点区域和重点领域率先突破，才能努力缩减公共服务梯度差，补上最短板，形成目标同向、措施一体、优势互补、互利共赢的协同发展新格局。

（一）加强与京津公共服务政策机制衔接

京津冀公共服务共建共享是一项深层次变革，涉及的区域不同、政策不同和体制机制不同，难点在共建共享，突破靠改革。只有以京津冀公众需求为导向，进一步明确定位，正视差距，汇聚各方力量精准加大公共服务效率与质量等重点领域和体制机制等关键环节改革力度，消除跨行政区域各种显性和隐性壁垒，提高公共服务共建能力和共享水平，才能推动京津冀公共服务共建共享取得更多实质性、标志性成果。河北要发挥政府主导作用，加强与京津公共服务共建共享的战略谋划，实现政策对接，进一步打破区域壁垒、部门壁垒、行业壁垒和制度障碍，分阶段提高与京津公共服务共建能力和共享水平。

一是与京津构建公共服务共建共享的长效机制。搭建跨京津信息互联、跨区域跨机构的信息共享平台，运用数字技术打破区域之间数据、信息壁垒，完成社保、医保、公积金等账户一体化管理，推动公共服务区域一体化扩展到相对复杂的涉企领域。二是加快建立市场一体化发展机制。主动对接国家和京津，抓紧编制京津冀教育、医疗、养老等公共服务重点细分领域共建共享专项发展规划，系统梳理京津两地在教育、医疗和养老等方面的支持政策，系统统筹区域内社会事业和公共服务资源，推进京津冀优质公共服务资源向深度和广度拓展。

（二）高标准建设雄安新区公共服务共建共享样板

高标准配套建设教育、医疗、养老等优质公共服务是雄安新区作为北京非首都功能疏解集中承接地建设的重要内容。河北要抓住雄安新区承接北京非首都功能疏解的重要契机，探索建立优质公共服务设施建设新模式和公共服务供给新机制，做好京津冀公共服务共建共享的全域对接和承接，把雄安新区打造成为京津冀公共服务共建共享样板和示范区。

一是支持雄安新区教育质量提升发展，打造京津冀教育共建共享的新高地。重点加强雄安新区与京津教育部门在教育规划、政策和项目等方面的对接；高标准建设教育基础设施，积极承接在京优质幼儿园、小学、中学的分校和在京"双一流"高校疏解转移的分校、分院、研究院等的建设；深化教育交流合作，采取合作办学、远程教育、网络资源共享等形式，促进教育机制共建、培训共办、项目共研、资源共用、信息共享，实现基础教育领域各学段与京津派驻团队的交流合作；加强与京津教师、校长的互访互学。二是加强高水平医疗资源配置。通过北京对三县的医疗技术支持、配套设施和制度跟进，持续加强雄安新区容城县、雄县和安新县医疗体系与综合性医学中心、组团医院的有机衔接，提升医疗卫生服务能力建设水平；推动京津高水平优质医疗科研机构整体搬迁或建立分院落户雄安新区，与京津组建医共体；与京津共同建设综合性医学中心和妇幼、中医等专科医疗机构，适当分担京津优质医疗机构负担。三是加强养老机构建设，对照雄安新区基本养老服务清单，积极建设智慧样板养老驿站、日间照料中心和养老机构，打造环京津养老基地。

（三）优化重点区域公共服务布局

河北环京 14 个县（市、区）具备京津冀公共服务共建共享的先行条件。河北要结合区域特点，建设京津冀教育提升区、医疗服务保障区和养老产业基地，打造京津冀公共服务共建共享试点。

一是打造京津冀教育提升区。石家庄、保定、廊坊等城市高校较多，尤其是廊坊北三县作为承接京津人口外溢的主阵地，与北京建立多个基础教育协同发展共同体，承接北京多所学校分校落户，群众对优质教育资源具有较高的需求。秦皇岛与北京众多高校组建的北京高科大学联盟深入合作为科研成果转化提供了便利条件，在这些区域建设京津冀教育提升区具有可行性。二是打造京津冀医疗服务保障区。廊坊、保定、唐山、张家口和秦皇岛等地区是赴京就诊人数较多的地区，唐山、张家口、承德、廊坊和保定等地区率先与北京加强优质医疗资源对接合作，医疗卫生服务能力得到较大提升，具备打造京津冀医疗产业承载地的条件，尤其是保定和廊坊两市积极承接、分流和服务转诊京津患者，可以打造为服务京津冀乃至更广范围的医疗服务保障区。三是打造京津冀养老产业基地。廊坊养老服务优势明显，三河市燕达金色年华健康养护中心建设与运营为京津冀养老协同发展积累了宝贵的经验；秦皇岛旅游资源丰富，正在加快建设北戴河生命健康产业创新示范区；张家口和承德生态环境优美，具备打造集休闲、养生、旅游于一体的康养地的条件。在这些区域谋划打造京津冀养老产业基地具有可行性。

（四）推进公共服务关键领域深度融合

京津冀区域间公共服务供给和发展水平落差较大导致区域公共服务的关联性和密切度还有待提高。河北要进一步发挥区域优势，积极优化京津冀区域公共服务资源要素配置，破解自身公共服务发展瓶颈，合力推动京津冀公共服务共建共享迈向更高水平，加快打造形成三地优势互补、协调联动的公共服务发展格局。

一是教育协同发展要提升。加强京津冀基础教育教学模式、职业教育联合培养、高等教育创新合作的衔接。持续与京津开展教育集团、学校联盟、结对帮扶等跨区域合作办学，招引在京部委属高校共建附中、附小、附幼，加强职教联盟、特教联盟、幼教联盟深度合作，推动京津冀教育联盟共享优质数字教育、实践基地等资源，合作范围向提高学生综合素质方面拓展。与京津组建京津冀基础教育协同发展共同体，重点建立协同发展信息平台，加强师资培养、课程建设、资源共享、学生交流等方面的合作。进一步加强与京津高校和职业院校的交流，建立职业教育学习成果互通互认机制，推进跨省市中高职衔接；深化与京津高校在师资队伍培育、学科建设、成果转化等方面的交流合作，推进京津冀高校学生素质教育基地、实习实践基地和实训基地等高等教育资源共建共享。积极谋划建设一批三省市教师资格、职称职务互认试点，推进一批京津冀教育对口帮扶项目建设。二是医疗协同发展要提质。扩大与京津医联体建设合作范围，重点拓宽京津冀临床检验结果互认、异地就医门诊费用直接结算试点医疗机构范围。加快推动一批医疗卫生协同发展项目建设，深化北京与燕达、张家口、承德、曹妃甸、廊坊、保定等地医疗机构项目合作；推动京廊中医药协同发展项目建设，把廊坊打造成为"三环"京津冀医疗卫生协同发展示范城市。同时组建京津冀专科特色医院，加强医院间、具体科室间的深度医疗互动和交流合作。三是养老服务协同发展要突破。积极与京津对接，重点统筹设定养老机构建设和运营等相关标准，设定护理人员服务标准，破解制度不统一问题。创新养老机构模式，形成政府主导，市场、社会组织、家庭等参与的多元化养老体系，促进居家养老、社区养老与机构养老协调发展。加大居家养老、社区养老服务网点建设力度，提高社区养老和居家养老覆盖率。加强与京津养老机构和企业的合作，采取新建、合作共建等方式建设养老机构、康养社区，积极吸纳京津国有企业到河北建设养老基地或养老机构。建立一批养老护理人才职业技能培训机构和养老服务人才供应基地，提高京津养老服务人才数量和质量。

（五）多举措加强公共服务资金供给

京津冀公共服务共建共享资金是关键。河北公共服务主要由政府负责投入、建设和配给，地方财政支持难以实现与京津公共服务供给的基本均衡。面对公共服务的多样化需求，河北必须创新公共服务资金供给模式，调动财政、基金、金融等资金支持，确保政府对教育、医疗和养老等公共服务设施的资金保障和市场对公共服务领域的资源配置作用，形成"政府保基本，市场唱主角"的供给模式。

一是加大财政支持力度。河北要积极争取中央财政纵向转移支付资金支持、扩大京津地区横向资金对河北公共服务的支持和补偿范围，重点给予河北公共服务重点领域薄弱环节支持；优化省本级财政支出结构，增设京津冀公共服务共建共享财政专项资金科目，给予河北公共服务重点项目或三地发展悬殊的项目优先资金支持，切实平衡与京津间的基本公共服务供给能力差异。二是拓展公共服务资金来源，制定承接京津公共服务市场准入清单，鼓励私人资本进入公共服务领域，降低进入门槛，扩大进入范围。三是多元化筹集市场资金，发挥各类金融机构作用，鼓励银行业和各类金融机构在政策范围内对京津冀公共服务共建共享建设项目和服务运营主体予以支持，提高公共服务资金供给的灵活性和多元化水平。

参考文献

本报评论员：《加快推进京津冀公共服务共建共享》，《中国劳动保障报》2023 年 5 月 19 日。

《京畿大地起宏图——推进京津冀协同发展 9 周年综述》，"新华社"百家号，2023 年 2 月 26 日，https：//baijiahao.baidu.com/s？id＝1758829407219107976&wfr＝spider& for＝pc。

崔丛丛：《京津冀教育协同发展路线图更清晰》，《河北日报》2023 年 10 月 12 日。

岳欣云：《京津冀教师共同体的建构与发展阶段研究》，《首都师范大学学报》（社会科学版）2023 年第 2 期。

《公共服务共建共享！京津冀加快以教育集团等方式跨区域办学》，《北京日报》2023 年 7 月 9 日。

张贵、孙晨晨、刘秉镰：《京津冀协同发展的历程、成效与推进策略》，《改革》2023 年第 5 期。

张景华、董城：《一盘棋一条心》，《光明日报》2023 年 7 月 9 日。

韩秉志：《京津冀养老服务探索"同质同标"》，《经济日报》2023 年 10 月 22 日。

北京市民政局等：《北京市养老机构运营补贴管理办法》，2018 年 11 月 6 日。

韩雯：《每张床位最高可享建设补贴 3 万元》，《天津日报》2022 年 12 月 12 日。

马朝：《优化养老机构发展环境 推动养老服务高质量发展》，《秦皇岛日报》2022 年 4 月 7 日。

田学斌、陈艺丹：《京津冀基本公共服务均等化的特征分异和趋势》，《经济与管理》2019 年第 6 期。

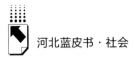

杨健：《京津冀基本公共服务共建共享：理论逻辑、实践经验与发展路径》，《天津行政学院学报》2020 年第 5 期。

严晓萍：《京津冀区域河北省基本公共服务差距及对策》，《经济论坛》2020 年第 7 期。

京津冀就业一体化调查和研究

车同侠*

摘　要： 就业是国家和各级政府高度重视的民生工程，就业关系民生，关系社会稳定，区域间的经济社会发展水平和链接层次与就业息息相关。党的十八大以来，京津冀三省市合作共赢，推进北京副中心和雄安新区北京"新两翼"发展，共同打造中国式现代化建设的先行区、示范区，推进京津冀协同发展有了很大的成效，就业协作力有了质的提升。京津冀协同发展走过了 10 个年头，从交通协同入手，产业协同逐步跟进，公共服务协同不断走向深入，金融协同是京津冀协同走向高质量发展的重要影响因素。就业协同发生在产业协同过程中，也发生在京津冀三地劳动就业部门的政策协同中。如何更好地促进京津冀就业一体化走向深入，更好地解决三地就业协同问题是本报告要探索的主题。

关键词： 劳动力市场体系　政策协同　就业一体化　京津冀

一　京津冀就业一体化的研究探索

（一）区域就业理论

区域就业理论主要通过区域就业的特殊性以及就业制约因素分析区域内就业主体和就业面临的困难和问题，结合区域生产要素禀赋对产业的合理化

---

* 车同侠，河北省社会科学院社会发展研究所副所长、副研究员，研究方向为创业就业、社会治理等。

选择，促进经济增长和人力资源有效配置，最终实现区域内城乡就业的统筹协调发展。其主要影响因素有三个：之一是人力资源配置方式，它主要是规范劳动力市场，形成完善的市场服务体系，如劳动信息发布和劳动中介服务体系完善等，对劳动力流动进行合理的调控；之二是统筹城乡就业，城乡不同的发展特点、经济社会结构需要有不同的政策侧重点；之三是区域产业结构演进和就业变化，经济资源的流动凸显比较优势，生产分工在投资和贸易中得以实现。不同区域在产业结构演进中因为资源禀赋、技术水平和地缘位置的差异而有所不同，在区域协同发展中，资源禀赋结构得以优化，资本积累和人均资本得以增加，可以刺激市场体系，使劳动力市场发育和完善，由历史原因造成的落后产能和产业结构在新技术革命的压力下迅速调整，但是这些都需要假以时日，有待于实践的验证。由于不平衡发展战略的长期影响，各地经济结构都存在较大的差别，在企业扩张流动过程中，必然会带来转移区域就业的变化，表现在劳动力总量以及随着产业结构变化而变化的就业结构上。严峻的就业压力对于地区的经济结构调整有重要影响，因此京津冀协同发展中就业一体化市场的形成将会逐渐调整长期形成的产业结构和就业结构。

京津冀协同发展增加了对高素质人才的需求，特别是科技创新和人工智能成为高质量发展的重要立足点，这为河北青年人才，特别是高校的毕业生在区域内就业提供了难得的机遇和成长平台，毕业生的去向和就业状况也为河北高校今后开展人才培养提供了调查分析的指南，以便于提高毕业生的整体能力和素质，更好地促进京津冀形成更多的教育以及就业创业的合作空间。

（二）技术替代就业理论

从就业规模看，通过研究 1990~2007 年美国机器人行业数据发现，每千人中多增加一台机器人将引致就业人数减少 0.18%~0.34%，[①] Karabarbounis 和

---

① Acemoglu D., Restrepo P., "Robots and Jobs: Evidence from US Labor Markets," *Journal of Political Economy* 6 (2020): 2188-2244.

Neiman 以美国为研究对象，通过分析表明计算机等信息技术的发展将对劳动力就业造成破坏效应，[①] 部分学者认为智能技术或机器人的应用虽然不会对整体就业水平产生显著影响，但与劳动力就业结构变迁存在显著关联。[②] 经济结构的转型和新就业形态及新技术产业虽然短期招致传统就业岗位消失，但从可持续发展角度可以不断催生大量新型就业岗位，劳动力数量型矛盾开始转向质量型矛盾，因而准确认识京津冀协同发展中产业升级和工业互联网等大力发展对劳动力就业质量提升的影响，对制定智能经济背景下的京津冀就业一体化政策具有现实意义。

（三）青年友好型城市就业理论

青年友好型城市建设需考虑的维度，包括教育和托育、交通可达性、文娱体活动、公共空间等。美国经济研究所发布的就业目的地指数，其指标体系从人口特征、经济形势和生活质量三个维度（包括受教育程度、青年失业率、劳动参与率、种族和民族多样性、酒吧和餐馆、娱乐和艺术场所、城市可达性、租金与赚钱能力共九个指标）测算城市对青年人才的吸引力，在一定程度上反映了青年友好型城市的特征，有效推动面向青年就业、创业、学习、生活和娱乐的城市政策。目前城市新增就业群体基本是青年人，他们的就业选择和偏好不同于他们的父辈。新一代年轻人是互联网新生代，更加强调精神文化追求、时尚品位以及理性要求等，因此他们对于就业岗位的要求更加倾向于喜欢而不是不得不，京津冀协同发展过程中催生新型城镇化的就业场景，特别是青年友好型就业场景，会更加有利于青年人就业创业。

---

① Karabarbounis L., Neiman B., "The Global Decline of the Labor Share," *The Quarterly Journal of Economics* 1 (2014): 61-103.

② Dauth W., Findeisen S., Südekum J., et al., "German Robots: The Impact of Industrial Robots on Workers," IAB Discussion Paper, 2017.

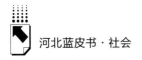

二 京津冀协同发展促进就业的相关因素

（一）交通区位优势突出，助推京津冀就业一体化发展

"轨道上的京津冀"交通一体化是京津冀协同发展的根基。河北10年来从不同方向打造联通京津的经济廊道。河北省地理位置特殊，毗邻京津地区，从北京到天津、雄安，半小时可通达，"轨道上的京津冀"加速形成，京津冀主要城市实现1～1.5小时交通圈。大兴国际机场、首都国际机场、天津滨海机场以及石家庄正定机场形成了京津冀世界级机场群。随着京唐、京滨城际铁路的建成，2023年12月18日，津兴城际铁路也建成通车，途经河北廊坊，多条城际铁路贯通，京津冀三地交通一体化进程将进一步加快，京津冀区域营运铁路和高速公路建成通车均超过了1万公里。京津冀的协同发展既推动了河北产业升级，促进了社会稳步发展，也加速了人才和劳动力流动。

（二）营商环境的改善有利于加快京津冀就业一体化进程

2023年7月20日，京津冀三地协同发展联合工作办公室组建，并正式挂牌，下设15个专题工作组，京津冀三地在商事制度、监管执法、政务服务、跨境贸易、知识产权等5个重点领域发展合作，北京市及通州区市区两级与北三县近3500项政务服务事项实现跨地域办理。在京津冀自贸试验区，179项"同事同标"政务服务事项实现"无差别受理、同标准办理"。2023年9月28日，京津冀营商环境协同专题工作通过了工作机制运行规则等文件，进入涉及80多个部门的融合落实新阶段，包含86项改革任务，京津冀协同发展进入深入推进阶段，就业一体化也随之进入实质化推进阶段。

（三）三地教育合作直接促进京津冀就业一体化

京津冀协同发展以来，三地已经累计成立15个跨区域职教联盟、22个京津冀高校发展联盟。如今，三地高校不断丰富校企合作形式，拓宽校企合作渠道，竭尽全力为学生提供就业机会，真正缓解学生就业压力，让学生就业心理问题迎刃而解。特别是随着京津冀共同体的建设，政府将加大力度支持京津冀高等学校、科研机构、企业加强产学研合作，鼓励组建创新联合体、联合实验室，共同承担国家重大科技项目，开展区域内联合技术攻关，使相关专业的毕业学子有更多的就业途径，利用专业所长服务京津冀协同发展。为深入贯彻落实习近平总书记视察河北的最新指示精神和河北省教育厅《"周末专家河北行"活动工作推进方案》，进一步推动京津冀地区高等教育协同发展，提升区域高等教育质量和水平，京津冀三地的教育部门、高等教育学会和高校开展一些论坛，共同探讨三地的教育和就业一体化问题，进一步助推京津冀协同发展和就业一体化。

（四）京津冀就业一体化促进河北省劳动力就业

2023 年以来，丰台区委人才办先后组织第二届"丰泽计划"高层次人才（团队）评选、举办人才发展大会，在"倍增计划"和"发展伙伴计划"的带动下，发布人才征集令，[1] 深度挖掘实训、创业、城市提升、政府供给等优质机会，立足京津冀区域协同，服务企业，加强京津冀三地人才交流，促进产业协同，带动了劳动力的向上流动就业，可以享受更多的青年友好型的服务清单以及孵化清单，极大地促进了京津冀就业一体化发展和高质量就业。它不光锚定新增就业人口——大学毕业生，也锚定技能型人才，更重要的是锚定优秀企业，凸显了京津冀就业市场化一体化过程中政府服务作用。

北京副中心通州区地理上毗邻河北省廊坊北三县，形成了一体化高质量发展示范区建设的领头羊，跨界的道路已经有 10 条，此区域内形成了经济互联、文化旅游大发展的核心区，大运河京冀段通航旅游 62 公里，连续多

---

[1] 《面向京津冀人才释放实习实践、岗位招聘、企业孵化等近千条机会资源 丰台发布"京津冀人才区域协同发展机会清单"》，北京市人民政府网站，2023 年 11 月 22 日，https://www.beijing.gov.cn/ywdt/gqrd/202311/t20231122_ 3307261.html。

年经过项目合作，累计签约 160 多个项目，意向投资额度达到 1080 亿元，①形成投资和项目带动下的就业岗位开发，有助于通州区和河北廊坊劳动力就业和人才就业，为推动农民工以及大学毕业生等重点群体就业提供了良好的环境。2023 年 12 月 12 日，京津冀三地人大常委会联合通过了《关于推进京津冀协同创新共同体建设的决定》，这无疑为三地创新发展提供了更大的平台，北京市具有科技优势，天津市具有工业制造和研发优势，河北省区域中心城市、重要节点城市等以及河北省三河、大厂、香河三县市可以在京津冀协同创新共同体建设中进行创新合作和产业配套生产，河北省具有劳动力资源，特别是大学毕业生资源，有助于推动人才链条对接京津两地的创新链、产业链和资金链，共同体建设也有利于雄安新区创新创业和就业。

（五）现代化的城市——雄安新区建设为就业创业提供了基石

现代化的城市智慧基础设施和公共服务建设，累计 5600 多亿元的投资，首都标志性疏解项目纷纷落户雄安新区，4 所高校和 2 所医院纷纷落地，中国星网、中国石化、中国华能等央企总部加快建设，为劳动力和人才就业创业提供了良好的基础。2023 年 12 月 25 日，第二届京津冀自贸试验区联席会议在河北雄安新区召开。会上，北京、天津、河北三地签署了《京津冀自贸试验区协同发展行动方案》，并共同发布了"1+5+18"系列协同创新成果，以务实举措推进京津冀自贸试验区协同发展，通过行动方案引领产业发展，带动劳动力流动，形成京津冀就业的一体化格局。

（六）京津冀公共服务一体化为京津冀就业服务增添后勤保障

截至 2023 年上半年，京津冀三地 4900 多家定点医疗机构实现跨区域异地就医住院费用直接结算，7000 多家定点医疗机构实现跨区域异地就医普通门诊费用直接结算。②

---

① 王红茹：《推动京津冀协同发展不断迈上新台阶》，《中国经济周刊》2023 年 8 月 21 日。
② 耿建扩等：《携手绘就中国式现代化先行区、示范区的新图景——京津冀协同发展取得显著成效》，《光明日报》2023 年 8 月 14 日。

三　京津冀就业一体化的鲜活案例

（一）副中心和廊坊北三县带动的京津冀就业一体化加快形成

京津冀三地高度重视就业优先的政策，通过发展经济促进就业，也通过就业政策机制的建立刺激经济的发展。京津冀人力资源活力不断迸发，首都副中心通州区带动廊坊北三县就业市场表现突出，形成以各地人社部门为首的公共政策对接、人力资源招聘活动对接的火热场面，城市副中心通州区举办了京津冀地区专业就业市场招聘会 36 场，1365 家企业提供了 5424 个职位，共享 68184 条就业岗位信息。[1]

（二）京津冀协同发展科技创新带来的就业增长

保定的中关村创新中心就是北京和河北协同发展的鲜明案例，它是2015 年北京首个在外地设立的创新中心，北京充足的资金资源和强大的科技创新能力为具备地缘优势的河北保定市源源不断地输入各类合作生产要素，保定更好地发挥了土地、劳动力优势，通过伙伴关系构建了先进生产力，形成高质量发展创新生态，经过 8 年的合作，已经吸引了 360 多家科技型的中小微企业入驻，有力地推动了河北省创新资源的增加和劳动力就业，如果按照每家企业平均 20 人计算，就可以满足 7200 名高科技人才就业需求，特别是大学毕业生就业需求。类似的例子还有很多，比如石家庄市国际生物医药园，河北·京南国家科技成果转移转化示范区，河北唐山、衡水、邯郸中关村合作园区，雄安新区中关村科技园等都是京津冀协同发展在科技创新带动就业增长方面的案例。

（三）非首都功能产业转移带来的就业增长

通过非首都功能产业转移和承接京津科技溢出，河北省取得了很多实

---

[1]　《京津冀"就业服务一体化"加速形成》，《北京商报》2023 年 5 月 27 日。

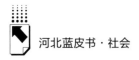

惠、实现了较大发展，特别是打造了一系列的创新创业发展平台和孵化器，创业带来的就业倍数效应不断释放出来。有关数据显示，2023年上半年河北省承接京津转入的单位达到1544家，按照每家20人就业，也可以解决3万人左右的就业岗位问题。

（四）经济区带来的就业增长

比如北京新修建的大兴国际机场临空经济区，跨越了北京市和河北省廊坊市，现代商贸物流催生了一系列的服务业岗位。9个月的时间大兴临空产业园就签约并入驻了大约66家企业，新建造的临空冷链物流园也将成为现代化智能化的一站式服务平台，这些都将成为承接北京非首都功能疏解项目的重要载体。

（五）共青团河北省委推进京津冀就业一体化建设

共青团河北省委通过中国青年创新创业综合服务平台（京津冀）区域中心青创项目建设，推进京津冀就业协同发展。主动与京津两地相关单位对接，发挥三地共青团、青联、青基会服务青年创业就业的优势，建设"京冀青年协同创新创业云平台"，京津冀三地人大常委会于2023年12月12日通过了《关于推进京津冀协同创新共同体建设的决定》，所有这些努力都促进形成三地青年创业就业的良好生态，课程培训以及路演过程直接提升青年创业就业的能力，通过举办项目路演31期、培训32期，已经服务2000余个青年创业项目。

（六）京津冀区域协作乃至省际劳务合作共同助推就业

首先，京津冀和周边省份文化一脉、地缘人缘亲近，有利于开展订单、定向和定岗培训，做好河北籍贯高校毕业生和农村劳动力等重点群体的稳岗就业。其次，京津冀协同发展不断走向深入助推三地的就业市场协同。2023年《京津冀社会保险经办服务协同合作协议（2023—2025年）》由三地的人社部门共同签署，从多个方面进行了合作——数据、跨区域通办标准、社会保险转移接续、养老待遇资格认证、工伤失业保险经办协同以及社保卡拓展应用等，[1] 这为三地的人员往来提供了制度支撑，有利于三地的劳动力市场形成协同，共同促进劳动就业和经济发展。最后，多区域协作助推就业的劳务协作协议也不断深入。比如河北省与京津两地，连同山东和江苏的人社部门签署劳务协作协议，拓展就业服务的合作联盟，深化信息资源协同共享，并且形成制度化合作机制，河北省农村劳动力在周边 5 省市就业达到158.24 万人，激活了劳务合作帮扶机制。[2]

四　京津冀就业协同存在的问题

（一）就业形势依然严峻

近年来，就业变得越来越具有挑战性，大学生需要就业的人数越来越多，这成为就业中的主要矛盾。大学毕业生是劳动力市场的主要就业人群，随着我国大学毕业生数量不断增加，数据显示，2023 届大学毕业生规模达到 1158 万人，创历史新高，青年就业形势也较严峻。大学毕业生连年增长，而就业岗位却难以迅速增加，伴随着结构性失业现象，京津冀三地重点就业群体，特别是大学毕业生就业变得棘手，形势所逼出现了越来越卷的"考研热""考公热"现象。据国家公务员局网站消息，中央机关及其直属机构2023 年度考试通过资格审查人数与录用计划数之比约为 70∶1。

（二）京津冀三地就业结构和就业质量的悬殊

在经济增速趋缓和产业智能化升级背景下，提升就业质量已然成为当前就业政策的关注重点，北京市的第三产业发达，解决就业结构不平衡问题，要逐

---

① 《京津冀达成 8 方面社保经办服务合作》，"北青网"百家号，2023 年 9 月 7 日，https：//baijiahao. baidu. com/s？id=1776332353242109949&wfr=spider&for=pc。

② 《大消息！京津冀鲁苏共同签署!》，河北省人力资源和社会保障厅网站，2023 年 7 月 24日，https：//rst. hebei. gov. cn/a/news/shengting/2023/0724/13510. html。

步在区域间进行产业结构的调整和升级，比如河北省的产业结构偏重，服务业发展水平落后于全国，2022年河北省三次产业占比为10.4∶40.2∶49.4。环境治理压力在京津冀区域对河北省形成了较大的经济增长压力和劳动力流动障碍，在一定程度上抑制了京津冀地区就业市场活力。城市群环境规制的区域效率和结果形成马太效应，环境协同治理和环境规制在限制高污高耗行业发展的同时，也促使其向落后区域转移，这也是河北省要下决心解决的难题。不过，纵向相比，河北省在环保压力下调整产业结构，服务业已经有了相当程度的提升，产业结构从"二三一"转变为"三二一"，从2013年到2022年服务业比重提升了13.3个百分点。在京津冀协同发展背景下，继续发展以民营经济为主的服务业，有利于改善河北省产业结构和就业结构。

五 京津冀就业一体化的路径和建议

（一）加强京津冀教育协同顶层设计

京津冀地区是我国高等教育资源最为集中的地区之一。推动京津冀高等教育协同发展，是落实京津冀协同发展国家战略的重要组成部分，也是优化高等教育布局、提高高等教育质量、促进区域经济社会发展、增强国家竞争力的必然要求。要从四个方面推动京津冀高等教育协同发展：加强顶层设计，制定科学合理的高等教育协同发展规划；加强合作交流，促进高等教育资源的共享和互利共赢；加强人才培养和科技创新合作，提高高等教育服务经济社会发展的能力；加强组织领导和政策支持，保障高等教育协同发展的顺利实施。京津冀三地的教育部门要积极为高校搭建更多引才、聚才平台，帮助河北高校借势用好京津高校高层次人才资源。河北省内高校要以"周末专家河北行"活动开展为契机，积极主动对接京津高校，更好地服务京津冀协同发展。① 京津冀三地高等教育协会可以建立长期战略合作伙伴关

---

① 《"周末专家河北行"京津冀高等教育协同发展论坛在河北大学举行》，搜狐网，2023年12月28日，https://news.sohu.com/a/747903621_120578424。

系，签署一些战略合作协议，在人才培养、学科专业建设、科研项目攻关、科技成果转化等领域开启全面深度合作。

（二）举办各种形式的京津冀就业一体化高校毕业生招聘会

高等学校毕业生就业难题需要从大学生、高校、政府和社会等多方面进行解决。京津冀三地政府坚持落实就业优先政策，深入贯彻落实党中央、国务院"稳就业"的决策部署，京津冀三地政府相关就业协同部门要积极联通，不断做好各个时期的高校毕业生就业工作，比如由三地劳动就业部门、工信部门、教育部门分别牵头推动工作开展，或者设立京津冀三地大学之间的招聘会联盟，使大学毕业生有更多的招聘机会，招聘会可以充分吸引来自河北、天津、北京三地甚至全国的知名企业、上市公司参加，提供涉及多个门类和专业的岗位。省内外高校毕业生可以到现场应聘，用人单位可以提供线上线下两条招聘途径，接收毕业生简历，现场和网上签约，提高招聘便捷度。完善信息联合发布机制，形成岗位共享。依托劳务实训基地，加强就业技能培训，开展紧缺职业工种的技能培训，精准服务就业稳岗，通过各类联合招聘会，强化劳动力供需信息对接，加强人岗匹配和精准服务。

（三）统筹协调，确保京津冀就业一体化中的稳定性就业和高质量就业

河北省加强工业互联网的应用和改造，加快服务业的发展，从产业结构优化强化入手，通过环境规制政策的制定和博弈，平衡环境治理和就业的关系，达到京津冀协同发展中环境改善和就业增长的双赢。鉴于产业智能化对就业质量的影响效应因地区资源禀赋不同而存在差异，政府部门应根据当地经济发展条件和就业形势，合理利用区域基础资源比较优势，制定因势利导和统筹协调的智能化发展政策，以保障就业稳定性与就业质量的高效提升。

B.10
京津冀养老服务供需差异
与协同策略研究*

张 丽 李珊珊 郑 萍**

摘　要： 本报告在对京津冀专题调研基础上，深入分析京津冀养老服务供给状况与多元需求，从床位供给数量、养老和医疗设施供给质量、养老服务人才等方面指出京津冀养老服务协同发展需要着重关注的问题，并提出四条京津冀养老服务协同发展策略：强化顶层设计，探索京津冀共建协同养老示范区；培强市场主体，探索京津冀养老服务示范品牌建设；创新京津冀多业融合发展模式，打造服务示范基地和特色康养示范社区；加大实用型人才培养力度，探索京津冀养老服务人才培养新模式。

关键词： 养老服务　供需差异　协同策略　京津冀

　　2023 年 5 月，习近平总书记在河北考察，主持召开深入推进京津冀协同发展座谈会并发表重要讲话，其中强调"要推进医联体建设，推动京津养老项目向河北具备条件的地区延伸布局"，① 为推动京津冀养老服务协同发展向纵深推进，进一步加强区域养老服务协同性和互补性，指明了方向、明确了路径。

---

　　*　本报告系河北省社会科学院 2023 年重大科研项目"以优势资源着力推进京津冀协同养老示范带创建研究"（课题编号：2023Z26）的阶段性研究成果。

　**　张丽，河北省社会科学院社会发展研究所副研究员，研究方向为老年社会学、青年社会学；李珊珊，河北省宏观经济研究院高级经济师，研究方向为人口经济学；郑萍，河北省社会科学院社会发展研究所副所长、研究员，研究方向为社会政策与社会治理。

　　①　《河北深入推进京津冀医疗卫生协同发展》，"人民网"百家号，2024 年 1 月 8 日，https：//baijiahao. baidu. com/s？id = 1787473005402223182&wfr = spider&for = pc。

一 京津冀养老服务供给状况分析

（一）京津冀养老服务体系日益完善，养老服务设施供给数量逐步增加，服务功能更加齐备

1. 京津冀养老机构①数逐步增加，养老机构床位数有增有减

根据相关数据分析，从京津冀养老机构数看，截至 2022 年底，京津冀区域养老机构供给总量达 2822 家，较 2021 年增加 53 家，三地均呈现增长态势。从京津冀养老机构床位数看，京津冀区域养老机构床位供给总量达 40.9 万张，较 2021 年增加 0.2 万张，其中，北京、天津养老机构床位数分别较 2021 年增加 0.4 万张、0.4 万张，河北养老机构床位数较 2021 年优化缩减 0.6 万张（见表 1）。

表 1　2021 年和 2022 年京津冀养老机构数及床位数情况

单位：家，万张

项目	年份	北京	天津	河北
养老机构数	2021	578	409	1782
	2022	582	436	1804
养老机构床位数	2021	10.9	6.0	23.8
	2022	11.3	6.4	23.2

资料来源：历年《中国民政统计年鉴》、国家和京津冀统计部门数据、京津冀民政部门数据。

值得关注的是，河北省民政部门数据显示，截至 2023 年 6 月底，河北省养老机构已达到 1862 家，床位数 23.8 万张，可见，河北省前期对床位数优化调整是为了今后更好地发展，供给总量增长趋势未变。

2. 京津冀社区居家养老服务设施供给能力不断优化

京津冀三地致力于社区居家养老服务设施建设和提质升级，服务模式聚

---

① 本报告所指养老机构是按照民政部《养老机构管理办法》的规定依法办理登记,为老年人提供全日集中住宿和照料护理服务,床位数在10张以上的机构。

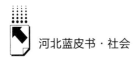

焦合力而为，综合服务资源更加丰富，生活照料、老年助餐等领域社区居家养老服务设施供给能力不断增强。

北京市织密社区居家养老服务网络，聚焦90%以上居家重度失能失智老年人刚性养老服务需求，按照"培育一类主体、构建两种模式、实现全面覆盖"复制推广居家养老服务新模式，建设区域养老服务综合体，构建完善政府引导、市场化运作、企业化运营的社区居家养老服务设施供给网络。截至2022年底，累计建成运营社区养老服务驿站1429个、养老照料中心293个、养老助餐点1489个、家庭养老照护床位9000余张。

天津市创新社区居家"津牌养老"服务品牌，打造"一街道一中心、一中心一特色"的发展模式，探索街道级综合为老服务中心、嵌入式社区养老服务综合体建设。截至2023年11月，天津市已建成180个兼具养老机构、日间照料、传统居家养老多种模式功能的养老服务综合体，并积极探索农村养老服务设施建设新路径，将养老服务综合体向乡镇延伸，已建成30个乡镇综合体。

河北省完善城乡社区居家养老服务体系，按照"一街道一中心、一社区一站（点）"标准，分区分级规划建设街道社区居家养老服务设施，持续推进县、乡、村三级养老服务网络建设。截至2023年10月，城镇街道居家养老服务中心覆盖率达到100%，城镇社区日间照料设施覆盖率达到90%以上，共建成4000余个社区日间照料服务设施；完成40250户特殊困难老年人家庭适老化改造；全省11个地级市均探索建立老年助餐服务站（点）；55%以上乡镇（街道）建有具备综合功能的区域养老服务中心；87个涉农县（市、区）建成县、乡、村三级养老服务网络，每个县（市、区）建有至少1家以失能、部分失能特困人员专业照护为主的供养服务机构（敬老院）。

（二）京津冀养老服务多域协同步伐加快，政策协同走深走实，务实合作三向发力

1.京津冀养老服务政策协同加速推进

面对日益增加的养老服务需求，京津冀三地聚焦区域养老服务政策

协同发展，努力推进养老服务协同工作机制完善，着重在养老服务政策制定、项目对接、异地养老医保结算与人才培养等方面先行破壁，并取得一定成效。京津冀发布《关于进一步深化京津冀养老服务协同发展的行动方案》《关于推进京津冀养老政策协同的若干措施》《京津冀养老服务人才培训协同工作方案》《基本医疗保险跨省异地就医直接结算经办规程》《关于推动北京养老项目向廊坊市北三县等河北省环京周边地区延伸布局的实施方案》《加快建设京畿福地、老有颐养的乐享河北行动方案（2023—2027 年）》等一系列政策，京津冀地区在养老项目协同、政策协同、人才协同、医养协同、区域协同、行业协同上的步伐进一步加快，打通异地养老就医的"医保"堵点，努力打造养老服务现代化建设区域协同的先行区、示范区。

2.京津冀养老多项协同务实合作成效初显

北京市、天津市与河北省廊坊市、张家口市、保定市、承德市、秦皇岛市、唐山市积极开展养老战略合作和优势资源对接，重点推进优质养老项目向环京津的河北地区延伸布局，定期开展北京泰康之家、光大汇晨等有发展实力和津冀有发展潜力的养老服务相关企业项目对接，充分利用津冀独特区位、生态和成本优势，以新建或合作共建等方式推进优质养老、医养康养项目建设。2022 年，北京市共为津冀养老机构拨付运营补贴经费 3090.25 万元。河北省康养社区、康养旅居、养老服务综合体、医疗卫生、生物医药等领域投资超千亿元，积极促进银企合作，撬动社会资本投入，康养基地和百余个养老项目梯次建设。截至 2023 年底，河北省接收京津户籍异地养老的老年人 4993 人，在河北域内市区常住京津户籍老年人近 4 万人，京津户籍老年人到河北旅居养老达 59 万人次，三地 4900 余家定点医疗机构实现跨域异地就医住院费用直接结算，三地线上近万名、线下逾 3000 名养老服务人才参加养老服务培训交流。天津养老服务"行业协同"走在前列，已形成"一学会、四协会、一中心"的行业格局，为京津冀养老行业协同发展奠定了基础、树立了标杆。

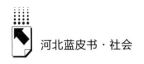

（三）京津冀"养老+"服务领域不断拓展，医养康养融合发展更加深入，智慧服务平台日臻完善

1. 京津冀三地拓宽医养康养设施供给渠道，鼓励和支持各地创新医养康养协同服务模式

京津冀持续推进本地医养康养设施提质扩面，据不完全统计，截至2023年10月，北京市医养结合机构215家（其中两证齐全的197家，提供嵌入式医疗卫生服务的养老机构18家），包括社区卫生服务中心在内的21家医疗机构转型建设成老年护理中心。天津市持续完善医疗机构与养老机构签约服务合作机制，连续3年所有养老机构均与医疗机构签约。河北省医养结合机构789家，各地挂牌运营的社区医养结合服务中心达到394个。三地健康养老机构加快建设，重点推动综合性医院、康复医院、护理院、基层医疗机构、安宁疗护中心等建成老年友善医疗机构，截至2022年底，京津冀三地老年友善医疗机构创建率分别为95%、80%以上、86.9%。

京津冀三地民政、健康、医保等部门共同推进建立医养协同对接机制，强化三地在医养康养、安宁疗护等方面的合作，北京市聚焦提高京津冀区域医养康养机构服务能力，推动北京市中医医疗机构与有内设医疗机构资质的津冀养老机构协作，为津冀养老机构的老年人开具治未病、理疗康复等中医良方，京城名医馆衡水分馆等一批中医领域深度合作的机构建成运营。北戴河生命健康产业创新示范区作为北方唯一的国家级生命健康产业类示范区，强化产学研平台建设与合作，为京津冀协同构建覆盖全生命周期的康养产业圈提供有力支撑。

2. 京津冀智慧健康养老服务平台建设正在探索推进，医养远程协同试点初见成效

北京市在促进京津冀智慧健康养老服务平台建设上走在前列，2023年11月，北京市民政局发布《北京市综合为老服务平台建设工作方案》，其中设置了"京津冀养老"相关板块，主要发布京津冀最新养老服务政策，推介环京周边地区养老服务项目，助力京津冀养老服务资源对接，展示京津冀

优质养老机构基本信息、收费标准及历史评价，为有本地养老或异地养老需求的老年人及其家属提供多种选择。平台在逐步完善中，截至 2023 年底，已有 43 家津冀养老机构入驻平台。

京津冀开展医养远程协同试点工作已有成效，三地以国家开展老龄健康医养结合远程协同服务试点机构建设为契机，积极推进"互联网+医疗"的医养结合远程协同服务，根据国家卫健委公布名单，京津冀已有 54 家医养结合机构成为老龄健康医养结合远程协同服务试点机构，其中，北京 20 家、天津 10 家、河北 24 家。北京市依托北京老年医院，建设北京市医养结合远程协同服务平台，为京津冀医养结合机构提供人员培训、业务指导、远程会诊等服务，截至 2023 年底，河北省在原有 24 个国家级远程协同试点的基础上，又将环京地区 10 家医养结合机构纳入北京医养结合远程协同服务项目，借助北京优势资源提升本省医养结合机构服务能力。

二　京津冀养老服务的多元需求分析

（一）老年人口增长需求：京津冀区域人口老龄化发展速度较快，老年人口抚养比均有提升，养老服务需求随之增长

相关数据显示，截至 2022 年底，京津冀区域 60 岁及以上人口数量达 2330.1 万人，三地 60 岁及以上人口占总人口比重分别为 21.30%、22.28% 和 21.01%，比"七普"数据分别提高 1.67 个、0.62 个和 1.16 个百分点（见图 1）。京津冀区域总体呈现出老年人口数量大、增速快等特点，区域养老服务需求将会随着老年人口数量增加而快速增长。

老年人口抚养比[①]是反映人口老龄化的指标之一。京津冀三地老年人口抚养比统计数据显示，截至 2022 年底，京津冀三地老年人口抚养比分别为 20.8%、24.3% 和 23.8%，分别比 2021 年上升 1.5 个、1.8 个和 1.1 个百分

---

① 本报告中涉及的老年人口抚养比按 1‰ 人口变动调查样本数据计算。

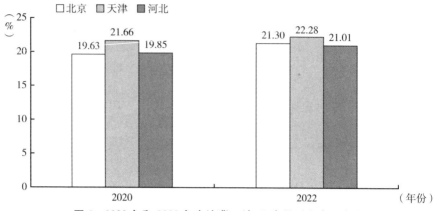

图1　2020年和2022年京津冀三地60岁及以上人口占比

资料来源：《第七次全国人口普查公报》、《河北省第七次全国人口普查公报》、京津冀统计部门数据。

点，其中，天津市和河北省已超全国平均水平，北京市虽低于全国平均水平，但2022年首次突破20%（见表2）。老年人口抚养比上升，意味着劳动年龄人口的养老负担加重，需要被赡养的老年人口数增加。

表2　2021年和2022年京津冀三地老年人口抚养比情况

单位：%

地区	2021年	2022年
北京	19.3	20.8
天津	22.5	24.3
河北	22.7	23.8
全国	20.8	21.8

资料来源：国家统计局网站。

（二）城市群老龄化应对需求：京津冀城市群老龄化程度低于长三角、高于粤港澳，在全国平均水平之上，跨域养老服务协作需求将持续加大

从京津冀、长三角、粤港澳三大城市群看，长三角（沪苏浙皖为代表）

城市群65岁及以上人口占总人口平均比重最高，京津冀低于长三角0.9个百分点，两大城市群均高于全国平均水平，粤港澳虽低于全国平均水平，但也已超过14%，进入中度老龄化社会；同时，三大城市群老年人口抚养比均高于全国平均水平，平均比重从高到低依次是长三角（24.3%）、京津冀（23.0%）、粤港澳（21.9%）（见表3）。

表3　2022年三大城市群及全国人口老龄化程度及老年人口抚养比情况

单位：%

项目	地区	65岁及以上人口占总人口比重	平均比重	老年人口抚养比	平均比重
京津冀	北京	15.1	15.9	20.8	23.0
	天津	17.0		24.3	
	河北	15.6		23.8	
长三角	上海	18.7	16.8	26.1	24.3
	江苏	17.9		26.3	
	浙江	14.9		20.7	
	安徽	15.8		23.9	
粤港澳	广东	9.6	14.6	13.3	21.9
	香港	20.8		29.2	
	澳门	13.3		23.1	
全国	31个省、自治区、直辖市	14.9	14.9	21.8	21.8

资料来源：根据国家统计局、香港特别行政区政府统计处、澳门特别行政区政府统计暨普查局网站数据整理而成。

随着城市群人口老龄化水平的不断提高，单一地区养老服务内部供给能力明显不足，尤其是经济发展较慢或养老资源供给有限的地区将面临更大压力，亟须借助外力。长三角地区的经济发展水平高于京津冀且更加均衡，近些年在跨域养老方面取得一些成效，而京津冀在协同养老供给方面尚处于探索融合阶段，未来将会对各地区跨域共同应对老龄化提出更高要求，更需要

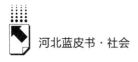

大力推动区域资源共建共享、事业相互协作、产业联合发力，增强城市群养老服务的有效供给能力，满足老年人跨域养老需求。

（三）老年群体多元需求：京津冀刚需老年人机构养老服务需求显著且呈现多样化，超半数老年人可能会选择异地养老

京津老年人由于京津当地合心意的养老机构床位有限和机构收费高等原因，选择到环京津的河北地区养老的需求将逐步增加，同时，河北省老年人对医护、健康、文娱、旅居等多元化养老服务的需求也将增长。

老年群体养老服务需求呈现多样化，"单向供给"难以为继。问卷数据和个案调查显示，89.4%的老年人注重医疗护理需求，51.5%的老年人注重休闲娱乐和文化教育等精神需求，45.4%的老年人注重生活照料和家政服务等物质需求，对送货上门、老年餐桌以及维权服务等其他需求占比在20%~30%。目前河北省养老服务供给与老年人的需求契合度并不高，社区和居家养老仍以家政服务、日常照料为主，机构养老以饮食起居、生活护理等养护服务为主，虽各有侧重，但涉及医康护、文教娱等服务内容的比重较低，普遍存在服务项目内容少、同质化、质量不高等问题。

超五成老年人不排斥异地养老需求。问卷数据和个案调查显示，从京津冀老年人选择异地养老机构意愿看，8.7%被访老年人有明确异地养老的需求，11.2%被访老年人表示如果异地养老机构条件好或者家里子女要求则会选择异地养老，33.9%被访老年人需要衡量自身健康状况、家庭因素、养老机构资质是否符合自身未来需求再决定，46.2%被访老年人表示不会考虑异地养老。老年人有异地养老需求主要是由于本地没有合适的养老机构或负担不起本地养老机构收费、子女在外地、不给子女添负担、和亲朋搭伴一同去异地养老。暂时没有或没有异地养老需求的老年人则认为原居养老更踏实、就医更方便、本地养老机构比异地优质、能负担入住本地养老机构费用。

三 京津冀养老服务协同发展需要着重关注的问题

(一)京津冀区域机构养老床位供给有缺口

相关数据显示,2020~2022 年,京津冀区域养老机构床位数分别为 40.6 万张、40.7 万张、40.9 万张,虽然床位供给呈增长态势,但区域机构养老床位缺口仍在逐年扩大,根据国家 9073 养老格局,按照机构养老床位应约占 60 岁及以上老年人总数的 3%的标准计算,京津冀区域机构养老床位缺口由 2020 年的 25.7 万张扩大至 2022 年的 28.9 万张(见表 4),其中,京津两地机构养老床位缺口约 5.4 万张,根据《京津冀协同发展规划纲要》及《北京市养老服务专项规划(2018 年—2035 年)》要求,北京市不再新建大型养老机构,老年群体养老需求部分外溢至津冀地区已是趋势。

表 4　2020~2022 年京津冀区域养老机构床位数及区域机构养老床位缺口分析

单位:万张

项目	2020 年	2021 年	2022 年
区域养老机构床位数	40.6	40.7	40.9
区域机构养老床位缺口	25.7	26.7	28.9

资料来源:京津冀统计部门数据、京津冀民政部门数据、CRIC 康养产业数据系统。

(二)京津冀养老、医疗设施"质和量"供给有差异

河北省养老、医疗设施总量虽多于京津,但优质医养资源存量低于北京市。从养老、医疗设施总量看,截至 2022 年底,河北省养老机构数量分别是京津的 3.1 倍和 4.1 倍,医疗机构数量分别是京津的 8.3 倍和 14.4 倍(京津冀三地医疗机构数量分别为 10897 家、6282 家、90194 家[①])。从

---

① 国家统计局:《中国统计年鉴 2023》,2023 年 10 月。

优质养老服务设施供给看，京冀在高端品质型养老机构供给上的差距明显，河北省知名连锁养老机构数量少、占比低，被访养老机构中，以集团化、连锁化模式发展的占比 0.98%，提供高端品质型养老服务的占比 8.58%，仅有 6 个地级市有五星级养老机构共 8 家，四星级以上养老机构占比仅为 3.21%，不足北京市（11.57%）的 1/3。从优质医疗设施供给看，津冀与北京相比有明显差距，截至 2021 年底，京津冀三地三级公立医院数量分别为 87 个、47 个、85 个，三级私立医院数量分别为 29 个、2个、15 个。① 综上，与北京市相比，河北省中端经济型和高端品质型养老机构占比较低，特别是环京地区养老项目的医疗服务主要依赖于县级医院，医疗水平和服务能力差距较大，老年人健身康复设施不足、医养结合发展水平不高，难以满足北京老年人异地健康养老需求，一定程度上影响了京津冀协同养老进程。

（三）京津冀三地均存在养老服务人才短缺窘境

人力成本占养老机构运营成本的 50% ~ 60%，养老服务人才是区域养老服务发展的关键要素。目前，京津冀区域养老服务人才总量相对不足，与快速增长的养老服务需求不匹配，同时，人才结构不合理，专业技能型人才和管理型人才缺乏，人员平均年龄偏大、流动性强，养老机构普遍面临"年轻人不愿进、年长者留不住"的问题。从高校学生就业意愿看，33.3% 的养老服务专业学生表示愿意从事养老服务行业工作，93.5% 的学生理想的养老服务行业工作最低月薪在 5000 元及以上，而大部分养老机构护理员实际月薪在 3000 元以下，两者之间存在差距；从机构内部护理员情况看，65.8% 的养老护理员年龄在 40 岁以上，57.2% 的护理员月薪低于 3000 元，由于工资待遇低、劳动强度大、晋升机会少等原因，年均护理员流失率达 20.42%。

---

① 国家卫生健康委员会：《中国卫生健康统计年鉴 2022》，2022 年 9 月。

四　京津冀养老服务协同发展的策略

（一）强化顶层设计，探索京津冀共建协同养老示范区

1.因地制宜规划建设区域协同养老示范区

深挖京津冀自身优势，加强三地在养老服务政策链、资金链、供应链、服务链、人才链的全产业链合作，加快推动京津冀养老项目互通与资源对接。通州、武清和廊坊地缘相接、水源相连、人缘相亲，是京津冀协同发展的"金三角"，应充分发挥"通武廊"的区位和资源优势，突出"通武廊"养老服务合作引领示范效应，打造京津冀协同养老示范区；以高铁"1小时通达圈"为节点，加强北京、天津与河北省保定市、张家口市、承德市、秦皇岛市、唐山市在养老、医养康养上的深入合作，串点成线、连线成片、集片成带，同步推进宜居型养老示范县（市、区）、医养康养型养老示范县（市、区）、旅居度假型养老示范县（市、区）建设，努力打造"娱养型、医养型、养生型、旅居型、临终关怀型"等各具特色、优势互补的京津冀特色协同养老示范区，走出一条符合京津冀实际、具有京津冀特色的协同养老发展之路，逐步形成"多域机构助养、多业资源涵养、多元模式可养、多需老人颐养"的京津冀协同养老新格局。

2.促进养老服务多元供给主体协作

持续深化京津冀养老服务协同发展合作协议，联合发布区域养老服务政策支持包和项目服务包，建立支持非营利性和营利性等不同性质主体参与养老服务的激励机制，探索"国有资本+社会资本+民营专业养老机构"管理经验合作运营，采用"轻重资产并举"模式，给予重资产投入的社会资本以选址用地、资金补贴、税收减免、智慧平台建设等方面的更多支持，给予轻资产投入的社会资本以寻房惠租、客源引流、人才培育方面的支持，促进三地养老服务主体多点契合、权责明晰、互惠发展。

（二）培强市场主体，探索京津冀养老服务示范品牌建设

1. 注重引进知名养老服务企业与本地企业相结合发展

积极推动泰康之家、光大汇晨、和熹会、椿萱茂、乐成养老等北京的知名养老服务企业到津冀设立养老连锁机构或开展项目投资合作，培育壮大一批津冀养老龙头骨干企业，加快发展一批专业特色突出、具有潜力的中小养老服务企业，特别是老年用品领域的"专精特新"企业，形成京津冀大中小养老服务企业优势互补、协作共赢的良好局面。

2. 培育形成一批多业态融合、具有核心竞争力的京津冀区域养老服务项目和品牌

推动京津冀传统养老服务企业创新产业和服务模式，增加中高端养老服务项目供给，引导北京养老服务品牌、连锁机构向津冀进行外力输送，实施环京地区"一市一县（市、区）一特色一品牌示范推广工程"，打造京津冀区域特色养老示范带，增加高端"养老+医护/文旅"的康养项目供给，培育多个"京津冀共享"养老服务品牌，提升京津冀养老服务品牌知名度和美誉度。

（三）创新京津冀多业融合发展模式，打造服务示范基地和特色康养示范社区

1. 建立智慧养老服务示范基地

加快移动互联网、大数据、智能供应链、云计算等技术应用，与数联天下、青松康护、和而泰等知名智慧养老服务企业深入合作，建立健全京津冀养老服务供给和养老服务需求双向交流的基础信息平台。加强老年群体智能健康管理，探索建立京津冀区域健康养老服务数据管理平台，推进京津冀居民电子健康档案、电子病例互联互通，开展覆盖多级区域、多种类型智慧健康养老服务的试点示范。推进京津冀养老服务信息平台建设，为老年人提供个性化便捷养老服务。加快研发适老化智能产品，实现智慧养老服务管理的持续性。

2. 打造特色健康养老服务示范基地

充分挖掘京津冀地区的温泉、草原、森林特色自然生态资源及休疗、中医药等特色资源优势，开发具有地域特色的康养旅游居住产品和"点—线—面"结合的线路，积极发展异地养老、候鸟养老、田园养老等多种类型的健康养老模式，建设一批国际一流、特色鲜明的集度假疗养、避暑养生、中医药保健于一体的文旅康养服务示范基地，努力打造成为全国特色健康养老示范区。以国家区域医疗中心建设为契机，在京津冀区域规划建设、改造提升一批高品质健康养老服务示范基地，提升健康养老服务质量、水平。

3. 打造京津冀区域特色康养示范社区

在环京周边生态、产业基础好的区域，加快医联体建设，规划布局集医疗、养老、文化、旅游、产业等多种功能于一体的特色康养示范社区，完善五大功能，重点建设以服务活力老年长者为核心的"CCRC养老社区"、以康复护理为主的"CB养老公寓和CBN护理院"，围绕活力老年群体的"旅居度假养老项目"，打造一批多元素融合、多功能共享的现代化养老社区。

（四）加大实用型人才培养力度，探索京津冀养老服务人才培养新模式

1. 加强养老服务一线专业技能人才培养

积极开展职业培训，探索"学历教育+职业培训+继续教育+实习实训"四位一体养老服务人才培养新模式，深化京津冀养老服务人才定向培养合作。探索构建养老服务管理学科体系，在高等院校和职业院校增设老年服务与管理、健康服务与管理、社会工作、医疗保健、护理康复、营养配餐、心理咨询等涉老专业学科点，让更多人才学以致用。建设一批京津冀养老护理、服务人才职业培训和供应基地，加强养老机构"师资型"养护人才培养，将一线养老服务人员专业技能培训纳入各地就业培训体系，实行岗前免费培训和定期技能提高培训，定期选派养老机构骨干到长三角地区、粤港澳大湾区养老机构跟班学习，巩固京津冀养老服务一线的人才力量。

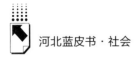

2. 重视中层专业管理人才培养

大力推进京津冀养老服务人才政策创新，实施专项人才培养计划，建立学以致用、研以致用、跨学科复合型养老人才培养体系。建立健全"养老服务顾问"制度，设立一批社区和专业机构养老顾问点，为京津冀老年人提供养老服务政策咨询、个人权益维护、法律咨询与援助等服务。

3. 加大高端人才培养和引进力度

京津冀三地协商制订引人引智计划，注重对国外、国家级专业技术人才的引进和留用，做好高层次健康养老服务技术人才的培养、选拔和任用工作，培育具有国际视野的养老服务专业化中高端管理人才，为京津冀国家级养老服务基地建设和服务功能实现提供高端人才基础支撑。

参考文献

国家统计局：《第七次全国人口普查公报》，2021 年 5 月 11 日。

河北省统计局：《河北省第七次全国人口普查公报》，2021 年 5 月 19 日。

国家统计局：《中国统计年鉴 2023》，2023 年 10 月。

国家卫生健康委员会：《中国卫生健康统计年鉴 2022》，2022 年 9 月。

民政部：《中国民政统计年鉴 2022》，2022 年 10 月。

陈文静等：《京津冀城市老年人养老方式及其影响因素》，《中国老年学杂志》2021 年第 15 期。

曹毅、张贵祥：《京津冀养老资源供需矛盾和协同创新对策研究》，《科技智囊》2021 年第 3 期。

B.11
京津冀基础教育协同发展的
重点与难点研究

单清华　赵子贺*

摘　要： 教育乃国之大计，京津冀基础教育协同发展不仅是实现公共服务均等化的有力支撑，也是提升京津冀一体化发展水平的重要途径。目前京津冀三地基础教育协同发展已有初步成效，但是从现实来看，三地的基础教育受政策、地域、考评机制、资源分布等各种因素限制，协同发展的水平不高。为此，需要加强顶层设计，推动优质资源有效流动，鼓励社会参与，补齐区域发展的短板，构建京津冀基础教育协同发展的新格局。

关键词： 基础教育　协同发展　京津冀

教育乃国之大计。2019 年，中共中央、国务院印发《中国教育现代化 2035》，提出推进教育现代化的指导思想，强调"加快推进教育现代化、建设教育强国、办好人民满意的教育。将服务中华民族伟大复兴作为教育的重要使命"，在教育现代化的八大基本理念中提出"更加注重融合发展，更加注重共建共享"，这表明国家层面更加注重教育的重要作用，在整个社会布局优质均衡的教育资源。随着社会变迁和精细化发展，家庭对优质教育资源的内在需求更为强烈，优质教育的稀缺凸显了资源的供需矛盾，城市间和城乡间的优质教育资源流动成为协同发展的内在动力。因此，优

---

* 单清华，硕士，河北省社会科学院社会发展研究所研究实习员，研究方向为社会发展；赵子贺，石家庄市第五中学教师，研究方向为基础教育。

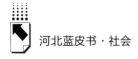

化基础教育共建共享体系，对于提升地区发展活力和推进京津冀一体化有重要的意义。

本报告通过对调研数据资料的分析研判，概括总结了京津冀基础教育协同发展的现状，目前京津冀三地基础教育协同发展已有初步成效，但是从现实来看，三地的基础教育受政策、地域、考评机制、资源分布等各种因素限制，协同发展的水平不高。因此，分析三地基础教育协同发展存在的重点和难点，可以为三地基础教育共建共享体系建设提供相应借鉴。

一　京津冀基础教育协同发展现状

（一）基础教育协同有效发展

教育协同发展是实施京津冀一体化战略的客观要求。2014年以来，随着京津冀协同发展战略的推进，三地经济和社会发展水平快速提高，各级教育事业不断深化改革，教育领域的协同发展取得了不小的成就。

"十三五"时期，京津冀之间签署各类教育合作协议168项，其中基础教育合作协议13项。2017年，北京、天津、河北三地教育装备部门在唐山市签署了《京津冀基础教育装备协同发展框架协议》，提出了推进义务教育学校装备标准化建设、建立教育装备质量信息沟通体系、创建中小学图书馆论坛、促进数字化资源共享、加强理论研究合作交流等八项合作内容。截至2023年，京津冀协同发展迈上新台阶，河北273所中小学幼儿园与京津202所中小学幼儿园开展合作教学。在县域高中对口帮扶方面，清华大学、中国人民大学等高校与河北10所高中开展合作。2023年京津冀三地教育部门共同签署《京津冀教育协同发展行动计划（2023年—2025年）》，提出将提升雄安新区教育质量作为重要发展项目，实现基础教育领域各学习阶段全面覆盖。继续扩大河北与京津教育合作范围，其中基础教育方面注重共建共享，三地将持续开展基础教育方面的合作交流，通过教师、校长挂职互访，资源共享，结对帮扶等方式继续开展区域性的合作办学。

（二）教育资源全国领先

从经费投入比例、基础办学条件和师资力量对比分析，京津冀地区办学教学均占据较大优势，教育资源全国领先，属于教育发达地区。

京津冀地区人口分布密集，学生总量大，如表1所示，小学阶段由多到少依次为河北、北京、天津，初中阶段由多到少依次为河北、北京、天津，高中阶段由多到少依次为河北、天津、北京。其中小学总计占全国比重为8.01%，初中总计占全国比重为7.53%，高中总计占全国比重为7.74%。

表1 2022年京津冀与全国各学段在校生数情况（总计）

单位：人

地区	小学	初中	高中
全国	107799349	50184373	26050291
京津冀合计	8632046	3779830	2015272
北京	1036584	349611	176095
天津	751918	340858	190701
河北	6843544	3089361	1648476

资料来源：教育部网站，2022年教育统计数据。

京津冀各学段教育专任教师的学历分布数据如表2至表4所示，在小学和初中学段的硕博研究生高学历教师的总人数中，北京教师的高学历占比最高，京津冀合计占全国总计的比重均超过10%，京津冀合计占比均高于全国平均值。在高中以下学历的教师中，京津冀合计人数少，其中小学阶段有85人，初中阶段有6人，高中阶段有0人，低学历教师占比均低于全国平均值，凸显了京津冀在全国师资方面的优势。[①]

---

① 资料来源：教育部网站，2022年教育统计数据。

145

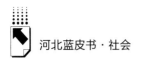

表2 2022年京津冀与全国小学教育专任教师分学历情况（总计）

单位：人

地区	合计	按学历分					
		博士研究生	硕士研究生	本科	专科	高中	高中以下
全国	6600799	339	124226	4516064	1856305	102507	1358
京津冀合计	536247	99	17337	364680	149420	4626	85
北京	74442	66	8706	62283	3316	71	0
天津	49277	19	4010	38793	6081	360	14
河北	412528	14	4621	263604	140023	4195	71

资料来源：教育部网站，2022年教育统计数据。

表3 2022年京津冀与全国初中教育专任教师分学历情况（总计）

单位：人

地区	合计	按学历分					
		博士研究生	硕士研究生	本科	专科	高中	高中以下
全国	3971121	1003	180821	3394217	391597	3338	145
京津冀合计	300471	426	21352	255573	23005	109	6
北京	39406	391	10126	28588	299	1	1
天津	30401	13	4057	25780	524	23	4
河北	230664	22	7169	201205	22182	85	1

资料来源：教育部网站，2022年教育统计数据。

表4 2022年京津冀与全国高中教育专任教师分学历情况（总计）

单位：人

地区	合计	按学历分					
		博士研究生	硕士研究生	本科	专科	高中	高中以下
全国	2028341	2544	248725	1753185	23370	500	17
京津冀合计	164003	911	24182	137592	1305	13	0
北京	21798	792	7403	13581	22	0	0
天津	17123	56	3344	13659	61	3	0
河北	125082	63	13435	110352	1222	10	0

资料来源：教育部网站，2022年教育统计数据。

学校的基础设施投入反映了一个地区教育的受重视程度和发展水平，从京津冀各学段固定资产数据分析，三地的小学固定资产合计占全国比重为 6.76%，初中阶段合计占全国比重为 5.52%，高中阶段合计占全国比重为 8.03%（见表5）。总体来说，北京市的人均基础教育投入和现代化水平在全国各省份中居前列，具有较为雄厚的物质基础，天津与北京有一定差距，但远高于河北。

表5 2022年京津冀与全国各学段固定资产情况（总计）

单位：万元

地区	小学	初中	高中
全国	145946561.9	127211533.2	125051470.3
京津冀合计	9872293.5	7024922.9	10045096.8
北京	2521882.5	1428075.2	3782229.0
天津	1077866.6	623068.3	1028191.7
河北	6272544.4	4973779.4	5234676.1

资料来源：教育部网站，2022年教育统计数据。

（三）合作形式多样化

目前，京津冀地区已经开展了形式多样、内容丰富的合作项目，区域内各学段的交流合作实现了优质教育资源的有效流动，对提升县域教育水平和教育质量有重要意义。

对口帮扶。一般表现为北京的名校对周边的河北部分县域的教育援助。例如，2019年成立了京津冀教育协同发展涞源县教师培训基地，培训基地采用对口帮扶的形式对目标地涞源县展开基础教育培训，包括支教、教师互访、教育讲座、校长培训等方式。涞源县为河北省欠发达县域，教育水平和质量堪忧，北京市此次对口帮扶项目将极大地改善涞源县的教育现状，提升师资质量和业务水平，帮助学校更新教育理念，在助力教育均衡发展的基础上激发地区改革发展的内生动力。

公立办分校。发挥知名公立学校的影响力，在周边地区建立分校，扩大教育资源的辐射带动范围，也是京津冀教育合作形式之一。2023年北京市

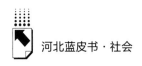

援建雄安新区的三所学校——雄安北海幼儿园、史家胡同小学和北京四中已经投入使用。以北京的名校教育为基础,高标准、高起点、高质量开展教育工作,"双师课堂"跨时空、跨地域教学;结对帮扶、两地备课,实现了资源的深度对接。

区域合作办学。在区域内不同学校成立校际联盟,加强合作办学也是京津冀较为常见的合作形式。2023年5月28日,京津冀基础教育协同发展联盟成立,该联盟由北京明远教育书院牵头,由北京师范大学附属中学、北京市第十八中学、北京明远教育书院实验小学、北京十一学校龙樾实验中学、天津外国语大学附属外国语学校、天津市耀华中学、天津市第七中学、天津港保税区空港学校、石家庄外国语教育集团、唐山市第一中学、张家口市第一中学、雄安新区白洋淀中学等12所中小学共同参与组建。联盟通过开展区域内校际合作,实现教育教学共建共享,探索全新的教育模式,全面提升教学质量,提升河北地区的办学和高质量发展水平。

二 京津冀基础教育协同发展存在的 重点与难点分析

虽然京津冀基础教育协同发展取得重要成效,但是仍存在顶层设计缺乏协同、优质资源平衡性较差、协同合作机制不健全等问题。

(一)顶层设计缺乏协同

从基础教育发展背景和历程来看,三地主要以中央政府的官方号召和教育部的鼓励措施推动协同发展,三地政府部门没有出台系统化合作政策,没有建立完善的合作机制,没有统一教育教学内容和评价标准。三地政府部门的政策制定,首先以本地区的现实需要为基础,以促进本地教育发展为导向,根据自身特点进行发展规划,这必然与区域协同发展的目标相矛盾。从教育模式来分析,北京为全面发展的素质教育模式,河北的升学竞争激烈,以应试教育为主,北京的教育理念和教育模式难以适用于河北。从教学内容来看，三地教材有很大差异，以北京为例，北京初中数学教材有北京课改版、人教版、北师版、浙教版等，各区有所差异，河北的初中数学教材为冀教版，课程设计均符合当地的教育教学意愿，就当前合作来说，合作框架的设计不够深入系统，使得三地基础教育协同发展推进困难。

（二）优质资源平衡性较差

京津冀一体化的有效发展给教育发展提供了良好的社会背景，但是教育资源匮乏和分布不均的现象仍然存在，这是当前京津冀基础教育协同发展面临的重要难题，三地经济社会发展水平差异是造成这一现象的根本原因。教育资源是社会为了促进教育的发展所提供的财力、人力、物力。[①] 教育失衡也是经济社会发展水平失衡的外在表现。北京作为首都，具有深厚的文化底蕴，有顶尖高校、人才集聚，对其他各类优质资源也有强大的吸引力。从京津冀三地基础教育师资分布来看，首先北京的正高级职称人数为 266 人，远高于全国平均值，由表 1 的在校生数得知，河北的在校生约为北京的 7.4 倍，正高级职称人数却仅为北京的 2.4 倍。其次河北的中级及以下职称教师数量较多，还有 155400 位未定职级的教师，在师资构成比例上以中级及以下职称教师为主（见表 6），且多集中在县域学校和偏远地区，导致教育整体发展水平提升较慢。

表 6 2022 年京津冀与全国基础教育师资分布（总计）

单位：人

地区	按专业技术职务分					
	正高级	副高级	中级	助理级	员级	未定职级
全国	14163	2043570	4929435	3408120	295232	1909741
京津冀合计	1017	151253	384858	263708	23990	175895
北京	266	26777	52497	41855	937	13314
天津	118	22539	47870	18478	615	7181
河北	633	101937	284491	203375	22438	155400

资料来源：教育部网站，2022 年教育统计数据。

---

① 韩宗礼：《试论教育资源的效率》，《河北大学学报》（哲学社会科学版）1982 年第 4 期。

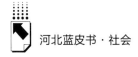
《中国教育现代化2035》鼓励提升义务教育均等化水平，建立学校标准化建设长效机制，推进城乡义务教育均衡发展。在实际推进过程中，仍然存在县域内、城乡间和城市间基础教育失衡的问题。在资源存量固定的前提下，实现区域内资源的平衡发展，需要发挥市场对资源的配置能力，当前京津冀三地的市场配置能力有限，没有带动教育资源的优化。

（三）协同合作机制不健全

京津冀三地基础教育难以推进的一大重要原因是缺失成熟的合作机制。协同发展以协同治理为根基，即要在法律法规政策的引导下，联合其他社会组织开展采取协同治理模式的公共管理活动，通过不同治理主体的合作与分工，实现治理效果最大化。[①] 协同治理的有效开展需要参与主体遵循平等原则、自愿原则和利益一致原则开展分工合作，实现地区优势互补。三方在协同合作中，没有成立固定的刚性的政府权力部门，缺乏科学的监测评估机制和统一的标准，包括教学质量标准、课程评价标准、教师考核标准和学生结业标准等。在政策落实中，缺乏目标考核等制度制约，教育行政部门无法进行分级奖惩，缺乏有效监督，在实际操作过程中不能进行实时监测，得不到及时的反馈，导致其无法进行有效评估，在政策优化改进方面存在一定的滞后性。

三　京津冀基础教育协同发展的思考与建议

2023年，习近平总书记在河北考察并主持召开深入推进京津冀协同发展座谈会时强调："要推动京津优质中小学基础教育资源同河北共享，深化区域内高校师资队伍、学科建设、成果转化等方面合作。"[②] 扎实推进京津冀教育协同，不仅是京津冀高质量发展的目标，也是时代发展的诉求。

---

① 杨艳苹：《京津冀基础教育资源共享问题研究》，硕士学位论文，首都经济贸易大学，2018。
② 《推动基础教育资源共享，深化区域内高校合作——京津冀共绘教育"同心圆"》，教育部网站，2023年6月13日，http://www.moe.gov.cn/jyb_xwfb/s5147/202306/t20230613_1064058.html。

（一）破除行政壁垒，建立健全教育督导监管机制

京津冀各级政府要加强顶层设计和科学谋划，进一步突破阻碍教育协同发展的行政壁垒，优化教育政策供给，构建以政府为主导，学校为主体，家庭、企业等社会力量共建的素质教育新体制。健全各级各类教育评价体制，改革人才选拔机制。深化素质教育评价体制改革，遵循教育基本规律，以建立科学的教育评价体制为抓手，丰富评价指标体系，增强各级各类学校办学活力，增进广大教师对发展素质教育意义和价值的认同，为新时代学生创造良好的制度环境。发展素质教育，引导全体社会树立正确的人才观、择业观、教育发展观，改变"唯分数论"的错误观念，学校要从人的全面发展出发，教师要把促进学生全面发展作为教学工作的重要环节。完善教育现代化财政保障机制，京津冀三地政府要依法落实财政支出责任，保证充足的财政经费预算，保证教育经费投入逐年稳步增长。优化教育经费筹措体制，鼓励社会资本投入教育培养，受教育者合理分担教育成本。建立健全教育经费监管机制，提高经费投入效益，优化经费投入比例，加强对偏远薄弱地区教育发展的倾斜。

（二）塑造良好的教育环境，提高教育教学质量

良好的教育环境有助于吸引教育人才、资金等关键要素，提高资源配置效率。建设一流的高素质专业化教师队伍。打造一流教师团队，要扩大高校毕业生的招聘比例，特别是提高县域教师的综合素质，引导高校毕业生向基层学校流动。教育行政部门要明确教师的工作职责、工作时间，保障教师的薪资待遇、培训休假等基本工作权益。另外，要赋能基层教师，通过技能培训、业务交流、专家指导等路径提升教师教学技能、课程质量，从能力建设方面增强教师综合素质。鼓励学校办出特色、教师教出风格。学校要规范教学管理工作，充分发挥教育主阵地的作用，设立教育教学负面清单，合理控制教学课时，严格规范教学进度，鼓励探索优质教学模式，培育教学能手，打造精品课堂，切实提升学校教育质量。

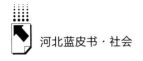

（三）维护教育公平，引导优质资源均衡流动

维护教育公平，推进区域义务教育资源优质均衡，根本在于通过社会资本建立健全高质量的基础教育体系。优化国家教育资金项目开发，提高对乡镇和偏远落后地区的关注度。北京、天津继续发挥引领示范作用，全面启动新一轮援助办学，河北地区加强教育融合，持续进行教育综合改革，进一步缩小城乡区域特别是同一区域校际教育差异，通过推进集团化办学、学区制改革、城乡学校一体化建设等举措共享优质教育资源。进一步缩小师资差距，通过定期轮岗、对口支援、定期培训等方式推动区域优质师资均衡。积极推动开展"京津冀基础教育课程改革联盟专业支持项目"，做强做优线上教学平台，为学生提供高质量的教学资源，为教师提供在线互动交流机会，引导优质资源均衡流动，向三地教师、学生合理有序开放。

（四）鼓励社会力量参与，实现基础教育共建共享

教育是系统工程，基础教育的协同发展应该建立在多元共建的基础之上，既要保证科学性，也要坚持创新性和开放性。

坚持以政府为引领，发挥市场机制在资源配置中的决定性作用，通过市场机制引导社会各方面资源的合理有序流动，以区域经济社会一体化发展带动教育一体化发展。吸引社会资本投入到基础教育协同发展中来，发挥资本在教育发展中的重要作用，扩充教育经费总量，提升学校的基础设施建设水平。成立区域性基础教育专家咨询团队，发挥领域专家的专业性，深化对区域教育发展的系统性研究，开展实地走访调研，为三地基础教育合作形式、内容和方案建言献策，为下一步政策制定提供科学依据。三地政府可以加强与相关社会组织的合作交流以提升教学水平，立足地方特色，打造优质的文化资源，开展多样化的文化交流活动，扩宽文化视野，丰富教学内容。教育部门可以通过政府购买公共服务，填补教育资源空缺，从场馆配套设施和综

合实践活动中提升学生的受益度。

京津冀基础教育协同发展是以政府、学校、学生为主体的社会发展问题，需要社会力量的共同参与和相互合作，在共建中共享，在不断优化改进中实现均衡。

B.12
京津冀生态环境协同治理的
重点与难点研究[*]

赵乃诗[**]

摘　要： 生态环境协同治理是解决京津冀跨区域生态环境污染问题的重要手段，是京津冀协同发展的优先领域与重中之重。京津冀生态环境协同治理的重点是强化生态环境协同治理的顶层设计、加强生态环境协同治理的机制与制度建设、重点推进"四大污染"的协同治理。京津冀生态环境协同治理面临的难点是体制困境、绩效下降、大气污染与水污染治理难度大。本报告从提高生态环境协同治理绩效、协同治理大气污染、完善水污染治理体系、建立健全协同治理沙尘暴的有效机制和协同推进"无废城市"建设五个方面提出了京津冀生态环境协同治理的对策。

关键词： 生态环境　协同治理　京津冀

京津冀地区雾霾天气较多、水资源短缺、生态系统脆弱，是我国生态环境问题最严重的地区之一。生态环境协同治理是京津冀协同发展的优先领域与重中之重。京津冀地区的生态环境协同治理内部结构复杂、外部联系多元，虽然在党中央的高度重视和京津冀三地政府的综合协同治理下，京津冀地区生态环境有了较大改善，区域环境治理取得了一定成效，但三地仍面临协同治理机制低效运行、治理效果欠佳、难以形成治理合力等困境。京津冀

---

* 本报告系田翠琴主持的 2023 年度河北省社会科学发展研究课题"河北省生态共享共建机制研究"（课题编号：20230205086）的研究成果。

** 赵乃诗，河北工程技术学院科研部科研与产教融合处干事，研究方向为环境工程与环境治理。

生态环境协同治理本质上就是要突破行政区划界限，协调政府间环境偏好差异，解决经济发展和环境保护在三地之间的利益冲突，协同推进三地的环境治理与生态文明建设。

一　京津冀生态环境协同治理机制建设的新进展

近年来，京津冀积极推进生态环境协同治理机制建设，三地先后签订实施《京津冀区域环境保护率先突破合作框架协议》《"十四五"时期京津冀生态环境联建联防联治合作框架协议》，以大气污染防治为重点领域，推动区域生态环境质量持续改善。

（一）建立京津冀辐射安全协同管理合作机制

2023 年 9 月 11 日，北京市生态环境局、天津市生态环境局、河北省生态环境厅在雄安新区签署《京津冀辐射安全协同管理合作协议》。根据协议内容，三地将建立辐射安全协同管理合作机制，联合排查化解风险隐患。为确保协同处置工作扎实有效，三地联合建立四项工作机制，即建立重大活动辐射安全保障协调机制、建立跨区域应急处置协同办理机制、建立辐射安全联合检查及案件协同查处机制和建立辐射安全管理定期会商与经验交流机制，协同推进各项制度落地落实。[①]

（二）建立京津冀环评机构跨区域协同监管工作机制

为强化京津冀区域生态环境领域联合互助和信息共享，推动环评机构跨区域协同监管，联合打击环评机构弄虚作假等违法违规行为，2023 年 11 月，河北省生态环境厅、北京市生态环境局、天津市生态环境局联合印发《关于建立京津冀环评机构跨区域协同监管工作机制的通知》，三地生态环

[①] 《京津冀三地生态环境部门在雄安新区举行辐射安全协同管理协议签约活动》，河北省生态环境厅网站，2023 年 9 月 20 日，http：//hbepb.hebei.gov.cn/hbhjt/xwzx/meitibobao/1016949 15967150.html。

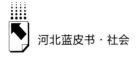

境部门共同牵头，成立京津冀环评机构跨区域协同监管工作推进小组，建立联合会商、信息共享、协同调查工作机制，协同监管京津冀环评机构跨区域从业行为。[①]

（三）不断完善生态补偿机制

2018 年，北京和河北签订实施了密云水库上游潮白河流域水源涵养区相关生态补偿协议，北京根据上游来水水质、水量状况等，对河北进行经济补偿，补偿资金主要支持上游河北张家口、承德两市开展水环境治理、修复与保护等工作。2022 年，北京和河北签订了第二期生态补偿协议，继续共同守护密云水库这座"燕山明珠"。2023 年，北京和河北签订《官厅水库上游永定河流域水源保护横向生态补偿协议》。该协议是以水源保护为目标的生态补偿协议，实现了潮河、白河、滦河、永定河流域生态补偿全覆盖，标志着流域生态环境治理、保护进入了新阶段。[②]

（四）建立共建共治共享机制

三地签订实施两轮密云水库上游潮白河流域水源涵养区生态补偿协议，上游"三区两市"建成保水共同体；建立白洋淀流域跨省市界合作机制，支持雄安新区生态环境建设。三地多措并举协同推进降碳、减污、扩绿、增长。区域携手兑现"碳中和"的冬奥承诺，"张北的风点亮北京的灯"，绿色"双奥之城"成为北京一张新名片。[③]

二 京津冀生态环境协同治理的重点

京津冀生态环境协同治理的重点包括三个方面：强化生态环境协同治理

---

① 马朝丽：《京津冀推进环评机构跨区域协同监管》，《河北日报》2023 年 11 月 21 日。
② 《生态补偿 协同治理 京冀上下游共护一方碧水》，《人民日报》（海外版）2023 年 10 月 17 日。
③ 夏清泉：《生态美景频频火出圈，北京生态治理"奇迹"如何成为"名片"？》，中国环境网站，2023 年 8 月 10 日，https://www.cenews.com.cn/news.html? aid = 1075142。

的顶层设计、加强生态环境协同治理的机制与制度建设、重点推进"四大污染"的协同治理。

（一）强化生态环境协同治理的顶层设计

生态环境协同治理是系统地、根本性地解决京津冀生态环境问题的关键。其中，顶层设计是京津冀生态环境协同治理的基础和前提，制定战略性、综合性、长远性的规划和蓝图是引领京津冀生态环境协同治理的首要任务。强化生态环境协同治理顶层设计的主要内容包括：制定协同的政策、推进法规协同、推进标准趋同、推进绩效评估协同、推进生态空间管控的一体化。

（二）加强生态环境协同治理的机制与制度建设

机制与制度建设是生态文明建设的根本保证。推进生态环境协同治理，应该加强九个方面的机制与制度建设：建立区域环境污染联防联控机制、健全多维长效跨区域生态补偿机制、建立环境治理的市场化机制、严格资源环境生态红线管控制度、完善政绩考核评价与责任追究制度、建立固体废物污染治理协同机制、建立生态屏障协同建设机制、建立生态保护衍生协同机制和建立应急联动机制。

（三）重点推进"四大污染"的协同治理

"四大污染"（此处指大气污染、水污染、土壤污染和农业农村环境污染）是京津冀久治未愈的顽疾，也是京津冀生态环境协同治理的重点领域。推动京津冀生态环境协同治理，应充分发挥三个"十条"的导向性作用，把大气污染、水污染和土壤污染作为京津冀生态环境协同治理的重点领域和突破口，应当抓住三个"十条"提出的污染防治措施，以三个"十条"为原则指导，以对京津冀地区的针对性要求为具体行动指南，把"四大污染"作为重点治理领域，由此带动生态环境治理的协同发展与整体推进。

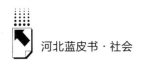

三 京津冀生态环境协同治理的难点

2020 年，京津冀地区人口数量达 1.127 亿人，GDP 达 8.6 万亿元，区域以全国 2%的占地面积承载 8%的人口数量，产生 9%的 GDP，城镇化水平高但生态环境超负荷。近年来，京津冀地区生态环境保护与经济发展之间存在明显的冲突和矛盾，"人口—土地—社会经济—生态环境"复合型问题不断出现，存在生态系统服务水平下降、生态风险升高和生态安全破坏等问题。①

（一）生态环境协同治理面临的体制困境

京津冀生态环境协同治理主要存在五个问题。一是合作少而分散。二是协同治理措施不得力。协同保护的规划与制度安排执行效果不明显。三是制度体系不健全。制度体系不健全是制约协同保护的主要因素。四是未能建立健全协同治理的长效机制。五是对高耗能、高污染企业治理不力。②

体制机制不协调和政策壁垒是京津冀协同发展最大的障碍。京津冀生态环境协同治理面临的体制困境主要有以下五个方面。一是行政体制障碍突出。京津冀区域带有相对明显的政治属性，加上三地之间合作的内在动力仍有待增强，行政功能、体制性障碍已成为京津冀生态环境协同治理所需克服的主要难题。二是分权体制造成行政壁垒。行政分权给地方政府行为提供了权力保障，但这种行政分割造成各自为政的局面，使政府间在处理环境污染这种外部性较强的公共事务时的合作成为困难。三是政治集权下权责倒挂。区域间能否推进环境治理，关键看政府间环境治理事权的划分与激励考评制度的改革情况。京津冀生态环境协同治理不仅面临政府间环境治理事权纵向划分的复杂性，而且面临事权在政府间的横向划分。四是现行环境管理体制

---

① 段维利等：《京津冀城市群城镇化与生态建设对生态系统服务价值的影响》，《水土保持研究》2023 年第 4 期。

② 李惠茹、刘永亮、杨丽慧：《构建京津冀生态环境一体化协同保护长效机制》，《宏观经济管理》2017 年第 1 期。

的条块交叉。在行政没有一体化的背景下，京津冀生态环境协同治理突破环保部门属地管理的体制局限、提升环保部门的独立性和权威性，是推进府际合作进行环境治理的保障。五是京津冀三地环境治理体制存在差异。京津冀三地作为独立的行政区域，各自的环境治理体制并不相同，且环境监管力度也不同。环境治理体制差异的本质是不同经济发展水平引致的环境需求不同，生态环境协同治理重点要解决环境需求差异化问题，这也是打破行政壁垒的内在要求。①

（二）生态环境协同治理绩效下降

京津冀生态环境协同治理绩效存在以下四大问题。一是京津冀生态环境协同治理绩效指数出现显著的两极分化现象。北京、天津、张家口、承德和秦皇岛生态环境协同治理绩效水平高于京津冀地区的其他城市，绩效指数也呈逐渐上升趋势。河北省内的其他城市绩效指数显示出逐步下降的趋势。这一分化现象说明，京津冀在生态环境协同治理方面仍处在初级阶段，没有形成京津冀三地整体推进生态文明建设的模式，三地的协同治理效果没有稳定提升，使得两极分化问题非常明显。二是京津冀区域生态环境协同治理绩效整体改善不佳。三是京津冀区域生态环境协同治理效果趋弱，从整体上看京津冀三地在生态环境协同治理的效果上仍处于低下的状况。四是京津冀生态环境协同治理中存在明显的主观偏差倾向，使得在生态环境协同治理实施过程中缺乏系统性。②

（三）京津冀大气污染治理的不协调

京津冀大气污染治理中存在以下四个方面的不协调。③ 一是区域政府间

---

① 田翠琴、赵乃诗、赵志林：《京津冀环境保护历史、现状和对策》，北京时代华文书局，2018，第239~242页。

② 王馨玮等：《京津冀生态环境协同治理的绩效评价及提升对策研究》，《清洗世界》2023年第4期。

③ 赵新峰、袁宗威：《京津冀区域政府间大气污染治理政策协调问题研究》，《中国行政管理》2014年第11期。

大气污染治理政策协调的内驱动力不足。如在治理理念方面存在差异：首先，区域内各行政主体依然是各自为政，合作治理的价值理念不足；其次，三地仍以 GDP 增长为导向，把经济发展作为第一要务；最后，在面对区域大气污染时，京津冀三地治理心态一定程度上是应对型的、运动式的，甚至需要中央政府直接干预。在利益平衡方面的差异表现在：在区域大气污染治理政策协调上，京津冀三地政府间的"共容性利益"偏少，存在利益诉求不一致的情况。二是法规标准的缺位和不协调。表现为：具体标准缺乏，侧重于点源控制，缺少挥发性有机物排放标准体系；现有标准不完善，如城市扬尘综合管理制度不健全，对施工工地和搅拌站的检查都是临时性、突击性的，治标不治本。三地在标准的执行上不一致，这种标准的不协调，直接导致重污染企业的地域转移，严重影响了京津冀整体区域空气质量的改善。三是政策信息不对称。京津冀三地没有形成一致的环境信息公布机制。四是区域政府间大气污染治理政策的碎片化。在京津冀区域内，三地政府组织出于对自身及地方利益的考虑，使有效的政策制定信息无法充分流动，"信息孤岛"现象丛生，所制定出的政策呈现出显著的碎片化特征。这种碎片化导致制定出的政策不协调，最终不利于区域大气污染的整体性治理。

（四）水污染治理仍是突出短板

目前京津冀地区水资源短缺、水污染严重、水环境恶化，且跨界水污染问题日益突出。长期以来，京津冀的发展模式导致三个地区的地下水超采严重、废水排放量巨大，对整个流域的水环境、经济发展以及人民的生活造成严重的影响。

虽然京津冀地区水污染情况在近几年逐渐好转，但京津冀地区仍然属于"水质型"严重缺水，水污染治理工作仍然存在亟须突破的瓶颈，具体表现在以下方面。一是虽然重点流域水污染防治成效显著，但短期内仍存在水质不达标现象。二是水环境治理存在碎片化、属地化的特征。由于京津冀各地区地理位置、经济发展水平、产业结构等各有不同，面临的水环境问题和治理政策、标准、能力及策略也不尽相同，碎片化治理问题严重。三是缺少权威的跨区域环境治理机构统一管理。京津冀三地政府协作呈现非制度化的特点，还处在宏观、整体层面上。缺乏区域水环境共同治理的制度，导致协商、交流等缺乏有效制度保障。四是协同立法未落到实处，联合执法困难。京津冀地区经济发展上不均衡，水环境治理目标、标准、法律和法规等诸多方面也不相同，导致从政府层面建立的水污染治理机制不完善。①

四　京津冀生态环境协同治理的对策

协同治理是解决京津冀跨区域生态环境污染问题的重要手段。推进京津冀地区生态环境协同治理，必须突破体制机制障碍，打破政策壁垒，从而打通区域生态环境协同治理的关节，使各个地方政府、社会组织、企业、公民实现环保利益的有效协调。

（一）提高生态环境协同治理绩效的对策

加强京津冀区域环境治理绩效目标的一致性。京津与河北可建立对于重点地区的污染防治结对合作机制，在财力以及技术资源等方面支持河北省，从而加快三地生态环境协同治理的步伐，最终使得京津冀区域实现环境治理绩效目标的一致性，提升三地生态环境协同治理绩效。

建立京津冀区域生态环境协同治理绩效评价的保障制度。协同治理绩效评价这项工作不仅和技术问题相关，也和制度体制问题相联系。目前的协同治理绩效评价缺乏制度性保障，没有相关法律以及法规作为支撑，具体的政策性指导也很欠缺，这导致京津冀各政府在进行绩效评价的过程中缺少统一性，因此迫切需要建立京津冀区域生态环境协同治理绩效评价的保障制度。

加强京津冀三地各市政府生态环境协同治理绩效评价的执行能力。一是京津冀三地各市政府环保部门要发挥高层领导的有力推动作用。二是京津冀

---

① 王玉双、刘玉含、孟壮：《京津冀地区水环境治理现状及发展策略探讨》，《环境与发展》2020年第5期。

三地各市政府要有效且不断地沟通与反馈生态环境协同治理绩效评价信息，采取相应的措施，推进生态环境协同治理绩效评价的实施。

（二）协同治理大气污染的对策

健全大气污染协同治理的法律法规，推动区域大气污染联防联控。建立京津冀大气污染协同治理的长效保障机制。一是京津冀三地立法机关应在各自的大气污染防治实践基础上联合制定跨区域"大气污染防治管理法"。二是完善区域大气污染联防联控机制，构筑京津冀地区生态环境共同体。三是在统一的立法框架下，积极探索建立区域污染治理的统一执法机制。四是建立健全涉及环境信息共享制度的法律法规，如明确公众的知情权、参与权和监督权，完善环境公益诉讼制度。五是京津冀地区应设立大气污染防治专项资金，加大投入力度。

调整产业结构，深度推进工业节能减排。产业结构调整对治理大气污染有重大作用。京津冀地区应根据三地各自的功能定位各有侧重。鼓励三地产业的聚集发展，采取财税等政策推动跨行政区域的生态工业园区建设。深度推进工业节能减排。积极开展清洁生产，推进资源的综合利用。优先发展生产性服务业，大力发展生活性服务业。三地应在污染源监测、环保数据管控、监测预报平台建设等领域，引入互联网思维，实现环保信息数据共享交换和集中管控，助力产业改造升级和转型发展。

调整能源结构，构建清洁能源体系。解决京津冀地区的大气污染问题，必须调整优化能源结构，清洁化利用煤炭资源。必须加强源头控制，坚持能源消费总量与污染物排放总量的约束性控制，切实减少能源需求总量。一是进一步调整能源结构和优化用能方式，坚持能源清洁化战略，构建以电力和天然气为主、太阳能和地热能等为辅的清洁能源体系。二是提高能源使用效率。大力推行节能环保的低碳生产技术，积极鼓励能源的阶梯利用技术和节能减排技术。三是推进企业生产用能清洁化。从企业的角度出发通过清洁能源改造等方式对能源利用率低下企业进行调整，减少煤炭使用量。

强化机动车尾气减排和建筑扬尘减排。一是加紧建立区域超标车辆数据库，实现跨区域机动车尾气排放监管数据共享。二是加强对超标车辆的末端的排放处罚措施，巩固机动车治理效果。三是治理建筑扬尘，逐步改变施工方式，实施工厂化预制、装配化施工的新型工业化建筑方式，发挥信用评价对减少施工扬尘污染的有效作用。四是推进区域优"路"、洁"油"、控"车"同步发展，协同防治机动车污染。统一京津冀地区的新车排放标准和油品标准，加快推进新能源汽车普及，对接三地车辆管理政策，统一制定刺激机动车减少上路的经济政策。

实施污染物总量减排和多种污染物协同控制。京津冀地区应合理确定区域环境质量目标，并根据环境质量目标核算相应的环境容量，为实现大气污染物的综合治理提供支撑。一是通过污染物总量减排，可以倒逼企业使用清洁能源，开展节能减排行动，并积极参与排污权交易。通过制定严格的排放标准、实行在线监测、开展清洁生产审核等手段实现三地的总量控制。二是减少区域雾霾污染，除了控制 $PM_{2.5}$ 的排放总量外，应结合区域雾霾生成机理，实施省际联合、部门联动的环境监管模式，通过建立科学系统的环境监测体系展开对二氧化硫、氮氧化物、颗粒物等多种污染物的协同控制。

严格区域环境准入和排放标准。一是严格区域环境准入，从经济结构的源头缓解京津冀地区大气污染问题。按照京津冀主体功能区划要求，整体优化区域产业空间布局；制定符合京津冀地区功能定位的区域一体化产业准入目录，严控"两高"行业新增产能；制定不符合京津冀功能定位的高污染行业调整、生产工艺和设备退出指导目录，加快区域统一淘汰落后产能，推动区域产业转型升级。二是统一严格排放标准，全面提升末端治理水平，协同治理京津冀地区工业大气污染。统一执行大气污染物特别排放限值，有效降低三地之间互相输送影响。

（三）完善水污染治理体系

京津冀地区是我国水资源严重超载地区之一，水安全在推进京津冀协同发展工作中具有重要地位。推进京津冀协同发展水安全保障工作，需要重点

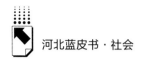

做好四个方面的工作。

完善水污染治理体系，建立流域统筹、区域落实的水生态环境空间管控体系。针对京津冀水环境治理存在的碎片化问题，京津冀地区需要建立包括流域—水功能区—控制单元—行政辖区四个层级的空间管控体系，构建"治、保、用"并举的区域再生水资源循环利用体系。京津冀地区应通过污染治理、生态系统修复与保护、再生水资源循环利用等环节的有机结合，有效发挥各类治污措施的系统作用。

抓好重点流域和重点区域的水环境建设，全力提升雄安新区与"两区"的水安全保障能力。加强防洪体系建设，建立健全供水保障体系，持续改善白洋淀水生态环境。加快推进首都"两区"建设。推进永定河综合整治与生态修复，持续做好河湖生态补水，加大水土流失治理力度，积极推进水土保持生态建设。

加强地下水环境监测体系建设，全面推进地下水超采综合治理。加强京津冀地下水污染状况的普查、调查与监测，完善整个区域地下水水量与水质监测网络化建设，加快地下水环境监测体系的建设，基本建立地下水资源刚性约束制度，建立健全地下水利用与保护长效机制。完善地下水污染预警机制，加快预警应急体系建设，尤其要加快对场地型污染预警的研究与预警机制建设。

加快改善河湖水生态环境。积极探索以流域为单元、以"河长制"为依托的跨境管理模式。健全完善河长制与湖长制，加快恢复河湖水生态环境，加大河湖保护治理力度。

（四）建立健全协同治理沙尘暴的有效机制

沙尘暴被称为"环境杀手"，是一种气象灾害，也是严重的生态环境问题。每年春季大范围的沙尘暴，严重威胁到京津冀生态环境和人们的生产生活，因此必须协同治理。具体措施包括以下方面。

完善沙尘天气动态监测系统的建设。利用气象卫星成像、地面激光雷达向天探测等现代技术手段，对沙尘天气的即时变化情况、长期发展与演变过程进行追踪观测与科学研究，围绕沙尘天气形成机制、演变周期对沙尘天气监测预警系统进行完善，进一步提升沙尘天气预警信息的准确性。

加强沙尘暴的生物防护体系建设。治理沙尘天气，防沙固沙、恢复植被是关键。应加快飞播治沙，在沙漠地区种植沙棘等适宜沙漠干旱地区生长的植物，形成地被植物层，减轻瞬时增大的风力对土壤产生的风蚀作用，固定沙土。

加强京津冀地区生态系统多样性建设。一是以建设重大生态工程为载体，带动生态系统多样性的建设。加快实施重要生态系统保护和修复重大工程，实施生物多样性保护重大工程，广泛开展大规模的国土绿化行动。二是加强沙尘天气治理的制度建设。牢固树立生态保护红线意识，深化集体林权制度改革，健全耕地休耕轮作制度，完善生态保护补偿制度。三是强化沙尘天气的风险防范意识，加强京津冀地区生态系统多样性建设，克服生态单一性造成的生态脆弱性。

构建保护京津冀生态环境的社会支持体系。一是加强宣传，普及沙尘天气发生与人类活动关系的知识。二是不断改善人们的生产方式与生活方式，鼓励生产技术创新和新能源开发，合理利用水、能源、矿山、土地等资源，进一步控制由资源超采所形成的地表裸露区。三是转变畜牧业生产经营方式，大力提倡舍饲和棚圈牧业，围封草场和优化牲畜品种，减羊增牛，促进农牧生产，维持草畜动态平衡。四是积极推进民间沙尘天气治理机制的建设。充分发挥民间环保组织在沙尘天气治理中的技术优势和社会作用，为协同治理沙尘天气提供社会支持力量。

（五）协同推进"无废城市"建设

"无废城市"建设是城市现代化发展的新主题，是城市生态环境治理的有力抓手，是新时期推进生态文明建设的有效途径。京津冀协同共建"无废城市"是提升三地环境治理质量的必然选择。

创新"无废城市"建设顶层设计。创新"无废城市"建设顶层设计、完善"无废城市"建设规划是京津冀推进"无废城市"建设的关键，应该将"无废城市"建设融入京津冀城市群发展战略,系统谋划、统筹推进。京津冀三地应立足本地的资源禀赋、产业特点、生态环境状况等具体情况,科学制定"无废城市"建设的政策与实施路线,促进京津冀"无废城市"建设的协同发展。要加强京津冀区域间的资源对接与环境治理合作,推动京津冀大宗固废跨区域协同处置利用,构建京津冀共建共生的工业绿色发展生态圈,推动京津冀固废处置设施的共建共享。

创新"无废城市"建设机制。要建立"无废城市"建设的长效机制,包括建立制度政策体系、体制机制、评价机制、市场机制、资金保障机制等。一是建立和完善"无废城市"建设的相关法律法规及执行落实机制。二是完善"无废城市"建设评价体系,构建京津冀"无废城市"建设的标准体系。三是完善"无废城市"建设的专项管理机制。明确各类固体废物生命周期的全过程考核管理。四是健全"无废城市"建设的市场体系,形成一个有效的废物利用循环体系。五是健全"无废生活"体系。加强日常生活领域固体废物管理,推进生活固体垃圾源头减量、精细分类,完善垃圾收运与处置体系。

加强"无废城市"主体建设。"无废城市"是各方参与主体协同共建共治的结果。"无废城市"建设需要政府扮演好引领者与"元治理者"角色,引导全社会形成共建共治合力,更需要企业、社会组织、志愿者以及每位居民共同参与,形成全社会共建共治共享的局面。一是加强政府的引领作用。二是充分落实企业的环保责任,构建以企业为主导、以产品为核心的固废回收利用体系。三是鼓励大众参与"无废城市"建设的具体行动。提高居民生活中的"无废"意识,推动形成绿色低碳生活方式。四是构建"无废城市"建设的社会支持系统。广泛开展绿色学校、绿色机关、绿色社区等创建工作。通过倡导绿色低碳消费理念,从源头上减少生活垃圾的产生量,转变消费方式,控制居民生活垃圾排放的增长速度。

民生调查篇

B.13

河北省长期护理保险制度试点
调研报告

河北省人民代表大会社会建设委员会

摘 要: 长期护理保险是以互助共济方式筹集资金、为长期失能人员的基本生活照料和与之密切相关的医疗护理提供服务或资金保障的社会保险制度,是为失能人员提供兜底性保障的重要举措。本报告通过对试点工作进行比较,对成效及存在的问题进行客观系统的分析,提出可行性对策建议:加强调查研究,强化省级政策体系建设;加强省级层面与国家部委的沟通协调,扩大试点范围;强化大健康理念,推进医养护体系融合发展;加强护理人才队伍建设,提升护理专业化水平;强化数智赋能,推进长期护理保险科学高效运营;创新养老服务体系建设,推动"乐享河北"行动落地落实。

关键词: 长期护理保险制度 资金筹集 失能人员 失能评估

长期护理保险是以互助共济方式筹集资金、为长期失能人员的基本生活照料和与之密切相关的医疗护理提供服务或资金保障的社会保险制度，是为失能人员提供兜底性保障的重要举措。党的十八大以来，以习近平同志为核心的党中央高度重视多层次社会保障体系建设，为妥善解决失能人员长期照护保障问题做出一系列重要决策部署。2016年启动长期护理保险制度国家试点工作。党的二十大明确要求"建立长期护理保险制度"，为工作开展进一步指明了方向、提供了遵循。

截至2022年底，全省60岁及以上老年人口达到1559万人，占常住总人口的21.01%，占比高于全国平均水平1.21个百分点，河北已进入中度老龄化社会。随着社会老龄化程度加深，失能人口数量增长加快，据统计，我国60岁及以上老年人口中4.8%处于重度失能、7.0%处于中度失能，河北省重度、中度失能人员达180多万人，不间断的生活照料、健康维持、慢性病康复、心理慰藉等需求，给失能人员家庭带来巨大的生活困扰和经济负担，"一人失能，全家失衡"现象成为严重的社会问题，失能人员已成为最需要帮助和关怀的人群。

课题组针对河北实际，立足工作职责，深入贯彻以人民为中心的发展思想和积极应对人口老龄化国家战略，明确长期护理保险制度专题调研课题，赴石家庄、承德、唐山、邢台四地实地调研，综合运用听取汇报、座谈了解、随机走访、统计分析等多种形式深入开展调查研究。共召开汇报会、座谈会15次，明察暗访护理服务机构、护理培训机构等70余家，入户走访享受失能待遇家庭60余户，查阅资料1000余份，向失能人员家属、护理人员、基层工作人员等700余人次征求意见建议。

一　试点政策比较

河北省共有承德、邢台、石家庄、秦皇岛、唐山等5市开展了长期护理保险制度试点工作。试点地区分为三类：一是2016年批准的国家试点承德市；二是2016年和2018年经省人社厅批准的省级试点，包括邢台市巨鹿县，石家庄市正定县、新乐市、鹿泉区、栾城区和秦皇岛经济技术开发区；三是 2019 年自行开展的试点邢台市和唐山市。各试点地区积极开展工作，进行了一系列制度设计，现就主要政策规定比较分析如下。

（一）参保范围

各试点地区参保范围分为两种类型：一是承德市、秦皇岛市参保范围为城镇职工基本医疗保险参保人；二是石家庄市、邢台市、唐山市参保范围为城镇职工和城乡居民基本医疗保险参保人。从调研情况看，人民群众对长期护理保险是渴望和欢迎的。从制度公平性和群众需求考虑，将参保范围拓展到城乡居民，有利于体现社会保险的公平性，有利于助力乡村振兴、实现共同富裕。

（二）保障范围

各试点地区保障范围分为三种类型：一是石家庄市、承德市、唐山市保障范围为重度失能人员；二是邢台市保障范围为中度、重度失能人员；三是秦皇岛市保障范围为中度、重度失能和失智人员。调研中发现，在目前保障范围内，承德市基金使用率 22%、石家庄市 46%、邢台市 56%、唐山市 61%、秦皇岛市 2%。邢台市虽保障了中度失能人员，但并未造成较大的基金压力。因此，各地应根据发展实际，逐步将中度失能和失智人员纳入保障范围，扩大制度红利覆盖面。

（三）资金筹集

资金筹集标准。筹集标准分为按比例和按定额两种形式。承德市按参保人员上年度工资总额的 0.2% 筹集；秦皇岛市按当年城镇职工基本医疗保险最低缴费基数的 0.2% 筹集；石家庄市参保职工每人每年筹资 100 元，城乡居民每人每年筹资 60 元；唐山市统一按每人每年筹资 70 元；邢台市统一按每人每年筹资 50 元。

资金筹集渠道。长期护理保险资金主要通过医保统筹基金划转、财政补助、单位缴费、个人缴费等渠道筹集。承德市采取单位和个人缴费两种渠道。石家庄市采取医保统筹基金划转、财政补助、个人缴费三种渠道。秦皇岛市资金来源于医保统筹基金划转。邢台市采取医保统筹基金划转、财政补助、个人缴费三种渠道。唐山市采取财政补助、单位缴费、个人缴费三种渠道。调研中发现，秦皇岛市筹资来源于医保统筹基金划转，石家庄市、邢台市筹资大部分来源于医保统筹基金划转，承德市和唐山市筹资与医保统筹基金划转脱钩，其中唐山市由单位、个人和财政负担。从长远来看，依赖于医保统筹基金划转的筹资方式，不利于长期护理保险制度健康、可持续发展，长期护理保险需进一步优化筹资结构，按照独立险种要求建立多渠道、动态筹资机制。

资金筹集标准和筹集渠道见表1。

表1 资金筹集标准和筹集渠道

试点市	筹集标准		筹集渠道			
			医保统筹基金划转	财政补助	单位缴费	个人缴费
承德	参保人员上年度工资总额的0.2%		—	—	参保人员上年度工资总额的0.1%(现阶段从城镇职工基本医疗保险单位缴费中划转)	参保人员上年度工资总额的0.1%(从医保个人账户中代扣代缴)
邢台	城镇职工	50元	35元	5元	—	10元
	城乡居民	50元	35元	10元	—	5元
石家庄	城镇职工	100元	60元	—	—	40元(从医保个人账户中划转)
	城乡居民	60元	30元	20元	—	10元
秦皇岛	当年城镇职工基本医疗保险最低缴费基数的0.2%		当年城镇职工基本医疗保险最低缴费基数的0.2%	—	—	—
唐山	城镇职工	70元	—	—	40元	30元(从医保个人账户中代扣代缴)
	城乡居民	70元	—	40元	—	30元

资料来源：笔者自制。

（四）失能评估

国家医保局办公室、民政部办公厅 2021 年联合印发了《长期护理失能等级评估标准（试行）》，承德市自 2021 年 11 月 1 日起、石家庄市自 2022 年 1 月 1 日起执行国家统一的失能等级评估标准，唐山市、秦皇岛市、邢台市目前仍执行本地自行制定的评估标准。调研中发现，评估标准的统一性影响待遇的均衡性和制度的公平性。未执行国家标准的试点地区，应充分认识统一规范长期护理失能等级评估工作的重要性，根据实际情况，按照国家要求对本地评估标准进行细化完善。

（五）护理服务模式和待遇标准

各地护理服务模式基本上分为医疗机构护理、养老机构护理和居家护理三个类型。待遇标准分为按床日支付和按定额支付两种类型。承德市采用三种护理服务模式，医疗机构和养老机构按床日以不同标准支付，居家护理按定额支付。石家庄市采用三种护理服务模式，均按床日区分不同标准支付。秦皇岛市只区分机构护理和居家护理两种模式，每种再区分重度和中度进行不同标准定额支付。邢台市采用三种护理服务模式，医疗机构和养老机构按床日以不同标准支付，居家护理按定额支付。唐山市采用三种护理服务模式，均按照不同标准定额支付。调研中发现，各地待遇标准均根据本地基金规模确定，虽有按床日和按定额支付两种类型，但待遇水平总体差别不大（见表2）。

表 2　护理服务模式和待遇标准

试点市	医疗机构护理	养老机构护理	居家护理
承德	一级 70 元/床日 二级及以上 80 元/床日	60 元/床日	居家基础护理 1200 元/月 居家补充护理 300 元/月
邢台	一级 70 元/床日 二级及以上 90 元/床日	50 元/床日	550 元/月
石家庄	60 元/床日	50 元/床日	40 元/床日
秦皇岛	重度失能 2502.78 元/月 中度失能 2085.65 元/月		重度失能 750.83 元/月 中度失能 625.70 元/月
唐山	2000 元/月	1500 元/月	1100 元/月至 1400 元/月

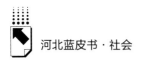

（六）基金管理

各地长期护理保险基金均按照社会保险基金有关管理制度和"以收定支、收支平衡、略有结余"的原则实行市级统筹，单独管理、专款专用、分账核算。石家庄、秦皇岛、邢台要求建立举报投诉、内部控制、欺诈防范等风险管理机制。承德、唐山要求财政、审计部门按照有关规定对长期护理保险基金管理情况进行监管和审计。调研中发现，有的试点地区存在失能人员身故未及时终止待遇的现象，有关部门应进一步加大基金监管力度，强化常态化、智能化监督，切实维护基金安全。

（七）经办管理

各试点地区基本上采取依托医保经办机构进行经办管理，委托有资质的保险公司具体承办的模式进行运营，具体操作方式有所不同。例如，石家庄市公开招标四家保险公司分别承办四个不同县（区）。承德市、邢台市分别公开招标四家保险公司，每个保险公司承办不同区域。唐山市成立唐山市长期护理保险服务中心并将其作为经办机构，经公开招标确定承保商保公司9家，实施"1+8"共保运营管理模式，由主承保公司负责运营长护险服务中心，并在县（市、区）建立分中心。秦皇岛市只有一个区试点，公开招标1家保险公司承办。调研中发现，各市均委托保险公司参与长期护理保险经办业务，符合国家倡导的引入社会力量参与长期护理保险经办的要求，但除秦皇岛市外，各地均公开招标了多家保险公司参与经办，对一个试点地区的待遇评定、服务机构遴选、护理人员上岗、经办平台建设等方面的一致性或工作协同性存在影响，应根据实践予以优化。

经过几年努力探索，各试点地区基本形成了适应本地发展实际的制度框架。一是探索建立了参保范围、筹资标准、保障范围、待遇标准等方面的政策体系。二是探索建立了护理需求认定和失能等级评估等标准体系。三是探索建立了长期护理服务机构和护理人员服务质量评价、协议管理和费用结算等制度。四是探索建立了长期护理保险管理服务规范和运行机制。总的来看，全域推开地区制度体系更为完整，对于今后长期护理保险制度全面建立更具有参考和借鉴意义。

二　试点实践情况

（一）实施成效

河北省开展试点以来，总体进展顺利，制度运行平稳。共 1639.61 万人参加了长期护理保险，约占全省总人口的 22%；长期护理保险基金累计收入 25.99 亿元，支出 13.23 亿元，基金使用率 50.9%，80902 人享受到长期护理保险待遇。社会各方对试点总体评价较高，制度的保障功能和社会影响较大。

一是贯彻落实党的二十大精神，推动习近平新时代中国特色社会主义思想在民生领域走深走实。五市试点工作的开展，是贯彻落实习近平新时代中国特色社会主义思想的具体实践，是党中央重大决策部署的具体落实，呼应了人民群众期盼，赢得了民心，充分证明长期护理保险制度是多层次社会保障体系的重要组成部分，是积极应对人口老龄化、促进经济社会发展的有力抓手，有利于促进民生改善与社会和谐安定。

二是提高失能人员生活质量，减轻了失能人员家庭负担。长期护理保险制度的实施，使更多的失能人员减少了往来医疗机构的不便和减轻了家庭陪护压力，得到了更专业、周到、细心的护理服务，提高了生活质量。护理费用经长期护理保险按比例报销后，个人只需承担费用的 1/3 左右。据统计，目前入住机构享受护理待遇的保障对象，年人均减轻经济负担 2.5 万元左右；享受居家护理服务的保障对象，年人均减轻经济负担 1.5 万元左右，有效减轻了失能人员家庭经济压力。

三是促进养老产业发展，拓宽了就业创业渠道。在长期护理保险制度试点地区，由于大幅减轻了失能人员护理费用负担，增加了入住机构的失能人员数量，定点护理服务机构的业务量明显上升，吸引了大量养老产业投资。

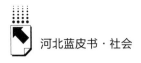

唐山市不仅吸引了本地大量医疗、养老及护理服务机构加入，而且吸引了上海市最大的三家养老服务机构、北京市两家全国大型连锁养老护理集团等来唐山市开展业务，促进了区域医疗、养老、护理产业快速发展。不断增长的失能人员护理需求，使得对护理人员、康复治疗师等的需求进一步加大，增加了更多就业机会。邢台市长期护理保险吸纳护理人员就业3000余人，承德市吸纳护理人员就业1800人，拓宽了就业创业渠道。

四是优化医疗资源配置，提高了医保基金使用效率。失能人员基本护理需求通过机构、居家护理服务得到满足，降低了失能人员住院率，有效缓解了失能人员长期占用医疗机构床位的问题，提升了医疗机构床位周转率，优化了医疗资源配置。同时，长期护理取代长期住院，享受长期护理保险群体的住院医疗支出总体呈下降趋势，有效控制了医疗费用的快速上涨，提高了医保基金使用效率。以巨鹿县为例，在核减长期护理保险支出部分后，2020年节约住院医保基金817.72万元，节约支出占比8.66%，2021年节约住院医保基金1058.76万元，节约支出占比10.69%。

五是补齐社会保障短板，有力维护了社会公平稳定。试点地区长期护理保险制度实施，保障了失能人员基本生活权益，让他们的生活更有质量，缓和了失能家庭焦虑情绪，促进了家庭和睦，提升了社会保障的公平度，有利于弘扬中国孝老爱亲传统文化美德，有利于增进人民福祉，有利于促进社会公平正义、和谐稳定。

（二）主要问题

虽然河北省长期护理保险制度试点工作取得阶段性成效，但在深入推进过程中，仍存在一些短板，需要研究补齐。

一是政策碎片化，制度整合需进一步加强。按照党中央部署，长期护理保险已成为我国五大社会保险之外的"第六大险种"。目前，河北省尚未制定出台统一、规范、科学、全面的指导意见或实施方案，试点市在参保范围、保障范围等方面的政策虽各具特色，但制度的公平性和保障的均衡性受到挑战。各地政策碎片化使今后"第六大险种"全面推开时的制度整合增加了难度。

二是保障覆盖面不足，制度公平性需进一步提升。五市中，唐山市、邢台市实现了区域人群全覆盖，承德市、秦皇岛市保障对象仅为城镇职工，石家庄市、秦皇岛市仅在部分县（市、区）进行试点。相对于城镇，农村地区养老产业基础薄弱，养老和医疗保障程度较低，失能人员的生活条件更差，人们对长期护理的需求更为强烈。参保人员限于城镇职工或部分地区，影响长期护理保险制度的公平性，应当统筹城乡、一体推进，将参保范围扩大到城乡居民，提升政策的普惠性和可及性。

三是筹资标准和渠道不统一，基金的可持续性需进一步强化。各地筹资标准不同，导致各地待遇标准不同，保障水平存在差别。除唐山市和承德市外，其他试点地区筹集资金主要从医保统筹基金中划转。从长远来看，一方面过度依赖医保基金，会使长期护理保险基金规模受限于医保基金承受能力；另一方面随着人口老龄化加剧和医疗费用不断上涨，医保基金支付压力不断增加，以医保统筹基金划转为主的长期护理保险筹资方式很难持续。长期护理保险需优化筹资结构，提高统筹层次，拓宽筹资渠道，整合各类补贴，进一步增强基金的可持续性。

四是服务供给不平衡，护理的质量和水平需进一步提高。各试点地区护理项目和护理标准政策不统一，造成各地参保人员享受的服务内容和待遇水平存在差别。从调研情况来看，大部分待遇享受人员选择居家护理服务，而各地提供居家护理服务的人员来源不同，唐山市、邢台市由定点护理机构的护理人员提供，护理水平相对稳定，承德市主要由培训合格的个体服务人员提供，石家庄市由参保患者家人、亲友提供，护理质量和水平参差不齐。同时，护理服务行业从业人员年龄普遍偏大，文化水平和专业化程度较低，队伍整体水平有待提升。

三　思考启示

长期护理保险制度之所以在各试点地区有序推行并得到政府部门、基层单位和人民群众的一致认可和拥护，最根本在于以习近平同志为核心的党中央做出的这一重大制度安排，顺应积极应对人口老龄化的时代发展需要，符合人民群众所盼所愿，是健全社会保障体系、实现共享改革发展成果的重大民生工程。必须认真总结经验，加强制度创新，加大工作力度，完善体系建设，以实实在在的工作成效，擦亮中国式现代化建设河北篇章民生底色。

（一）必须坚持以人民为中心的发展思想，及时有效回应人民群众关切

调研中，人民群众一致称赞长期护理保险是项好制度，享受待遇人员家庭纷纷感谢党的好政策。迁安一位重度失能患者的妻子流着泪说，"老伴失能这些年，感觉生活都没有希望了，护理人员的到来让我的家重新见了天日"。实践证明，想群众之所想，急群众之所急，不断解决好人民群众生活最迫切、反映最强烈的实际问题，就能得到他们的真心支持和拥护，也才能加快补齐中国式现代化建设中民生领域短板。我们要充分认识到长期护理保险制度就是解决失能群众"急难愁盼"和"最关心、最直接、最现实"利益问题的现实选择和制度安排，采取有力措施加快完善制度，在推进共同富裕进程中不断实现共同幸福。

（二）必须坚持共享发展理念，推动长期护理保险制度提质扩面

共享是建立长期护理保险制度、健全社会保障体系必须持之以恒贯彻的重要理念。从调研情况来看，长期护理保险制度基本上解决了保障范围内失能人员长期护理需求，满足了失能人员对幸福生活的希望，减轻了周围亲友的担忧和压力，体现了党和政府对人民群众的关爱帮扶，是让广大人民群众共享改革发展成果的有力制度保障。实践证明，只有深入贯彻新发展理念、增进民生福祉，才能有方向、有力度、有温度。建立长期护理保险制度要坚持人民至上，不断扩展长期护理保险制度的覆盖面；要坚持高质量发展，不断提高长期护理保险制度供给质量；要坚持共建共享，汇聚各方力量加快长期护理保险制度体系建设。

（三）必须坚持实事求是，既尽力而为又量力而行

各试点地区必须根据本地经济发展水平，经过测算和论证，探索建立并不断完善保障范围、监督管理等制度，推动长期护理保险制度试点工作稳步实施。实践证明，改革必须立足于发展实际，认真调查研究，坚持实事求是，才能推动经济社会快速健康发展。建立长期护理保险制度要坚持尽力而为、量力而行的原则，既要坚持实事求是、不能超越发展阶段，又要强调党和政府的责任担当和主动作为。要充分发挥主观能动性，立足本地实际，多角度、多渠道、多模式采取有力措施推动制度落实，努力让更多失能人员享受到便捷、公平、高质量的长期护理服务。

（四）必须坚持系统思维，形成积极应对人口老龄化的合力

积极应对人口老龄化是个系统工程，涉及设施、服务、人才、资金等多领域，与医保、卫健、民政、人社等多部门密切相关，必须整合各方资源，坚持多方协作，实现统筹发展。长期护理保险制度试点工作开展以来，河北省系统考虑医疗服务、养老服务、护理服务三维需求，积极探索、统筹推进，形成了"医养护"三位一体经验，取得良好社会效果。实践证明，医养护一体化是适合河北省省情、有效满足老年人养老需求的发展路径。建立长期护理保险制度，要依托好已建成的养老服务体系和医疗卫生体系，充分调动各方积极性，统筹协调设施供给、人才培养培训、资金筹集等相关领域，实现资源集约利用、体系融合发展，形成完善养老产业链和积极应对人口老龄化的合力。

四　对策建议

（一）加强调查研究，强化省级政策体系建设

发挥省级层面牵总作用，对各试点参保范围、筹资方式、失能评估、机

构准入、护理服务和运营管理等经验做法进行总结提炼、定量分析，形成省级规范的政策制度样本，推动共性问题解决，为提质扩面做好准备、奠定基础。省级政府适时组织召开经验交流会，总结交流试点地区实践成果和制度成果，协调推进相关工作，为尚未开展长期护理保险制度的地区做好政策、标准和方案等方面的储备。各市加强失能人员社会保障情况调研，精准开展相关测算和论证，完善政策规定，健全制度体系，逐步扩大保障范围，动态优化筹资结构和模式，不断提升服务供给质量。

（二）加强省级层面与国家部委的沟通协调，扩大试点范围

积极与有关国家部委沟通，扩大河北省长期护理保险制度试点范围。将全市推开、制度体系相对成熟、符合社会保险基本规律、取得良好社会效果、可持续性较强的试点，协助申请为国家试点，或争取将河北省确定为国家试点重点联系省份，强化全省失能人员社会保障，减少返贫家庭，巩固脱贫攻坚成果，推动该项工作成为落实"努力使京津冀成为中国式现代化建设先行区、示范区"部署的民生领域典型示范。

（三）强化大健康理念，推进医养护体系融合发展

整合医疗、养老、护理政策，依托已建成的养老服务体系和医疗卫生体系，加快推进长期护理保险制度。强化资源共享，支持将部分公立医疗机构转型为护理院、康复医院，鼓励大型或主要接收失能老年人的养老机构内部设置医疗卫生机构；支持社区养、护、康综合网点建设，促进长期护理保险制度依托医养资源，向深度广度延伸，推动医疗体系、养老体系、护理体系互通互促、融合发展。

（四）加强护理人才队伍建设，提升护理专业化水平

统筹养老护理和长期护理人才队伍建设，扶持护理服务机构规范化、高质量发展，优化养老服务供给。发挥立法职能作用，建立政策激励机制，提高护理人员待遇，畅通资格等级晋升渠道，完善保险福利，增强护理人员的

职业荣誉感，吸引更多劳动力进入护理服务领域。规范护理服务标准，完善培养培训机制，发挥医疗院校资源优势，强化护理人员培养培训，提升护理专业化水平，保障失能人员享有高质量长期护理保险待遇。

（五）强化数智赋能，推进长期护理保险科学高效运营

加强长期护理保险信息化建设，推动医疗卫生、养老服务等数据共享，完善医养结合信息管理系统，提升智慧医养服务平台建设层级和水平。强化智能信息化手段在失能等级评估、护理服务、运营管理等方面的应用，对长期护理保险护理方式、时间、内容和质量进行全方位无缝隙监管和智能化分析，以智慧化手段助力长期护理保险更好发挥作用。

（六）创新养老服务体系建设，推动"乐享河北"行动落地落实

深入贯彻落实习近平总书记在深入推进京津冀协同发展座谈会上的重要讲话精神，立足积极应对人口老龄化国家战略在河北落地落实，创新养老服务体系建设，加大财政投入力度，增加普惠养老服务供给，更好满足老年人日益增长的多层次、多样化养老服务需求。坚持政府主导与社会参与并行、设施建设与能力提升并重、事业进步与产业发展融合的原则，全面提升服务能力，丰富服务业态。探索"党建+社区+物业"养老服务模式，动员多方力量推动专业机构服务向社区、家庭延伸。加强京津冀对接合作，强化要素保障，加快形成环京协同养老示范带规模效应，确保环京养老服务项目接得住、留得住。

B.14
河北省乡村医疗资源配置
及服务能力提升研究

吕 娜 杨雨涵*

摘 要： 笔者在河北省 11 个地市进行了问卷调查，获得大量的一手资料。对近年来河北省乡村医疗卫生服务状况进行了客观总结。从河北省乡村医疗卫生服务能力偏低、医保存在一定问题、医疗卫生人员不足三方面进行了问题分析，并针对问题提出了优化河北省乡村医疗卫生服务的对策建议。

关键词： 乡村医疗 医疗资源 医疗卫生服务 居民医保 医疗卫生队伍

党的二十大报告提出，发展壮大医疗卫生队伍，把工作重点放在农村和社区。健全乡村医疗卫生体系和提升乡村医疗资源配置及服务能力，不仅有助于乡村基层群众福利水平的提升，还有助于乡村经济和社会的稳定协调发展。笔者在河北省 11 个地市进行了问卷调查，获得有效问卷 980 份，对部分卫生院、卫生所进行访谈，并召集相关人员举行座谈会，获得大量的一手资料，在此基础上，对河北省乡村医疗卫生服务的状况和存在的问题进行分析，指出河北省乡村医疗卫生体系完善措施，以及乡村医疗资源配置及服务能力提升的对策建议。

---

* 吕娜，河北省胸科医院组织人事处处长，高级经济师，研究方向为卫生事业管理、人力资源管理；杨雨涵，浙江工商大学公共管理学院学生，研究方向为公共卫生管理。

一　河北省乡村医疗卫生服务的现状

（一）以上率下推动乡村医疗卫生服务事业创新发展

2023 年 2 月，中共中央办公厅、国务院办公厅印发了《关于进一步深化改革促进乡村医疗卫生体系健康发展的意见》。河北省委、省政府高度重视、积极贯彻意见，以省政府办公厅名义印发《关于进一步深化改革促进乡村医疗卫生体系健康发展若干措施的通知》，从明确乡村医疗卫生机构医疗服务功能、优化乡村医疗卫生机构布局等 8 个方面制定 24 项措施，进一步加强河北省乡村医疗卫生体系建设。各级政府历来重视乡村医疗卫生服务工作，随着全民健康事业的不断发展，乡村医疗卫生服务事业也稳步推进，三级医疗卫生服务网持续强化，村级医疗卫生服务状况持续改善，农村居民的健康水平持续提高。

按照河北省委、省政府决策部署，推动乡村医疗卫生发展要以基层为重点，推动医疗重心下移、优质资源下沉，健全完善优质高效的乡村医疗卫生体系，持续不断提升乡村医疗卫生服务的能力，让农村居民同样享受到便捷的医疗卫生服务。

（二）河北省乡村医疗卫生服务的现状

1. 创新机制，乡村一体化管理水平不断提升

2019 年以来，河北省实施了乡镇卫生院对村卫生室人员、财务、业务、药械、准入退出、绩效考核、工资、组织、培训教育、奖惩"十统一"一体化管理，这是河北省率先推出的一项重大改革举措，走在了全国前列。截至 2023 年 10 月底，全省 1962 个乡镇卫生院将 4.8 万个村卫生室全部纳入"十统一"一体化管理，聘用乡村医生 6.3 万名。乡村医生在待遇方面，工资待遇报酬比照乡镇卫生院同类在职在编人员确定，薪酬待遇得到明显提升。乡镇卫生院与纳入"十统一"一体化管理的乡村医生

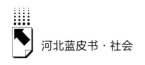

签订劳动合同，缴纳养老保险。

2. 提质扩面，乡村医疗卫生服务能力不断提升

河北省以优质服务基层行、社区医院建设为抓手，强化县域统筹，推动优质医疗资源下沉，乡村医疗卫生机构得到较好发展。积极争取财政资金，持续加大对基层医疗卫生机构的支持力度。2018 年以来，中央、省级财政共计投入 5 亿元左右用于支持村卫生室建设、乡镇卫生院设施设备更新，基层医疗卫生机构就医环境得到较大改善。各市也加大投入力度，其中唐山市实施基层医疗救治能力提升工程，承德市实施"上医工程"，均对当地基层医疗卫生机构硬件改善起到带动作用。强化县域统筹，大力提升基层医疗卫生体系综合服务能力。截至 2023 年，全省共计 1924 家基层医疗卫生机构达到"优质服务基层行"基本标准，119 家达到社区医院标准，服务能力不断提升。县域医共体共覆盖 1829 个乡镇卫生院和 82 个社区卫生服务中心，帮助基层开展新技术、新项目达到 122 个。

3. 人才培养，乡村医务人员力量不断增强

近年来，河北省多措并举，从培训、培养、引进、激励等方面精准发力，提升学历层次，优化人才结构。2018 年以来，委托河北医科大学乡村医师学院，采取"理论培训+医院实践"相结合的方式，连续五年实施基层人才能力提升培训项目，共计理论培训 32.8 万人次。持续开展乡村订单定向医学生免费培养项目，累计接收本、专科乡村订单定向免费医学生 3261人。同时，在全省全面推广承德经验，从乡村选拔本乡本土高中毕业生，进行两年半脱产培养，经考核合格后回到村卫生室服务，共培养后备村医1337 人。2019 年以来，共招聘大专以上医学专业毕业生 6247 人，2023 年实施了"大学生乡村医生专项计划"。

二　河北省乡村医疗卫生服务状况调查分析

本报告通过调查研究分析河北省乡村医疗卫生服务状况，发现其中存在服务能力偏低、资源分配不均衡、人员队伍不足等突出问题。

（一）乡村医疗卫生服务能力偏低的问题

乡村医疗卫生资源和医疗卫生服务不均衡问题比较突出。一些地方缺乏基层医疗卫生机构，导致居民需要远离居住地就医，增加了医疗卫生服务的不便。农村居民对医疗卫生服务的需求超过了目前的供给。由于乡村地区的医疗卫生资源有限，很多居民无法得到及时、质量好的医疗卫生服务，从而对医疗卫生服务的覆盖范围等表示不满（见表1）。

表1　您是否认为乡村医疗卫生服务覆盖范围、等级、医生数量和质量足够？

单位：人次，%

选项	小计	比例
足够	200	20.41
不足	680	69.39
不确定	100	10.20
本题有效填写人次	980	100.00

将近70%的农村居民认为医疗卫生服务的覆盖范围不足，此外医生数量和质量均有欠缺（见表2）。这反映出乡村地区医疗卫生资源相对不足，大部分居民面临医疗卫生服务不便的问题。医疗卫生资源包括医生、医疗设备和药品等。乡村地区医生人数可能较少，导致医疗卫生服务无法满足需求。

表2　如果您认为不足，请问哪方面存在问题？（多选）

单位：人次，%

选项	小计	比例
覆盖范围	460	67.65
等级	480	70.59
医生数量	400	58.82
医生质量	510	75.00
其他	20	2.94
本题有效填写人次	680	100.00

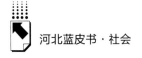

（二）河北省乡村医疗保险在实施过程中存在问题

医疗保险费用上涨，部分居民缴纳医保的意愿并不强。一是医疗保险每年费用上涨（2016~2024年，个人缴费标准由每年150元提高到380元），若四口之家需要缴纳居民医保，每年需缴费千元以上，家庭负担较重。二是风险意识不强，未参保居民身体健康，认为用不到医保报销，没有参加的必要，但实际上，发生重大疾病时，个人远远不能承担医疗费用。

从调查结果中可以发现，农村居民大部分购买了医保（见表3），但在访谈中发现他们的实际购买意愿并不强。在抖音、微博等新媒体上，农村居民中出现了很多不愿意缴纳医保的声音。虽然农村居民普遍认识到自身健康面临各种潜在风险，但医保政策执行中存在一些问题，导致农村居民对医保顾虑重重。

表3　您是否购买了医保？

单位：人次，%

选项	小计	比例
是	820	83.67
否	140	14.29
不确定	20	2.04
本题有效填写人次	980	100.00

农村居民没有购买医保的原因主要是费用过高或者对政策不了解。农村居民普遍面临经济压力，很多人认为医保费用过高，无法承担。另外，乡村地区的医保政策宣传可能不够充分，导致很多居民对政策不了解。政府和保险机构需要加强对农村居民的政策宣传和解释，提高他们对医保的认知程度。对于医保费用、覆盖范围、保障水平、服务质量等方面，大部分农村居民希望能进行改善。

调查结果反映了农村居民对乡村医保的期望和需求，超过60%的人认为应该降低医保费用，超过70%的人认为应该扩大医疗卫生服务覆盖范围、提高保障水平和优化医疗卫生服务质量（见表4），意味着他们希望医保能够更好地满足自身的医疗需求。

表4 您认为医保制度如何改革，以更好地满足居民医疗需求？（多选）

单位：人次，%

选项	小计	比例
降低医保费用	600	61.22
扩大医疗卫生服务覆盖范围	750	76.53
提高保障水平	760	77.55
优化医疗卫生服务质量	760	77.55
其他	20	2.04
本题有效填写人次	980	100.00

（三）乡村医疗卫生人员数量与质量存在问题

目前河北省乡村医疗卫生人员数量比较匮乏，与每千常住人口医疗卫生人员数量超过3.5人的目标还存在相当大的差距，乡村医疗卫生人员数量与服务人口数量比例严重失调。在国家实施定向培养等相关政策后，乡镇、村医疗卫生服务机构人员匮乏的问题有所改善，但村卫生室人员匮乏的这一问题没有得到根本改善。相关调查显示，大多数乡村医生的年龄已经超过60岁，随着这些乡村医生的退休，村卫生室将面临无人接班的困境。

调查结果显示，超过半数的乡村医疗卫生人员是乡村医生。专科医生和临床护理医生分别占10.20%和20.41%（见表5），表明乡村医疗卫生队伍建设需要大量的专业性人才。

表5 您所在的乡村医疗卫生人员的工作性质是什么？

单位：人次，%

选项	小计	比例
专科医生	100	10.20
临床护理医生	200	20.41
乡村医生	610	62.24

续表

选项	小计	比例
其他	70	7.14
本题有效填写人次	980	100.00

　　调查结果显示，有 450 人表示自己身边的社区卫生服务站可以满足患者需要或者能满足患者一般需要，占 45.91%；有 500 人表示自己身边的社区卫生服务站医疗水平一般，只能满足患者部分需要；有 30 人表示自己身边的社区卫生服务站的医疗水平落后，无法满足患者需要（见表 6）。由此可知，乡村现有的医疗水平仍有待提升。

表 6　您认为您身边的社区卫生服务站现有的医疗水平如何？

单位：人次，%

选项	小计	比例
很好,可以满足患者需要	120	12.24
较好,能满足患者一般需要	330	33.67
只能满足患者部分需要	500	51.02
落后,无法满足患者需要	30	3.06
本题有效填写人次	980	100.00

三　优化河北省乡村医疗卫生服务的对策建议

　　探索均衡化发展路径，进一步优化医疗资源配置，不断提升河北省乡村医疗卫生服务能力和服务水平，构建更加科学合理的医疗卫生服务格局。

（一）不断加强乡村健康卫生知识的普及教育宣传

　　以预防为医疗制度和政策制定的主要引领点，由以"事后医保兜底报销"为重点向"以预防为中心、侧重健康宣传和健康促进"转变，从源头上提升人民群众的健康意识。开展乡村健康教育活动，引导农民逐步形成健康的生活习惯。通过送医下乡等活动方式为乡村老年群体提供健康服务，做好健康在基层的宣传工作。各地方政府应广泛宣传健康知识和惠民政策，在当地电视台、广播电台开设"健康与卫生"栏目，还可以通过利用乡村微信群等新媒体、标语口号等，将健康宣传融入乡村生活。针对乡村老年群体的健康隐患，从每日三餐等生活习惯入手，精准对接乡村老年群体的健康需求，逐步植入"无病预防、有病早治、合理用药"等健康理念。在乡镇卫生院和村卫生室设立健康卫生知识问询点，配备体重秤、血压计、宣传资料架等设施。通过各种形式的健康教育活动，提高农村居民的健康卫生意识，使之自觉养成科学的生活方式和健康的行为。

（二）推动优质医疗资源下沉

健全完善乡村医疗卫生体系，进一步提升县级医院、乡镇卫生院、村卫生室三级医疗卫生体系的标准化水平。以农村居民的健康需求为导向，优化乡村医疗资源的配置，提升乡村医疗卫生的持续发展能力和服务能力，提高乡村健康卫生服务的保障水平。各级政府力争财政专项资金，同时要不断加大本级财政的投入和支持力度，对县级医院、乡镇卫生院、村卫生室进行系统建设。依托签约医生服务团队大力开展巡回诊疗、义诊送健康服务，推进优质医疗资源向边远、卫生资源匮乏的乡村下沉，逐步形成稳定的常态化工作制度和机制，让农民群众不出村也能享受到优质医疗服务，使基层人民群众远离疾病，少得病，或者得病后能够得到及时治疗。同时还要利用乡村中医技术简便的特点和中医药认可度高的特点，建设乡村两级中医药"名科、名医、名药、名术"基层工作室，提升基层中医药服务能力。

（三）不断完善医保制度

加大医保政策宣传力度，利用微信公众号、村广播等渠道，通过制作宣传短片，讲清参保人可以享受的各项医保待遇，讲清未参保可能导致因病致贫、生活质量下降等严重危害，宣传活动进乡村、进社区、进校园、进企业、进商圈。根据不同地区的医疗费用水平，适度提高医保的报销额度，逐步提高报销比例，减轻患者的经济负担。优化医保报销流程，采用信息化手段提高报销效率，减少农民的办理时间和烦琐手续。建立医保欺诈行为监测机制，加强数据分析和风险评估，及时发现和打击医保欺诈行为。

（四）加强乡村医疗卫生队伍建设

拓宽人才引进渠道，乡村医护人员数量远远低于实际人口需求量，人才短缺是一项亟须解决的问题。要重视对医护人员的培养，加强各高校医学教育布局，研究生扩招名额向医学卫生领域继续倾斜。要加大引进力度，乡村医疗卫生机构要适当调整乡村医生护士准入门槛，扩大资格证书考取人员类别范围，打破医生身份束缚，帮助"赤脚医生"等无证从业人员向规范化专业人员转变。还要提高医护人员待遇水平，提高乡村地区医护人员工资待遇水平，乡村基本医护工作者工资普遍偏低，因此要加大工资补贴力度，缩小和城市地区医护工作者的工资差距。深化医疗卫生专业职称评选制度，放宽乡村地区医护工作者评选职称的年限，评选奖项时优先考虑劳动强度高的乡村医护人员，努力打造公平公正的就业环境和合理的晋升通道，保障城乡医护人员充分流动。

（五）探索建立"大数据+慢性病管理"新模式

充分利用县级医院大数据中心平台优势，再造医疗服务流程，搭建县乡村一体化医疗卫生服务网络，明确县域内公立医疗机构的功能定位、服务能力，通过信息化手段进行监管，引导群众有序就医，充分落实分级诊疗制度，逐步实现县域内医疗服务同质化、公共卫生服务均等化等目标。加快建立完善农户健康信息库和电子档案，实现农村居民在慢性病门问诊、体检及开药等诊疗过程中健康信息的采集和完善，形成一体化、动态的基层慢性病管理诊疗数据库。各地各级政府要综合考虑基本医疗保障和地方经济水平、农村居民的承受力等多重因素，探索"互联网+医疗"新模式。逐步畅通各级医疗机构的数据共享渠道，让乡村患病人群的健康数据在不同地区、不同层级医疗机构之间共享、互通，促进"大数据+慢性病管理"落地，实现慢性病系统化、数字化、规范化管理。一方面，通过互联网实现"一个平台、结果共享、信息共享"，逐步实现对医药费用的强力控制，进一步降低医用耗材的费用，有效控制不合理医疗费用的发生。构建病历大数据库，打通医疗卫生数据资源的共享渠道，实现检查检验结果、医学影像、用药记录等数据信息在各医疗机构之间的共建共享。另一方面，积极推进远程视频会诊、手术示教指导、影像诊断、远程监护等远程医疗服务，让农村居民在家门口就能得到城市便捷优质的医疗卫生服务。

参考文献

汪恭礼：《农村因病致贫与精准扶贫研究》，《财政科学》2018 年第 2 期。

王岚：《我省加快推动优质医疗资源下沉》，《河北经济日报》2023 年 11 月 15 日。

郭祥倩：《健全适应乡村特点、优质高效的乡村医疗卫生体系》，《中国家庭报》2023 年 3 月 6 日。

《关于进一步深化改革促进乡村医疗卫生体系健康发展的意见》，《中国实用乡村医生杂志》2023 年第 5 期。

陈强：《农村医疗卫生人才建设问题及对策探究》，《中国农村卫生》2021 年第 20 期。

B.15
促进河北省大学生高质量就业的
现状、困境与路径

——基于河北省 18 所高校的 503 名毕业生的调查

刘遵峰　后明强*

摘　要： 习近平总书记在党的十九大报告中指出，"就业是最大的民生"，解决好就业问题才能实现社会的长治久安，才能实现劳动者安居乐业。十八大以来，习近平总书记在与大学生的书信互动中多次提到就业相关问题，大学生作为青年的主力军，是就业的重要群体，是实现国家经济发展和社会进步的重要保障。理清思路，才能找到原因，深刻分析河北省高校毕业生就业现状、困境，并提出推动高质量就业的相应路径，对推动河北省高校人才高质量发展、内涵式转化，保障全省经济社会体系健康稳定发展意义重大。

关键词： 大学生　高质量就业　河北省

一　引言

随着我国高等教育的发展，高校毕业生人数不断攀升，大学生就业形势日益严峻，大学生就业问题已成为社会关注的热点。一方面，大学生就业市场竞争激烈，岗位需求不足，就业率逐年下降；另一方面，大学生就业质量不高，存在就业不稳定、工资待遇低、职业发展受限等问题。研究如何促进

---

* 刘遵峰，博士，燕山大学马克思主义学院教授、硕士生导师，研究方向为思想政治教育；后明强，燕山大学马克思主义学院硕士研究生，研究方向为思想政治教育。

高校大学生高质量就业，具有重要的现实意义和应用价值。

为深入了解大学生就业的现状，探讨如何提高大学生就业质量，笔者以河北省 18 所高校的 503 名毕业生为研究对象，以问卷调查和访谈的方式，从多个维度对大学生就业情况进行分析。通过对大学生就业市场、企业需求、大学生就业能力等方面的调研和分析，深入探讨大学生高质量就业的关键因素和有效途径，提出促进大学生高质量就业的政策建议。本报告旨在揭示大学生就业的现状和问题，并提出有针对性的政策建议，以促进大学生实现高质量就业，为国家的经济社会发展贡献更多的优秀人才。

二 大学生高质量就业的理论内涵与价值导向

（一）高质量就业的理论内涵

大学生高质量就业的理论基础主要为人力资本理论、职业发展理论和就业市场理论。人力资本理论认为，教育投资是人力资本的一种形式，能够提高个体的劳动生产率和就业竞争力；职业发展理论强调，个人在职业发展过程中需要不断积累和更新知识、技能和经验，以适应职业发展的需求；就业市场理论认为，就业市场的供需关系和机制对个体就业具有决定性作用。

大学生高质量就业是指在充分就业的基础上，大学生能够根据自己的兴趣和专业特长找到合适的工作岗位，实现个人价值和社会价值的最大化。高质量就业不仅包括就业率、就业岗位的稳定性、薪酬待遇等方面，还涵盖了职业发展前景、工作满意度、个人成长等多个维度。高质量就业要求充分尊重大学生的个性化差异，为每个大学生提供适合自己的发展机会，同时要求大学生能够找到与自己专业相关的工作，充分发挥专业优势；要求大学生具有良好的职业发展前景，能够在职业生涯中不断成长和进步；要求大学生能够为国家和社会做出积极贡献，实现个人价值与社会价值的统一。

（二）高质量就业的价值导向

大学教育的根本目的是培养具有专业知识和技能，具备创新思维和批判

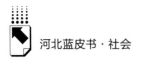

性思考能力的人才。这类人才在高质量就业中能够充分利用其专业技能和人文素养，为社会发展做出积极贡献。

首先，高质量就业有助于大学生实现自我价值和人生目标。通过找到合适的工作岗位，大学生能够充分利用自己的专业特长和兴趣爱好，实现个人潜能的最大化。此外，高质量就业还能够提高大学生的生活质量和社会地位，增强个人的自尊心和自信心。大学生高质量就业对于个人发展也具有重要意义。高质量就业可以提供稳定的收入，使大学生能够实现自我价值，提高生活质量，从而增强对社会的归属感和满足感，有利于他们的成长和发展。

其次，高质量就业是评价高校教育质量和人才培养成效的重要指标。高校通过提高毕业生的就业质量和满意度，提高社会声誉和吸引力，吸引更多优质生源。此外，高质量就业还能够促进高校教育教学改革和专业设置调整，提高人才培养的针对性和实用性。

最后，大学生高质量就业对于经济社会的发展具有重要作用。大学生是知识经济时代的主要生力军，他们的就业质量直接影响到经济社会的稳定和发展。一个国家的竞争力在很大程度上取决于其人力资源的质量，而大学生的就业质量是衡量人力资源质量的重要指标。高质量就业是推动国家经济社会发展的重要支撑。此外，高质量就业还能够缓解社会就业压力，促进社会和谐稳定。

三　大学生就业现状与困境

大学生就业问题涉及高等教育体制改革、经济结构调整、劳动力市场建设等一系列重大问题，关系到我国现代化建设全局。据统计，2019年河北省高校毕业生达 38.80 万人，2022 年河北省高校毕业生达 48.81万人，同 2019 年相比增长 10.01 万人，占全年全省城镇新增就业人数的54.42%。2023 年河北省高校毕业生达 55 万人，创历史新高，毕业生人数持续增长。2023 年以来，从国家到地方，鼓励青年特别是高校毕业生就业的各项政策不断出台。2023 年 3 月，人力资源和社会保障部发布《关于开展 2023 年高校毕业生等青年就业创业推进计划的通知》；5 月，河北省人社厅印发《河北开展 2023 年高校毕业生等青年就业创业推进计划》。这为促进高校毕业生实现高质量充分就业提供了政策保障。然而，由于种种原因，就业形势并不乐观。为深入了解高校毕业生就业难的现状和政策落实情况，通过初期样本筛选、分类抽样和实地走访，笔者对河北省 18 所高校共计 503 名毕业生进行了实际调查，经过问卷访谈和样本分析后发现，河北省在解决高校毕业生就业问题中还存在三项亟待关注的问题。

（一）供需关系失衡：教育资源与就业市场需求不匹配

基于市场经济的就业制度在不断调整变化，在当前已经形成了以市场为导向，政府、学校双重推荐，用人单位、毕业生双向选择的新型高校就业体制。教育资源的"稳定"与就业市场需求的"不稳定"之间的矛盾是造成河北省高校毕业生就业质量差的内在矛盾。

随着高校招生数量的快速增多，高校毕业生的就业形势日益严峻，全球经济停滞不前，高校毕业生就业难、就业质量差等问题愈加凸显。这些问题产生，既有外部冲击下的周期性因素，也有供需不匹配的结构性因素。调查结果显示，77.3% 的应届高校毕业生认为"当前就业形势严峻"；50.7% 认为"专业与自己期望的工作不对口"；51.9% 预期工作岗位为行政事业单位人员。专业相关度是大学生就业的核心竞争力，能够反映高校专业培养目标的达成度。然而有限的专业并不能完全对应相关职业，高校人才培养与市场人才需求存在一定程度的错位，根本原因是产业结构与就业结构错位，产业发展布局未能促进就业规模扩大和就业结构合理化。很多大学毕业生就业后所从事的工作与大学所学专业并没有直接关联，毕业后找不到合适的工作，在一定程度上打击了学生报考、学习相关专业的积极性，影响学生职业生涯规划，也影响学生社会声誉。

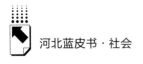
（二）就业稳定性差：大学生职业规划与就业指导不扎实

就业是关系到每个人的生计问题，也是影响整个社会稳定的重要因素之一。就业稳定性差是造成毕业生就业质量不高的原因之一。经济波动所带来的就业不稳定性让很多大学生盲目地选择了"先就业后择业"，在职业适应期出现频繁跳槽现象，而且调查数据显示，"跳槽越多，收入越低"。造成这种不稳定的就业状况的原因是就业质量不佳。业内人士认为，当工作与个人追求不符时，个人就业后就会出现就业满意度低、跳槽频繁等问题，影响了毕业生就业的稳定性。

调查结果显示，60.2%的应届高校毕业生接受过学校组织的职业规划课程学习，4.2%参加过政府组织的公益培训或社会培训班，35.6%未参加过职业规划培训；57.3%不了解当前高校毕业生就业利好政策，34.4%虽对当前高校毕业生就业利好政策略知一二，但并不认为其为自身带来实际益处。访谈发现，虽然政府制定了相关就业扶持政策，但推广与宣传力度不够，诸多青年人对政策方针知晓度低，访谈对象表示政策虽多，但落实到每个人身上优惠甚微。近四成高校毕业生不了解相关的就业政策或不认为就业政策能为自身带来实际益处。学校开设的职业规划课程虽是必修课，但存在四方面问题：师资缺乏专业素养，以辅导员和就业指导老师为主体；课程设置以理论为主，多限于自我认知、就业情况、政策解读、求职技巧等内容，针对性不足，没有考虑到不同专业、不同条件、不同类型、不同发展需求的学生之间的差异，个性化设置不足；课堂讲授形式单一枯燥，学生上课存在一些敷衍应付的心态；课程评价系统较为单一，评价内容以理论学习为主，评价形式以总结性评价为主，忽视了实践中的过程性干预指导与阶段性评价。

（三）"慢就业"现象普遍化：岗位信息与毕业生需求信息结构不对称

与岗位和就业扶持政策存在的"信息不对称"影响了应届高校毕业生

就业的质效。由于"信息不对称"等部分原因，大学毕业生普遍就业信心低迷，低自我效能感与低物质主义取向，致使"慢就业"现象普遍化。"慢就业"是指部分毕业生在寻求就业岗位时，选择通过考公、考研等形式逃避就业。"有业不就""慢就业""懒就业"等现象大量存在，很多毕业生热衷于考公和考研，虽然录取率较低，但仍然乐此不疲。

据调查，近70%的高校毕业生对当前就业形势持悲观态度，大部分偏好于继续考研深造或选择公务员、事业编等稳定职业，存在"高不成、低不就"的情况。在访谈中，多数受访者表达了"求职难"的看法。一些用人单位往往不及时发布招聘信息或者发布信息不够全面，这使得高校毕业生无法及时了解就业市场的情况。一些高校毕业生不了解相关的就业扶持政策，缺乏及时、准确的就业信息获取渠道，难以了解用人单位的需求和招聘要求。在此背景下，"铁饭碗"又重新回到了大众的视野。加之河北省整体上大型企业相对较少，导致河北高校毕业生更青睐"体制内"工作。但目前无论是公务员还是事业编都很难应对如此大量的"就业潮"，造成了千军万马过独木桥的"内卷"现象。以上诸种"信息不对称"的现象影响了应届高校毕业生就业的质效。

四　促进大学生高质量就业的路径探索

（一）拓宽渠道：拓宽毕业生服务基层渠道，树立正确就业观念

学校相关部门需要实施好利用好"特岗计划""三支一扶""西部计划""城乡社区专项计划"等基层项目，拓宽毕业生服务基层渠道，鼓励学生服务基层、服务西部，扩大"特岗计划""三支一扶""西部计划"等的招录规模，大规模进行城乡社区、基层医疗等政策性岗位扩招；注重引导高校毕业生坚持自信自立，坚持从实际出发，在平凡的工作中不断积累经验，在日常的实践中不断提升能力，更好地绽放青春的光彩；高校毕业生要转变择业就业观念，找准自身定位、调整就业预期，主动学习新技术新技能，积

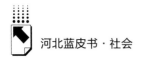

极参加见习实训，让自己和企业通过见习实训双向发现、双向选择，要主动拥抱市场变化，在新经济新业态中建功立业，在更好满足社会需要的同时，实现就业创业的"更多可能"。

就业观念是就业行动的先导，正确的就业观念指引青年走好就业路。正如习近平总书记所指出的那样："幸福生活是靠劳动创造的，大家要保持平实之心，客观看待个人条件和社会需求，从实际出发选择职业和工作岗位，热爱劳动，脚踏实地，在实践中一步步成长起来。"① 而当前部分应届高校毕业生宁愿选择拥挤的"考公之路"，也不愿进入企业，解决眼前的温饱。尽管国家机关、事业单位能够吸纳一定量的大学生就业，但毕竟所占比重不大，就业容量最大的还是企业。因此，应加大对各行业的扶持和相应的财政补贴力度，使企业可以提供更优渥的待遇和更充分的保障去吸引大学生应聘；要高度关注大学生职业规划需求和心理辅导，选聘有经验的教师开设职业规划与就业指导课程；建设专业的心理咨询队伍，对于由就业不顺利导致大学生的自信心受挫、心理压力等问题，要及时有效地进行疏导，由就业问题导致心理疾病的大学毕业生越来越多，问题也越来越严重，是一个不容忽视的问题。

（二）搭建平台：全面开展基础设施建设布局，推进公共就业服务"进校园"

做好顶层统筹规划，发挥省职业技能公共实训基地综合性、基础性作用。通过合理布局，统筹考虑各地市区域经济发展支柱产业，在市县建立适应本地经济、产业发展所需的人才公共实训基地，搭建省市县三级综合性公共实训一体化平台。积极落实国家职业培训相关政策，积极争取当地政府的财政配套资金支持，出台相关扶持补贴政策，增强重点人群参加职业培训的积极性，提升公共实训基地造血能力。扩大对技能培训的补贴范围，减轻重

---

① 《学习语｜美好生活靠劳动创造》，中国青年网，2023 年 4 月 28 日，https：//t. m. youth. cn/transfer/index/url/news. youth. cn/sz/202304/t20230428_ 14487184. htm。

点群体参加技能培训的经济压力，鼓励其学得一技之长，为长期稳定高质量就业做好准备。还要加大对高校在校生职业资格证书培训的支持力度。做好在校大学生的职业技能培训，推行"学历证书+职业技能等级证书"的培养模式，提高大学生培养质量、就业本领。持续开展各类就业创业培训项目，吸纳更多高校毕业生参加培训并给予相应补贴，如职业培训补贴、职业技能鉴定补贴、创业补贴等。

政府积极为毕业生搭建招聘求职平台，着力解决就业创业"信息不对称"问题，帮助大学生更好地抓住就业机会，顺利就业。河北省人社厅发布《关于上线"高校毕业生就业服务平台"的实施方案》，搭建全省统一、多方联动的线上高校毕业生就业服务平台，促进高校毕业生和用人单位高效对接。今后，河北省将实施"职引未来"系列招聘行动，各地要以"职引未来"为主题，开展百日千万网络招聘专项行动、人力资源市场高校毕业生就业服务周等招聘活动，通过入企拓岗、机构募岗、部门聚岗等方式，集中收集一批匹配高校毕业生学历层次、技能水平的岗位信息，通过线上公开发布、线下组织招聘等方式，广泛向高校毕业生提供，搭建用人单位与高校毕业生精准对接平台。同时，进一步推进公共就业服务"进校园"，通过就业指导、招聘对接、创业服务、职业培训、困难帮扶、政策宣传等，为校园招聘提供更多便利，帮助毕业生提升就业能力。此外，"信息不对称"是应届高校毕业生"就业难"的关键束缚，要以青年人喜闻乐见的抖音、微信、微博等渠道，以图文结合、短视频的方式进行宣传。发挥主体性作用，充分运用好应届高校毕业生的主体宣传作用，培育青年主动自发"知政策""懂政策""用政策"，为青年营造良好就业氛围。

（三）优化手续：完善就业政策落实制度与组织保障

应届高校毕业生就业，是一项"系统性工程"，涉及人社、财政、民政、教育、乡村振兴、科技等部门，需要各部门之间加强协同联动以形成政策合力，建构完善政府、高校、企业三位一体的就业扶持机制，充分保障青年高质量就业。《国务院办公厅关于进一步做好高校毕业生等青年就业创业工作的通知》明确，从 2023 年起，不再发放"全国普通高等学校本专科毕业生就业报到证"和"全国毕业研究生就业报到证"，取消就业报到证补办、改派手续，不再将就业报到证作为办理高校毕业生招聘录用、落户、档案接收转递等手续的必需材料，要求各地制定落实取消就业报到证的工作方案。河北省要积极响应，深入开展 2023 年高校毕业生等青年就业创业推进计划，加快落实就业报到证取消后衔接工作安排，强化信息共享和支撑，简化优化落户、档案接收转递、报到入职等手续。完善"联动培养、资源共享"的贯通式就业促进机制，将就业工作与地方服务、"产学研用"、国际合作、实习实践等有效衔接，充分调动发挥校友在毕业生就业和职业发展中的帮扶引领作用，加快打造"就业共同体"。高度关注高校毕业生就业保障工作。就业、社保联合发力，将社保补贴、一次性吸纳就业补贴和一次性扩岗补助三项政策"打包"送到企业手中，鼓励企业吸纳高校毕业生就业。弃糟粕、取精华，经过实践检验的优秀成果，要持续性推广，并在全省范围内迅速复制，以程序化组织保障为毕业生就业保驾护航。

五　结语

就业是最大的民生，新时代大学生"慢就业"凸显了年青一代高校毕业生的特点和就业诉求。大学生高质量就业是国家经济结构调整、社会文化转型等客观因素与大学生自我意识觉醒等主观原因综合作用的内生动力，既反映了宏观形势和微观环境对高校毕业生就业的影响，也暴露了当下高校教育发展中出现的问题。大学生高质量就业是关乎国家发展和社会稳定的重大课题。面对全省大学生就业现状及困境，本报告从理论内涵、原因分析、路径探索等角度深刻剖析，旨在为我国大学生高质量就业提供有益借鉴和启示，提高高校毕业生就业质量，增进民生福祉，推动全体人民实现共同富裕。

参考文献

崔宇、范芹：《数字经济对高质量就业的双重影响及其实现路径》，《经济问题》2023 年第 9 期。

蔡乐才、徐斯雄、郭少飞：《新时代地方高校毕业生高质量就业的逻辑依据及创新理路》，《江苏高教》2023 年第 8 期。

岳昌君：《高质量充分就业的内涵与实现路径》，《人民论坛》2023 年第 14 期。

张亨明、尹小贝：《我国就业公共服务体系的实践困境与突破路径》，《东岳论丛》2023 年第 7 期。

杜剑、徐筱彧、杨杨：《高质量就业：理论探索与研究展望——基于财政政策与货币政策协同作用的研究背景》，《山西财经大学学报》2023 年第 8 期。

王培石：《推动高校毕业生工作高质量发展的探索》，《中国高等教育》2023 年第 12 期。

崔岩：《宏观因素多维共振背景下的就业结构变迁和就业质量分化研究》，《学海》2023 年第 3 期。

许涛：《共同富裕与高校大学生高质量就业：社会分层结构变迁的审视》，《黑龙江高教研究》2022 年第 12 期。

郭冉：《制度形塑：高质量就业结构的转向》，《学海》2022 年第 5 期。

欧阳润、程样国：《高质量就业引领四课联动课程思政：理论互动、价值导向、实践进路》，《南昌大学学报》（人文社会科学版）2022 年第 2 期。

B.16
河北省青年阅读状况
及2024年展望[*]

王凤丽^{**}

摘　要： 本报告引用国内外相关研究文献及最新数据，梳理阅读（尤其是红色主题阅读）在青年成长过程中的重要意义，通过翔实的数据指出河北青年阅读现状，总结已取得的成绩并指出现存的问题和不足，并就今后改进相关问题、更好地推动青年阅读、促进青年全面成长等工作提出若干建议。这些建议包括：要持续发挥共青团在青年主题阅读中的引导和组织作用；要创新主题阅读，培养青年参与中国式现代化建设的能力。

关键词： 青年　阅读状况　主题读物　文化软实力

党的十八大以来，以习近平同志为核心的党中央站在确保党和人民事业薪火相传的战略高度，始终亲切关怀青年成长成才，并为新时代青年工作指明了前进方向，对青年的成长发展与文化传承提出了明确要求。在青年的成长发展与文化传承中，阅读无疑是非常重要的事项。

---

* 本报告系共青团河北省委青年研究重点课题"主题读物与河北青少年身心成长——青少年阅读现状研究"（课题编号：2022HBQN07）的研究成果。

** 王凤丽，博士，河北省社会科学院社会发展研究所副研究员，研究方向为文化社会学。

一 青年阅读的时代契机与重要意义

（一）习总书记高度重视青年的成长发展与文化传承，河北省积极响应

"明天的中国，希望寄予青年。"习近平总书记在2023年新年贺词中寄语青年："广大青年要厚植家国情怀、涵养进取品格，以奋斗姿态激扬青春，不负时代，不负华年。"① 习近平总书记对青年一代提出殷切希望，为当代青年的成长指引航向，让广大青年倍感振奋、信心满怀。2023年6月，习总书记在同团中央新一届领导班子成员集体谈话时强调：切实肩负起新时代新征程党赋予的使命任务，充分激发广大青年在中国式现代化建设中挺膺担当。② 习近平总书记就如何充分激发广大青年的使命担当，曾多次给出指引。2017年5月3日，习近平总书记在中国政法大学考察时指出："青年处于人生积累阶段，需要像海绵汲水一样汲取知识。广大青年抓学习，既要惜时如金、孜孜不倦，下一番心无旁骛、静谧自怡的功夫，又要突出主干、择其精要，努力做到又博又专、愈博愈专。特别是要克服浮躁之气，静下来多读经典，多知其所以然。"2018年5月2日，习近平总书记在北京大学师生座谈会上强调："我们是中华儿女，要了解中华民族历史，秉承中华文化基因，有民族自豪感和文化自信心。"2021年4月19日，习近平总书记在清华大学考察时对青年提出要求："自觉用中华优秀传统文化、革命文化、社会主义先进文化培根铸魂、启智润心，加强道德修养，明辨是非曲直，增强自我定力，矢志追求更有高度、更有境界、更有品位的人生。"③

---

① 《新年特稿丨希望寄予青年！以奋斗姿态激扬青春》，人民网，2023年1月1日，http：//politics.people.com.cn/n1/2023/0101/c1001-32597944.html。

② 《习近平在同团中央新一届领导班子成员集体谈话时强调 切实肩负起新时代新征程党赋予的使命任务 充分激发广大青年在中国式现代化建设中挺膺担当》，光明网，2023年6月26日，https：//m.gmw.cn/2023-06/26/content_36654784.htm。

③ 汪晓东、王洲：《让青春在奉献中焕发绚丽光彩——习近平总书记关于青年工作重要论述综述》，《人民日报》2021年5月4日。

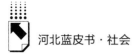

河北省高度关注全省青年阅读问题。2023 年 5 月，中国共产主义青年团河北省第十六次代表大会在石家庄召开，省委书记、省人大常委会主任倪岳峰出席开幕会并讲话，鼓励全省广大青年坚持以习近平总书记重要论述统一思想行动，忠诚捍卫"两个确立"，坚决做到"两个维护"，确保河北省党的青年工作政治方向正确，把这次大会开成牢记嘱托、感恩奋进，转变作风、求真务实，凝聚力量、团结奋斗的大会，更好把全省广大青年团结起来、组织起来、动员起来，在奋力谱写中国式现代化建设河北篇章的生动实践中建功立业、争做先锋。①

2023 年，全省各级共青团组织自觉坚持党的全面领导，深入开展学习贯彻习近平新时代中国特色社会主义思想主题教育，深入实施《中长期青年发展规划（2016—2025 年）》，推进青年友好型省份建设，着力营造"对青年更友好、让青年更有为"的良好环境。各级各部门和社会各界普遍关心青年成长、支持青年发展，鼓励青年阅读并通过阅读增长本领、放飞青春梦想、为中国式现代化做出更大的贡献。尤其是 2023 年 10 月习近平文化思想提出后，全省号召广大青年要更好地学习和贯彻落实习近平文化思想，加强阅读（尤其是红色主题阅读）是最主要的学习途径，并能为学习提供有力支持，有益于青年更好地参与新时代中国式现代化建设事业。

（二）以阅读促进青年全面成长，积极提升学术成就和文化意识

青年加强阅读、热爱学习，不仅仅是一项爱国行动，还是有益于自身成长的行为，阅读在青年的认知和发展过程中的积极作用十分明显，对学术成就的提升和社会文化能力等的发展，有着重要的贡献。

一是增强青年的认知和创造力。阅读在青年的认知发展中起着至关重要的作用。有学者依据中国国家调查数据库（CNSDA）2017 年中国网民社会意识调查数据进行统计分析，结果发现，越喜欢阅读政治经济社会问

---

① 《共青团河北省第十六次代表大会开幕　倪岳峰讲话》，河北新闻网，2023 年 5 月 29 日，https：//hebei.hebnews.cn/2023−05/29/content_ 9009797.htm。

题、科学技术、新锐前卫话题、诗歌散文以及与学科专业相关的内容的青年个体，具备较高水平创造力的概率越大。① 另有研究发现，阅读能增强青年大脑中与语言处理和理解有关的神经连接，尤其是经阅读而得到改进的神经连接，与提高青年的认知能力密切相关。

二是丰富语言和词汇。广泛阅读有助于词汇习得、语言流利度和语言能力提升。研究发现，通过接触多样的文本，年轻读者会遇到更广泛的词语和短语。② 而一项发表在《教育心理学杂志》上的研究也表明，在学校早期广泛阅读的学生在青年时将拥有更大的词汇量和更好的语言技能。③

三是指引取得学术成就。在年轻时进行广泛阅读会对学术表现产生积极影响。我国学者研究发现，青年群体的阅读倾向和行为，以及阅读能力的高低将直接决定着其创造力水平，影响着国家和民族的未来。④ 国外学者也有同样的发现，经常阅读的学生往往在各种学科上，包括数学和科学，表现出色。⑤ 而国际阅读素养进展研究（PIRLS）也显示，学生的阅读表现与他们在各种学科的整体学术成就之间存在强烈相关性。

四是培养同理心与社交技能。阅读文学，尤其是小说，能够使年轻人换位思考，遇到不同的观点，培养同理心和社交理解力。⑥ 在《科学》杂志上的一项研究中，Kidd 和 Castano 发现，文学（小说）通常涉及复杂的角色和情感，阅读文学（小说）的个体表现出更强的同理心和社交感知力。⑦

---

① 吴哲：《青年群体阅读倾向性对创造力的影响研究》，《中国出版》2020 年第 15 期。

② Cunningham, A. E., Stanovich, K. E., "The Impact of Print Exposure on Word Recognition," in Metsala, J. L., Ehri, L. C., eds., *Word Recognition in Beginning Literacy* (Lawrence Erlbaum Associates Publishers, 1998), pp. 235-262.

③ Biemiller, A., Boote, C., "An Effective Method for Building Meaning Vocabulary in Primary Grades," *Journal of Educational Psychology* 98, 1 (2006): 44-62.

④ 朱丹：《全民阅读现状分析与引导途径研究》，《图书馆学研究》2011 年第 2 期。

⑤ Stephen, D., "Krashen the Power of Reading: Insights from the Research," *Bloomsbury Academic* 1 (2004).

⑥ Raymond, A. Mar, Keith Oatley, etc., "Exploring the Link Between Reading Fiction and Empathy: Ruling out Individual Differences and Examining Outcomes," *Communications* 34 (2009): 407-428.

⑦ Kidd, D. C., Castano, E., "Reading Literary Fiction Improves Theory of Mind," *Science* 342, 6156 (2013): 377-380.

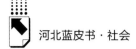

五是促进培养跨文化意识和全球理解。沉浸于各种文化作品中，能拓展年轻读者的文化视野，促进对多样性的包容和欣赏。比如，Smith 研究发现，年轻读者通过文学拓展文化视野，促进对多样性的欣赏，阅读对培养跨文化意识和全球理解具有重要性。① 而国际知名的学术数据库如 Google Scholar、JSTOR 和 SAGE 等，发表了大量此类主题的研究：Davis 研究了多元文化如何加强年轻读者的跨文化敏感性，以及如何培养一代更具包容性和全球意识的年轻人；② Johnson 探讨了如何在教育环境中利用文学阅读来促进全球理解；③ 而 Marianne Grasso 和 Patel 也各自通过案例分析，论证了多元文化如何帮助年轻读者构建全球视角，④ 发现阅读多元文学作品明显有益于培养年轻人的全球观念。⑤

（三）主题阅读在青年成长中发挥着重要作用

主题阅读，即红色主题阅读。主题读物被视为传承红色基因、弘扬革命精神以及塑造社会主义核心价值观的重要载体。近年来，随着党和政府强调维护社会主义核心价值观和加强意识形态教育，主题读物成为当年青年阅读的重要板块。主题阅读在青年成长中的作用主要有以下几方面。

一是激发青年继承优秀革命传统。主题读物通过描绘革命时期的英雄事迹、党的光辉历程，以及与爱国相关的优秀传统文化，有助于青年传承和弘扬中国的革命传统。通过了解红色主题作品，青年能够更深入地理解中国的社会历史和政治文化，激发青年一代更加热爱党和国家的历史，进而继承优秀革命传统。

---

① Smith，L.，"Cultural Awareness and Global Understanding Through Literature：A Case Study of Young Adult Readers," online resource, https：//www. sagepub. com/sites/default/files/upm - binaries/54139_ Chapter_ 12. pdf.

② Davis，J.，"The Impact of Diverse Literature on Young Readers' Global Awareness".

③ Johnson，M.，"Fostering Global Understanding Through Literature in the Classroom".

④ Marianne Grasso，"Schools Catalogue Information Service," Issue 96, 2016, https：//www. scisdata. com/connections/issue-96/the-importance-of-multicultural-literature.

⑤ Patel，A.，"The Role of Multicultural Literature in Shaping Young Readers' Global Perspectives".

二是促进青年的政治和思想教育。通过阅读红色主题读物，青年可以更加全面地了解党的奋斗历程和伟大成就，进一步增强对社会主义核心价值观的认同。青年通过阅读党的理论和领导思想，可以更好地理解中国的政治体系和价值观，培养对党和国家更深厚的感情，形成正确的政治意识，坚定为人民服务的宗旨意识，怀着更强的社会责任感参与社会事务，投身经济建设。

三是培养青年的文化自信和国际参与意识。通过阅读红色主题读物，青年可以更好地理解中华优秀传统文化的过去、现在和未来，能更好地理解并贯彻执行党和国家的各项大政方针，能有更坚定的文化自信和更主动的国际参与意识，在促进文明互鉴和提升国家文化软实力方面做出更大的贡献。

二 全省青年阅读现状：成效显著但仍存在问题

（一）全省青年读物的主要类型

一是按读物类型划分。结合我国出版管理部门通行的《中国图书馆分类法》，参考销售平台、阅读场馆等分类习惯，以及普通青年读者的阅读习惯，全省青年读物主要分为以下几类。红色主题类：红色主题读物通常包括党政文件、政治学习读本、小说、散文、传记、报告文学等形式。专业知识类：对青年学生来说，学习是主业，学校专业课程书本以及与专业学习相关的课外读物，是他们的必读书。工具书类：这一类读物以大型的辞典类较为常见。调研发现，青年非常重视对专业知识类及工具书类读物的阅读，普遍愿意支付费用购买原价实体书，而非寻找低价书甚至免费的电子书。休闲娱乐类：青年男性读者通常喜欢冒险、科幻、奇幻和成长题材，充满冒险性的小说，通常发生在古代或架空的历史时期，这包括我国本土科幻小说"三体"系列、引进版权的"冰与火之歌"系列、托尔金作品系列等；而青年女性读者更喜欢爱情、友情和校园题材，例如由"晋江文学网"及"香网"等网络文学转化而来的图书。值得注意的是，悬疑推理类是青年群体独特的阅读偏好，这类作品以侦探破案和犯罪情节为主题，激发读者思考和推理能力，目前此类读物既有本土的"法医秦明"等系列，也有从国外引进的阿加莎·克里斯蒂、东野圭吾等作品系列。

二是按阅读载体分类。全省青年的专业知识类、工具书类等读物，以付费的纸质图书为主，而对于休闲娱乐类的轻阅读，数字阅读往往比纸书阅读更受青年喜欢。数字阅读可以随时随地进行，通常还可以通过听广告、打卡等方式获得免费阅读机会。青年的数字阅读，又分为文本阅读、有声听书、视频阅读等，其中"微信读书"和"喜马拉雅"等对青年群体有广泛的吸引力。经过对当当云阅读、微信读书、喜马拉雅、掌阅等电子阅读平台的调研，在2023年度1~10月最受河北省青年欢迎的电子书榜单前三位是：《中国文化的开端》《费曼学习法》《国内悬疑推理名家》。

从调研看，无论哪一类型的读物，根据全省青年当前所喜爱的阅读内容，都可以看出他们热爱学习、追求上进、品位健康等精神风貌。

（二）全省青年阅读整体表现良好，主题阅读态度积极

全省青年普遍热爱阅读。根据"第二十次全国国民阅读调查"结果，该调查采用网络在线调查和电话调查方式，在165个城市进行样本采集，覆盖我国30个省、自治区、直辖市。此次调查的有效样本量为1481071个（包括121万个来自"学习强国"平台的问卷样本），其中18岁以下未成年人样本量占到总样本量的25.4%，城乡样本比例为4∶1。调查发现，从图书阅读率来看，2022年我国14~17岁未成年人图书阅读率为90.4%，较2021年的90.1%提高了0.3个百分点。从图书阅读量来看，2022年我国14~17岁未成年人课外图书的人均阅读量为13.15本，高于2021年的13.10本；而18岁及以上成年人组，2022年阅读量为4.78本。[①] 河北省14~17岁未成年人课外图书的人均阅读量为13.09本，18岁及以上成年人组，2022

[①] 《第二十次全国国民阅读调查成果》，中国全民阅读网，2023年4月23日，https://www.nationalreading.gov.cn/wzzt/dejqmyddhzq/cgfb/202304/t20230423_713063.html。说明：此次调查对未成年人分三个年龄段（0~8岁、9~13岁、14~17岁），分别采用了三套不同的问卷。

年阅读量为 4.76 本，与全国平均水平基本持平。

青年阅读红色主题读物的热情，在一定程度上受到全省主旋律的引导和鼓励。根据 2022 年 6 月 30 日发布的《2021 年度"书香中国"全民阅读品牌传播影响力大数据研究报告》，全省各级全民阅读品牌紧跟政策，对照中宣部 2021 年全民阅读工作总体要求开展全民阅读活动。进入综合传播影响力榜单的省级全民阅读品牌，都与建党百年主题紧密结合，使得主题阅读成为全年的热点。其中，在推进青年群体阅读建设方面，各地全民阅读品牌聚焦"双减"、推进"双升"，全面深入开展青年阅读工作，纷纷打造"书香校园""少年读书节""大学生读书节"等品牌活动，邀请青年喜爱的专家、学者、作家、主持人等走进学校，开展"大手拉小手"助力农村儿童阅读活动、"建党百年"阅读知识展等针对不同年龄段青年的阅读活动。值得一提的是，由河北省委宣传部、河北省教育厅、河北出版传媒集团有限责任公司联合主办，河北省新华书店有限责任公司承办的河北省青少年"阅·知·行"读书活动，吸引了全省 497 万名中小学生踊跃参与，共报送微视频作品 2 万余个。组委会运用互联网新媒体直播方式，开展云端展演活动，充分展示青少年读书活动成果，献礼中国共产党成立 100 周年。18 组优秀学生代表作品通过"冀时"客户端、河北新闻网、"河北省青少年读书实践活动"微信公众号、抖音、快手等平台进行了现场直播展示，在线观看人数突破 510 万人次。①

此外，全省各级宣传部门、共青团组织、文教部门等，还积极支持鼓励青年阅读红色主题读物，以加深青年对党的历史和社会主义核心价值观的了解。河北省以西柏坡为代表的红色景点多，且有全国影响力，此外影视剧的拉动也鼓励青年阅读，比如《野火春风斗古城》《平原枪声》《小兵张嘎》《董存瑞》《狼牙山五壮士》《地道战》等，这些作品具有很高的历史价值和思想深度，对于研究中国革命史、政治思想史等方面具有重

---

① 《河北省举办青少年"阅·知·行"读书活动》，中国作家网，2021 年 4 月 27 日，http://www.chinawriter.com.cn/n1/2021/0427/c404071-32089312.html。

要意义，一直是吸引历代青年的优秀作品。全省青年自发阅读这些红色主题读物，了解自己的家乡，了解可爱的河北，从而增进对家乡、对祖国的热爱。

（三）全省青年阅读也存在一些问题和不足

一是主观原因影响。一方面，河北省内环京津，青年人才流失多，而青年学生由于学业压力、竞争压力普遍较大，处于"卷"的状态，阅读显然能缓解青年困惑，但是，当"卷"成了一些青年的常见状态，"考研""考编""求职"就成了他们的日常主题，他们不得不花费大量时间学习和备考，这会减少他们休闲阅读的时间和精力。另一方面，疫情后我国青年失业率持续攀高，按官方公布的数据，我国青年失业率已接近经济合作与发展组织（OECD）国家平均值2倍。就业问题，导致一些青年的心理困惑与焦虑现象突出。调研发现，处于求职期的青年由于面临家庭压力和朋辈压力，他们主观上易焦躁、郁闷、茫然，许多时候他们无法安心阅读。

二是客观条件影响。虽然全省青年的部分休闲阅读可以在屏幕端完成，但专业知识或严肃阅读仍以专业阅读场馆为主，比如图书馆。在生活节奏快、生存压力大、人群喧闹拥挤、交通与餐饮不便等因素影响下，青年用于图书馆阅读的体力和时间有限。而图书馆自身的不足也带来一些影响：有的图书馆设施完善、资料齐备，生动活泼的阅读活动吸引大量读者，以位于一线城市的"首都图书馆"为例，其每天能吸引大量读者前往，但座位有限、餐饮不便等影响读者的阅读体验；而位于三四线城市甚至偏远县城的图书馆，往往设施陈旧、图书品种少、阅读活动少而单调，当地青年前往阅读的意愿不强。

三是阅读缺乏指导。调研发现，一些青年缺乏阅读指导和建议，往往被由各类商业利益驱动的"畅销书榜单"或质量参差不齐的"获奖书榜单"迷惑，不少青年只会跟风读书，也有的青年读者沉湎于既无知识含量也无益于指导当下工作生活的网络文字中，比如一些完全脱离现实甚至价值观不正确的网络文学。这样的阅读，往往费时费力甚至消耗健康，却无法拓展青年读者的视野、增加理解力，也较难发展出健康的阅读习惯和批判性思维。

四是主题阅读面临的问题。有研究发现"由于他们（青年）正面临着升学、求职等关键节点，对技能类、教辅类图书和自我实现类书籍需求量大"。① 在这种情况下，青年用于主题读物的时间精力受到进一步的影响。此外，年轻人往往更加注重多样化、趣味化的文学表达方式，相比之下，红色主题读物趣味性通常不强，表达方式较为单一化、说教化。为更好地适应年轻人的阅读需求，一些出版机构和作者已开始尝试在内容和形式上进行创新和改进。

三　2024年展望

党的十八大以来，习近平总书记多次视察河北，发表重要讲话、做出重要指示。习近平总书记曾说："我对燕赵大地充满深情。不只因为我在这块土地上工作过，更是因为这是一块革命的土地、英雄的土地，是'新中国从这里走来'的土地。"② 习总书记对河北的关心，也极大地鼓励了全省青年的学习和工作热情。展望2024年，青年阅读工作还有两个领域可以继续施力。

（一）要持续发挥共青团在青年主题阅读中的引导和组织作用

中共中央、国务院于2017年4月印发的《中长期青年发展规划（2016—2025年）》中，将"青年对提升国家文化软实力贡献率显著提高"列为青年文化发展的目标。这意味着，广大青年正迎来时代发展的契机，思想面貌要更加积极奋发，精神文化生活要更加丰富，青年群体文明程度要进一步提升，最终在中国式现代化建设中发挥出更重要的作用。结合《中长

---

① 喻国明学术工作室：《2021新青年阅读报告：新青年成为图书消费新势力》，https：//sjc. bnu. edu. cn/docs/2021-10/20211018211724456562. pdf。

② 《"我对燕赵大地充满深情"——习近平总书记关心指导河北工作纪实》，河北文明网，2022年10月11日，http：//hb. wenming. cn/ttxw/202210/t20221011_ 6491116. html。

期青年发展规划（2016—2025 年）》的实施，为进一步发挥阅读在青年成长中的重要作用，建议采取以下措施。

一是丰富本地特色文化活动。各级团组织可以依托本地特点，广泛开展各类特色文化活动，如本地特色的优秀文化作品的全国性巡展巡演、中华优秀传统文化的艺术展示交流等。这有助于引导本地青年热爱家乡、建设家乡，积极参与文化遗产保护、民间文艺传承与创新等活动，而阅读正是这些活动的核心环节。

二是优化青年文化成长环境。一方面，推进公共文化设施的升级与免费开放，增强针对青年群体的服务功能。另一方面，各地各级团组织可以主动与报刊、电台、电视台、新闻网站等开展全媒体合作，设立关于青年阅读的栏目、节目，制作和传播有益于青年健康成长的内容，就青年阅读给出科学、专业的指导建议。

三是支持服务于青年阅读的事业。通过政府购买、项目补贴、定向资助等方式，扶持以服务青年阅读为主要功能的文化企事业单位的发展，鼓励社会化的青年文化阵地和团体承接青年文化服务，支持单位或社区建立青年阅读空间，全面推动青年文化事业的繁荣发展。

（二）要创新主题阅读，培养青年参与中国式现代化建设的能力

一是通过主题阅读，增进青年的文化传承和文化自信。主题读物的重要内容是我国的优秀传统文化，优秀传统文化是我国历史和文化的珍贵遗产，它集中承载着我国人民的智慧、价值观和生活方式。通过主题阅读，可以加强青年对优秀传统文化的传承，保持对中华文化认同的连贯性，而学习、理解和传承优秀传统文化，也是增进文化自信的主要方式。

二是通过主题阅读，促进青年对道德和价值观的传承。我国优秀传统文化强调道德和价值观的重要性，对个人品德提升和社会和谐具有深远的影响。通过阅读，将传统文化的精华传授给青年，可以培养青年的道德感和社会责任心，培养他们日后在中国式现代化建设中的能力和发挥积极作用的信心。

三是通过主题阅读，鼓励青年将传统与创新相融合。加强优秀传统文化传承并不意味着停滞不前，而是要将优秀传统文化与现代价值相结合，创造出适应当代需求的文化表达方式。青年是创新的推动者，应鼓励他们发掘优秀传统文化中的智慧，将其与现代科技和社会趋势相结合，创造出新的文化形式，并为数字文化、新媒体、文化创意产业等赋予新的价值内涵。

四是通过主题阅读，激励青年参与科技强国建设。中国式现代化建设不仅涉及文化传承，还包括科技强国和新农村建设。这需要综合性的政策和教育举措，需要全社会的支持，更需要青年一代的积极参与，青年是科技创新和应用的推动者，是推动我国成为全球科技强国的生力军与主力军。

总之，阅读在青年成长与发展中具有重要意义。在我国，青年阅读已经取得了显著的成绩，但目前仍然存在一些可以改进的地方。今后要针对青年群体的阅读需求在内容、活动、场馆、目标等方面进一步加强研发与策划，发挥好各级团组织在青年阅读中的引导和组织作用，通过阅读激发我国青年的文化传承与创新能力，培养包容精神、全球观念和国际参与意识，最终提升我国参与国际竞争的文化软实力。

B.17
河北省农村基层组织发展现状及未来进路

郭雅欣*

摘　要： 治国安邦，重在基础；管党治党，重在基层。随着历史演变与时代发展，农村基层组织呈现出数量扩大化、主体多元化、目标特定化、运行有序化、功能多样化、发展差异化的现实特征，与此同时，农村基层党组织面临职能转型、权威削弱、运行调整、人群转变、覆盖变化等新挑战与新要求。本报告结合河北省新时代农村基层党组织建设典型案例，提出"优设置""抓人才""拓活动""重引领""严监督"五大建议，以期为促进农村基层组织蓬勃发展、推动实现乡村振兴提供参考借鉴与思路遵循。

关键词： 农村基层组织　农村基层党组织　农村党建

习近平总书记在党的二十大报告中强调，坚持大抓基层的鲜明导向，抓党建促乡村振兴。农村基层组织的发展关乎乡村全面振兴与共同富裕战略擘画的推进，对此本报告通过文献研究、实地调研、案例研究等多种方法深入探索农村基层组织的历史演变与现实特征，挖掘农村基层党组织面临的新挑战与新要求，为优化顶层设计、完善政策措施、指导基层实践提供参考借鉴。

---

* 郭雅欣，河北省社会科学院科研组织处四级主任科员，研究方向为社会治理、社会保障、社会工作。

一 农村基层组织的内涵界定与基本类型

农村基层组织是指在农村地区依法建立的、旨在服务农村地区经济社会发展的团体。结合以往学者界定、调研情况及研究需要，本报告将农村基层组织界定为五类，分别为党群组织、村民自治组织、经济组织、社会组织、跨村域民间组织/村际组织。第一类是党群组织，主要包括以村党支部为核心的基层党组织与共青团、妇联等群团组织；第二类是村民自治组织，主要包括村委会、村民小组、村民议事会、村民监事会等；第三类是经济组织，主要包括农业专业合作社等从事农业生产经营方面的自愿联合、互助性组织；第四类是社会组织，主要包括民办非企业组织以及可采取政府购买服务的功能性社会组织；第五类是跨村域民间组织/村际组织，具体可分为三类，包括跨村专业合作经济组织、村际协调委员会、农村社区/村改社区。

二 农村基层组织的历史演变与现实特征

（一）历史演变

从 1949 年新中国成立至新时代中国特色社会主义建设时期，农村基层组织的形态变化可大致划分为四个阶段。第一阶段是 1949 年至 1956 年重建探索期的团结型组织，新中国成立后，建立了农村基层党组织、政权组织、经济组织，以农村的生产合作组织为代表的基层社会组织广泛发展。第二阶段是 1956 年至 1978 年"政社合一"下全能包办行政型组织，人民公社将政权组织与生产合作组织合二为一，导致农村社会缺乏活力。第三阶段是 1978 年至 2012 年"乡政村治"下的村民自治组织，以村民自治为基础的村民委员会等各种特色的村民自治组织蓬勃生长。第四阶段是 2012 年以来"多元共治"下的现代治理型组织。各类满足农民群众美好生活需要的文化类型组织、服务类型组织蓬勃发展，现代技术与虚拟社会组织也逐渐兴起。具体表现为以"工青妇"等党群组织为主的组织格局逐步转向党群组织以及经济型、互益型、公益型社团共同发展的组织格局。经济型社团基于市场经济而产生，在承担一部分国家经济管理职能的同时也代表了行业及企业家的利益，其以效率与利益最大化为追求目标；互益型社团为满足社会成员多样化、差异化的需求而形成，追求社会成员某种自我价值；此外，还有围绕环保、教育等公益问题而形成的各类公益型社团，表达了社会成员对公共价值的关注。

（二）现实特征

调研发现，当前农村基层组织呈现出以下六大特征。一是组织数量扩大化。党群组织、村民自治组织、经济组织、社会组织、跨村域民间组织/村际组织蓬勃发展，并形成农村网络互动的重要节点，构建起新时代农村社会互动网络。二是组织主体多元化。农村基层组织主体包括普通农民、农民精英、农村"三老"（老党员、老模范、老干部）以及农村家族中有影响和声望的长者等多样化群体。三是组织目标特定化。农村基层组织的目标呈现出特定化的特征，如有组织定位于参与乡村治理，通过积极协助处理村务促进农村和谐发展，也有组织将村庄内共同爱好者聚集起来，其目标则为共同交流、丰富文娱生活等，另有组织将同行业或同职业或与生产发展有关联的村民联合起来，共促经济发展等。四是组织运行有序化。组织架构从零散化转向体系化，组织运营的专业化程度也从低到高，组织内部农民之间、组织与组织之间往往已形成固化的互动方式，按照约定俗成或普遍认可的规范、有序的模式运行。五是组织功能多样化。农村基层组织发挥日渐重要的功能，政治、经济、社会、文化、生态等多领域功能百花齐放，全面服务乡村振兴。六是组织发展差异化。农村基层组织发展水平参差不齐，高效组织与低能组织同在，地区之间、村庄之间、组织之间的发展水平不一。

三 农村基层党组织面临的新挑战与新要求

在农村基层组织发展与变迁的背景下，新时代农村基层党组织也面临职能转型、权威削弱、运行调整、人群转变、覆盖变化等新挑战与新要求。

（一）职能转型：从管治、服务转向引领、服务和赋能

农村基层党组织不仅需要教育、管理、监督、凝聚党员，宣传党的路线、方针和政策，还需要表达、回应、整合农民利益，引领、动员、号召和服务农民群众及其他农村社会成员以更好地实现乡村全面振兴和推动城乡一体化发展。由此农村基层党组织的功能内涵逐渐从过去的管治、服务，走向引领、服务和赋能。农村基层党组织需做好专业化领导才能更好地带动农村主导产业或特色产业日益发展，从以政治职能为主转型为政治、经济、社会、文化、生态等多样化职能齐头并进才能更好地推进乡村的全面振兴。

（二）权威削弱：部分农村基层党组织号召力、组织力不足

城镇化引发的人口频繁流动与农村治理结构的变迁，导致农村劳动力大量外流，严重影响并削弱了部分农村基层党组织的社会动员能力。随着农村土地政策改革的推进、农业税的取消、村集体资产的改革，农民手上的资产逐渐增多，基层党组织在管理分配集体生产资料时话语权减少，农民群众以户为经营单位的经营体制使他们对村级党组织的依赖程度大大降低，由此农村基层党组织的号召力、组织力下降。另外，市场经济的发展冲淡集体主义观念，部分村民对村庄公共事务持有冷漠心理，更多是出于利益相关参与乡村治理，致使农村基层党组织号召群众、组织群众、凝聚群众的难度大增。

（三）运行调整：单一治理模式向共建共治共享转变

当前农村基层组织蓬勃发展，党群组织、村民自治组织、经济组织、社

会组织、跨村域民间组织/村际组织互动发展，共同形成了农村多元主体的社会互动网络，而多元主体之间需求不一、利益不同、运行有异，构成了高度复杂、充满矛盾的乡村治理局面，仅依赖党组织的单一治理模式难以应对，需要依靠多元主体彼此依赖、不断互动才能寻求最佳平衡，需要在资源整合、共同治理、成果共享等方面开展合作，转变为"共建共治共享"的治理模式，构建起由基层党组织领导的农村各类基层组织规范有序发展、科学有效运行、良性互动合作的新型治理体系。

（四）人群转变：单一化地域性"纯农民"到多样化流动性"新农民"

农业经济结构不断优化与农村集体经济蓬勃发展，催生了现代农业项目和农业新型业态，过去单一"农业式"经济模式向农、林、牧、副、工商等多业共同发展经济模式转变，农民从业领域、活动范围、生活空间日益扩大化，农民走出农村、走出农业、走进市场，导致日出而作、日落而息、面朝黄土背朝天的传统农民向以参与农业规模经营、外出务工、经商、开办三产等为主业的新型农民或新型产业工人转型，即村民由以"种田打粮"为主的"纯农民"逐渐转变为流动性、多元性、分散性不断增强的"新农民"。人群转变带来的村庄空心化、精英流失化，导致"村两委"换届村民、党员"凑不齐"，以地域划分的党组织在党员发展、党建活动开展、党员管理等方面工作难度上升，"集中统一式"的组织活动召集难、落实难等问题越发显现。

（五）覆盖变化：组织工作全覆盖到工作覆盖盲区初见端倪

通过调研可知，全省49111个行政村，设置了49103个基层党组织（8个村党组织联建），实现了组织全覆盖。但随着新农村建设、全民创业进程不断加快，农村经济发展方式发生深刻变化，过去单一的农业经济村逐渐减少，以优势产业和特色产业为主导的村庄逐渐增多，催生了产业、行业协会等民间经济组织，这些上接市场、下联农户的一系列"两新"组织迅速崛起，具有较强的辐射带动作用，在经济建设中发挥着越来越重要的作用，而村党组织在这些"两新"组织的管理中开始出现工作"盲区"。此外，农村基层党组织对村民自发成立的基层组织也缺乏有效衔接与沟通，与隶属于乡镇党委的社会组织也存在协调联络缺位的现象，对此迫切需要农村基层党组织通过合理调整自身设置，加强对这些民间组织的领导和引导，切实提高农村党建工作的渗透力和影响力。

四　新时代农村基层党组织建设典型案例

本报告通过实地调研、案例研究，梳理归纳了河北省农村基层党组织建设部分典型案例，其先进经验做法详见表1，以下案例为河北省加强农村基层党组织建设提供了可参考样板。

表1　新时代农村基层党组织建设典型案例汇总

序号	地区	农村基层党组织建设先进经验
1	张家口市蔚县宋家庄镇吕家庄村	吕家庄村"老兵支部"带头创办了退役军人创新创业产业园，注册成立了"蔚县戎盛种植专业合作社"，实行"支部领办、党员带头、群众参与、资源共享"的运营模式，推进村集体经济增收
2	张家口市怀安县左卫镇东房子村	通过"党支部+专业合作社+能人大户+贫困户"合作模式，把合作社党支部建在村级产业上，实行党员带头承包经营、发展致富项目，吸引村民参与合作社经营，建成高标准日光温室蔬菜园区，昔日脏、乱、差的贫困村变成整洁干净的美丽富裕乡村
3	邯郸市广平县南阳堡镇后南阳堡村	划分10个网格，各安排1名干部任网格长，从党员、村民代表中明确30名网格员，每人分包15户群众，明确政策宣传、矛盾排调等6项职责，构建起一网运行、一员多用、全域覆盖、行之有效的乡村治理体系
4	石家庄市鹿泉区铜冶镇北铜冶村	为促进全民积极参与乡村治理，实行网格化管理，通过村党支部书记包联"两委"干部—干部包联网格长—网格长包联户的网格化服务和管理，构建高效有序的网格化治理体系
5	秦皇岛市北戴河区牛头崖镇蒲兰村	村党支部书记带头创办秦皇岛市集缘花卉种植农民专业合作社，带动全村党员群众整合分散资源，通过"党支部+村委会+合作社+农户"的合作模式，吸引30多户村民以土地入股形式参与合作社经营，整合土地超过200亩

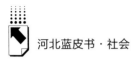

续表

序号	地区	农村基层党组织建设先进经验
6	廊坊市香河县渠口镇店子务村	成立产业发展支部、乡村治理支部、红色教育支部。产业发展支部主要由企业负责人、青年、高学历党员组成,带动产业做大做强;乡村治理支部主要由农村实用人才、退役军人党员组成;红色教育支部主要吸纳70岁以上党员组成,充分发挥老党员的辐射、示范和带动作用
7	廊坊市永清县龙虎庄乡	龙虎庄乡前刘官营、后刘官营、义井等11个村党支部与恒都美业公司党组织共同探索"村企共建"模式,实现村村、村企组合联建,共同打造集蔬菜花卉种植、农业设施研发、种苗培育等于一体的现代农业综合体
8	廊坊市固安县渠沟镇周家务村	构建起"党支部—功能党小组—团体组织"体系,根据党员能力特点,划分出"农场经营党小组""品牌建设党小组"等6个党小组,根据农村产业文化模式,安排6个党小组包联9个民间团体组织,实现党组织引领乡村振兴各项工作全覆盖。其中,"农场经营党小组"包联"戏宝旅游开发有限公司""小蚁家庭农村";"品牌建设党小组"包联"依人品牌运营团队";"文化宣传党小组"包联"周家务剧团""周家务同乐会";等等
9	廊坊市霸州市裕华街道河西社区	作为霸州市最大的村改社区,针对居民来源广泛、各类组织纷繁复杂、治理难度大等问题,社区党委以优化组织设置为抓手,将192名社区党员、285名在职党员编入17个党支部,其中原始村街党支部4个,小区党支部6个,商圈党支部2个,退役军人党支部、调委会党支部、外卖快递党支部等社会组织协会党支部5个;同时,以不超过300户为基本单元,将社区划分为17个网格,同步建立网格党组织或党小组,将党的组织渗透到社区治理的方方面面、各个环节,切实凝聚起了基层治理的强大合力
10	廊坊市霸州市南孟镇田各庄村	村集体经济从20世纪80年代延续至今,由党支部运营以标牌厂为代表的村集体企业,采用市场化管理模式,设置生产小组、检验小组、销售小组3个功能型党小组,将党组织建设与生产建设融合
11	邢台市宁晋县贾家口镇黄儿营西村	推行"党组织+商会"方式,实行"双向进入、交叉任职",村党委成员全部领办企业并在商会任职,同时向没有党组织的企业派驻党建指导员,帮助企业开展党建主题活动,推动党的建设与企业生产经营有机融合
12	雄安新区雄县雄州镇黄湾村	坚持党建引领,多方位综合治理,推动管理工作向多层次延伸,形成党支部统一领导,以民兵连、治保会等18个团体组织为支线,各组织成员为脉络的包联管理体系

五 加强河北省农村基层组织发展的对策建议

结合调研情况与河北省实际，本报告提出"优设置""抓人才""拓活动""重引领""严监督"五大建议，以期为促进农村基层组织蓬勃发展、推动实现乡村振兴提供参考借鉴与思路遵循。

（一）"优设置"：差异化进行党组织设置，规范有序发展农村基层组织

打破传统"一村一支"的旧模式，因地制宜差异化进行党组织设置，可通过基层党组织与其他基层组织内嵌交叉、共建联合等方式加强党建引领，也可通过基层党组织包联其他基层组织的方式延伸组织服务触角、扩大工作覆盖范围、提升工作质效，多途径推动基层党组织设置从"有形覆盖"向"有效覆盖"转变。合理分配发展党员指标，对"两新"组织倾斜，改变党员编排方法，由过去主要由组织编排转变为组织统筹安排和党员自主选择相结合，可按照党员从业特点、专业特长、兴趣爱好和自身属性等成立专业化、功能式党组织，充分发挥不同特点的党员群体在带领群众致富、维护发展稳定、推进社会和谐等方面的作用。针对日渐增多的流动党员，可按地籍相近的"同乡"模式、流出流入地合作的"同管"模式、基于集中居住点的"同屋"模式等设置基层党组织，或分类别、分行业设立"网络党支部"，把分散的流动党员和网店老板、新媒体网络主播等新业态从业人员"网"在一起、连在线上，多措并举建立健全"纵向到底、横向到边、纵横交错、全面覆盖"的基层组织网络体系。

（二）"抓人才"：打好"选配、培养、帮带、管理、激励"组合拳

打好"选配、培养、帮带、管理、激励"组合拳，奠定乡村振兴坚实的人才基础，提升农村基层党组织治理能力。

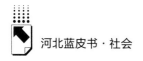

一是选配对象多元化。要按照新时代对农村基层党组织的新要求选配班子，加强培训，提高党员干部能力和水平。优化党员干部队伍结构，可通过选举形式，为社会人才进入党组织提供渠道，优先吸收致富带头人、退伍军人、大学毕业生、医生、教师等群体进入基层党组织，为农村基层党组织建设注入新鲜血液。

二是培养人才全面化。变过去同质化教育内容为普遍教育与有针对性的专业培训相结合。首先，加强党组织成员意识形态教育。坚定党员政治立场与理想信念，锤炼出一支真正为人民服务、理论素养高、工作能力强的人才队伍。其次，加强业务能力培训。通过开展定期培训、专题教学、观摩交流等多种渠道进行培训，高效提升党组织成员引领乡村振兴、促进共同富裕的能力。最后，丰富管理和教育平台。综合运用多种网络平台促进党员干部的资源共享、实时学习、跨空间交流等，推动党建工作与"互联网+"理念相融合。

三是帮带干部传承化。开展老带新系列活动，选任任职年限较长、工作经验丰富的"老书记"与任职年限较短的"新书记"进行结对，以"结对+助教"模式促进新书记快速转换角色、适应岗位、履行职责，推动队伍专业化发展、梯队化储备。与此同时，结合新形势开展专项培训、优秀案例宣讲，加强后备人才库建设，常态化保持一定数量后备干部的跟踪培养，储备年轻力量。

四是管理人才科学化。改善党组织工作职责，各专业党支部除完成共性职责外，根据专业或行业特点，分别为其制定个性化职责，加强其同专业党员之间的理论交流、技术交流和信息交流。村级党组织成员可实行量化积分管理，明确奖惩机制，以"小积分"推动乡村治理"大作为"，激发党组织活力，推动人才管理规范化、精细化、科学化。

五是激励人才实效化。依据村干部的任职年限、工作实效、村民满意度等实行阶梯式物质奖励制度，激发农村基层党组织人才干事创业热情与动力。扎实做好优秀村党支部书记考录公务员相关工作，不断加强村"两委"干部队伍建设。设计科学合理的激励机制，让个人付出与其所得构成一种正向关系，用精神奖励和物质奖励相结合的方式鼓励村"两委"干部以更积极的行动加强新农村建设。

（三）"拓活动"：创新活动内容、形式、载体，拓展党建工作深度

转变思想观念，促进农村基层党组织干部敢于创新。创立"容新""容错"机制，加快构建开放包容的组织活动形式，拓展党建工作深度。

一是创新活动内容。严格落实"三会一课"、民主评议党员、谈心谈话、党员党性定期分析和组织生活会等制度，在此基础上，从党员需求出发，创新活动内容，科学设计活动方案，开展特色化、个性化的党组织活动，传播新理论、新思想，培训新知识、新技能，让党员更有参与感、获得感，让活动更有实效、更有影响，真正地为人民群众解决问题，促进基层社会稳定。

二是创新活动形式。赋予农村基层党员更多话语权，鼓励其参与活动设计，实行"菜单式""点单式"组织活动，以新颖独特的活动形式吸引更多党员参与其中。推进跨区域、跨行业、跨人群开展党组织活动，创新活动形式的同时促进资源共享、信息互通、主体联动，通过开展鲜活生动的党组织活动，引导更多党员建功立业、服务社会，促进经济协同发展、社会和谐稳定。

三是创新活动载体。利用云计算和大数据等信息技术，综合运用微信公众号、官方网站等信息平台，突破时间和空间限制，以互联网为载体将党员聚集起来，创新开展各类网上活动，实现党员线上管理与服务，做到即时回应、及时协调、快速处置、跟踪反馈，提高工作效率与活动效能，依托线上活动载体充分发挥党建优势，凝聚发展强大动能。

（四）"重引领"：提升农村基层党组织引领力、凝聚力，带动乡村振兴

新时代需扎实推进农村基层党组织建设，不断提升农村基层党组织的引领力和凝聚力，进一步增强带头致富、带领群众致富的能力，增强为群众做

好事、办实事、解难事的能力，充分发挥推动发展、服务群众、凝聚人心、促进和谐的作用。

一是提高致富带富引领力。充分利用地缘优势、资源优势、亲缘优势，整合一切可以整合的力量，合理规划本村的经济发展方式，因地制宜地选择农业产业化、开办加工企业或转移农村剩余劳动力等发展方式，在保证农业产业稳定的基础上，加快农业产业化、现代化进程，推动农村发展各具特色的工业和服务业，领导农村全面、和谐、可持续地发展。

二是增强为民爱民凝聚力。在思想上坚决反对走马观花、浅尝辄止的形式主义、官僚主义作风，村"两委"干部要培育"谋方子""带路子"的工作新理念。在实际工作中，要深入田间地头，认真倾听群众呼声，真实反映群众诉求，真情关心群众疾苦，关心农民的生产生活，坚持"急事急办、难事巧办"的方针，以扎实务实的作风为群众做好事、办实事、解难事，增强党员群众凝聚力。

（五）"严监督"：加大农村基层组织监督监管力度，营造良好生态

一是营造法治化、规范化的组织生态。科学界定农村基层组织边界，优化农村基层组织的发展环境，支持鼓励合理合法组织，严厉打击非法组织，切实加强农村法治宣传教育，引导村民学法懂法守法用法，铲除非法组织生存土壤。依法管理、有效监督、规范运行，使农村基层组织朝着合理化、合法化、制度化和规范化方向发展。

二是完善党员岗位责任公示化管理制度。为有效展现党员模范作用，建议完善责任公示化管理制度，对在职党员实行依岗承诺，对无职党员设岗认责，把岗位责任落实到党员名下，在各村醒目处设立公示牌，接受群众监督。同时，采取设岗、上岗、明岗、履岗和评岗等措施对各类岗位实行定期考核，并将考核结果运用到部门和党员干部年底考核中，实行问责治懒求勤政。农村基层党组织要不定期对党员承诺事项的履行情况进行检查，以保证承诺事项有进度、有着落、有结果。

三是健全党组织监督监管制度体系。运用权力清单制度划清农村基

层党组织服务力的内容边界，推动制衡和规范基层治理主体的权力行使，坚持党内监督与党外监督相结合，畅通人民群众举报和监督渠道，注重发挥新闻媒体的监督作用，确保农村基层党组织党员干部队伍清正廉洁，保障农村各类组织在党的领导下规范有序发展、科学有效运行，全面净化农村基层党组织政治生态，扎实推动乡村产业、人才、文化、生态、组织振兴。

参考文献

杜海峰、顾东东：《中国人口净流出地区的农村基层组织现状——以河南省 Y 县为例》，《行政论坛》2017 年第 6 期。

黄晓春：《当代中国治理转型与社会组织发展》，社会科学文献出版社，2020。

林星、王宏波：《乡村振兴背景下农村基层党组织的组织力：内涵、困境与出路》，《科学社会主义》2019 年第 5 期。

刘祖云、武小龙：《城乡发展一体化的逻辑重塑——中央、地方与民众的衔接》，《甘肃社会科学》2014 年第 6 期。

卢福营：《村民自治背景下的基层组织重构与创新——以改革以来的浙江省为例》，《社会科学》2010 年第 2 期。

罗俐琳、胡扬名：《农村组织创新之策》，国家行政学院出版社，2012。

蒙慧、娄跃辉：《乡村振兴背景下优化农村基层党组织建设的路径研究》，《中共福建省委党校（福建行政学院）学报》2022 年第 4 期。

孙小杰：《乡村振兴背景下农村基层党组织组织力建设的困境与出路》，《农村经济与科技》2023 年第 1 期。

谭兴中：《新农村治理模式探讨》，《行政论坛》2010 年第 6 期。

王维国、马翌祯、权小虎：《新时代农村基层党组织组织力提升路径探究》，《西北农林科技大学学报》（社会科学版）2023 年第 4 期。

王晓乐：《乡村振兴视域下农村基层组织振兴存在的问题与对策研究》，硕士学位论文，青岛大学，2021。

王亚华、高瑞、孟庆国：《中国农村公共事务治理的危机与响应》，《清华大学学报》（哲学社会科学版）2016 年第 2 期。

王义保、李宁：《社会资本视角下新型农村社区治理秩序困境与能力创新》，《思想战线》2016 年第 1 期。

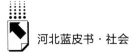

吴振方:《中国共产党农村基层党组织建设百年回望及组织力提升研究》,《聊城大学学报》(社会科学版)2022年第6期。

谢元:《新时代乡村治理视角下的农村基层组织功能提升》,《河海大学学报》(哲学社会科学版)2018年第3期。

张云英:《农村社会组织:农村社会管理创新的基础》,《湖南农业大学学报》(社会科学版)2011年第6期。

B.18
乡村人口转型与乡村振兴研究

——基于河北省 34 个县"七普"数据的分析

张齐超*

摘　要：　本报告以 34 个县的"七普"数据为基础，揭示出乡村地区呈现人口负增长与劳动年龄人口流失、少子化、深度老龄化叠加的态势，这一态势对乡村振兴造成多方面制约，表现为城乡融合难度提高、农业生产者进一步老化、养老医疗等公共服务压力剧增、乡村治理面临人才不足困境等，破解策略应从优化空间发展战略、推动空心村治理与乡村社区建设融合、推进农业规模化机械化职业化发展、构建整体解决方案、增强乡村振兴主体力量等方面入手。

关键词：　人口空心化　人口缩减　人口老龄化　乡村振兴　乡村建设

随着我国城镇化进程不断加快，大量乡村人口涌入城市并定居，乡村人口的数量和比重持续下降，部分村庄也在城镇化进程中或并入城市或凋敝成空心村。第七次全国人口普查数据显示，居住在乡村的人口占比为36.11%，乡村人口老龄化程度进一步加深，如何在人口缩减、人口老龄化的情况下推进乡村振兴事业，成为当前一个重大而复杂的课题。已有研究着力探讨了人口空心化对乡村建设的制约及其治理问题、① 乡村人口老龄化对

---

* 张齐超，博士，河北省社会科学院社会发展研究所助理研究员，研究方向为农村社区变迁、社会治理。

① 刘爱梅：《农村空心化对乡村建设的制约与化解思路》，《东岳论丛》2021 年第 11 期；张贵友：《乡村振兴背景下"空心村"治理对策研究》，《江淮论坛》2019 年第 5 期。

农业生产的影响机制等问题，[①] 这些研究揭示了人口转型对乡村产业发展和乡村治理的影响。不过多数研究是在全国、区域或省级层面分析乡村人口变动及其对乡村振兴事业的影响，[②] 然而，具体到乡村振兴的各项工程层面，乡镇是承接、分配、执行乡村振兴工程和乡村建设行动各项任务的基层空间，乡镇人口变化是域内村庄人口变化态势的集中表现，是反映乡镇及域内村庄产业发展状况的重要指标，也是乡村建设行动中各类基础设施、公共服务等项目布局的重要参考，乡镇人口数量、质量和结构变化对乡村振兴起到促进或制约作用。[③] 因此本报告从更为微观的乡镇层面分析乡村人口变动，揭示人口因素对于乡村振兴的影响，提出有针对性的和精准性的措施和对策，更好地推进乡村振兴。

本报告以河北省的 34 个县[④]为研究对象，它们地理位置相邻相近，生态环境和文化背景相似，能够反映较大范围内的人口转型特征而又能够避免过大偏差。人口数据来自各县公布的《第七次全国人口普查公报》，这 34 个县的公报包括全县及辖内各乡镇的人口数据，共计 34 个城关镇或县城街道、298 个非县城乡镇（排除人口非常少的国有农场等单位），这为详细对比"六普"和"七普"人口发展状况提供了可能。

一 乡村人口转型的主要趋势

（一）乡村地区步入人口负增长阶段

乡镇人口变动态势需要放在县域之中考察，"七普"数据显示，大部分县

---

① 刘景景：《劳动力结构老化对粮食生产的影响》，《华南农业大学学报》（社会科学版）2017年第 3 期。

② 张琛、张云华：《根据农村常住人口变化趋势谋划乡村振兴》，《中国发展观察》2021 年第 5 期。

③ 赵周华、霍兆昕：《中国乡村振兴战略实施面临的人口问题及应对思路》，《农业农村部管理干部学院学报》2019 年第 3 期。

④ 34 个县具体包括：博野县、隆尧县、广宗县、南皮县、柏乡县、定兴县、宁晋县、平乡县、蠡县、临西县、献县、威县、高阳县、盐山县、海兴县、吴桥县、孟村回族自治县、新河县、青县、武邑县、临漳县、鸡泽县、成安县、馆陶县、大名县、曲周县、邱县、广平县、肃宁县、高邑县、阜城县、赵县、武强县、深泽县。

步入人口负增长阶段。对比"七普"和"六普"的县域人口数量，仅有 8 个县的人口实现正增长，增长幅度均不超过 10%，处于低速增长，而其余 26 个县的人口均呈负增长态势，其中 17 个县人口减少率小于 10%，9 个县人口减少率不低于 10%。在县步入人口负增长阶段或低速增长阶段的形势下，乡村人口普遍呈现较快缩减的态势。298 个非县城乡镇中，仅有 29 个（占比 9.7%）较"六普"时实现人口增长，其余 269 个（占比 90.3%）人口数量均有所减少。其中，104 个（占比 34.9%）人口减少比例在 10% 至 20% 之间；79 个（占比 26.5%）人口减少比例不低于 20%（见表 1），里面又有 36 个（占比 12.1%）人口增长率超过 -30%。这反映出绝大多数乡镇人口流失严重，乡村空心化态势仍然突出，乡村产业面临实力弱小、吸纳就业能力不足、创新发展活力差的尴尬局面，优化县域人口布局的支撑作用衰减。

表 1　县域、县城区、非县城乡镇"七普"较"六普"人口增减状况

单位：个

人口增减比例	县域	县城区	非县城乡镇
-20% 及以上	2	0	79
-20%~-10%	7	0	104
-10%~0	17	0	86
0~10%	8	3	22
10% 以上	0	31	7

注：本报告以公报中的城关镇或县城街道指代县城区，以非县城乡镇指代乡村地区。

（二）县城区成为乡村人口流动主要目的地

十年间，34 个县的县城区人口均实现正增长，其中 31 个县城区人口增长幅度超过 10%，12 个县城区人口增长幅度在 40% 以上，表明县城区人口规模大幅提升，县城区人口占全县人口的比重即县城区人口首位度也有所提升。数据对比结果显示，"七普"时县城区人口首位度为 30%~50% 的有 15 个，约占 44.1%；20%~30% 的有 18 个，约占 52.9%。而在"六普"时，

仅1个县的县城区人口首位度超过30%，20%及以下的则达到13个，占比 38.2%（见表2）。这些数据凸显出十年间，县域范围内人口大规模向县城 区集聚，县城区对县域经济社会发展的拉动作用更为突出。随着以县城区为 重要载体的城镇化战略逐步推进，县城区日趋完善的公共服务和城市生活方 式对于乡村人口的吸引力进一步提升，县城区经济发展特别是开发区第二产 业和县城区商业服务业提供更多的就业岗位，都成为人口向县城区流动的动 力，县城区将会吸引更多乡村人口集聚。

表2 县城区"七普"与"六普"人口首位度对比

单位：个，%

人口首位度	"七普"	"六普"
30%~50%	15(44.1)	1(2.9)
20%~30%	18(52.9)	20(58.8)
20%及以下	1(2.9)	13(38.2)

注：括号外是县城区数量，括号内是占比。

（三）乡村地区进入深度老龄化拐点，少子化与儿童留守化状况并存

298个非县城乡镇均已步入老龄化阶段，其中185个非县城乡镇进入深 度老龄化阶段，2个非县城乡镇进入超级老龄化阶段，另外，34个县城区中 有32个仍处于初始老龄化阶段，这表明乡村地区老龄化更为严峻，正逐渐 进入深度老龄化拐点。

乡村地区少子化与儿童留守化状况并存。对比县城区和乡村地区0~14岁 人口的分布比例，可以发现县城区和非县城乡镇呈现少子化状况的比重分别 为26.5%、15.4%，大部分仍处于正常状态或多子化状态。结合劳动年龄人口 流动情况来看，县城区的多子化态势与流动人口家庭式迁移相关，一部分乡 村人口流向县城区时也将子女一并带走，这就提高了县城区0~14岁人口的数 量和比重；非县城乡镇呈现多子化状态主要归因于劳动年龄人口大量外出，但 将子女留在乡村，对这些地区来说，多子化是儿童留守化的另一种表现方式。

（四）乡村地区劳动年龄人口大量流失，城乡高素质人口数量差距突出

乡村地区面临劳动年龄人口大量流失问题。非县城乡镇劳动年龄人口占比方面，高达197个非县城乡镇处于50%～55%，另有21个非县城乡镇低于50%，这意味着劳动力人口与非劳动力人口之比在1∶1上下，劳动力流失严重、社会抚养压力巨大。而大部分县城区的劳动年龄人口占比仍高于60%，表明县城区吸纳了大量劳动力，持续享有较为充足的人口红利。

县城区与乡村地区的高素质人口数量差距明显。人口受教育程度反映了人口素质，十年间各县人口受教育年限普遍增加，每10万人中拥有大学（指大专及以上）文化程度的人口比例取得较大提升。但县域内高学历人口分布很不均衡，34个县中有20个县公布了辖内各非县城乡镇各个层次受教育人口的数量或占比情况，这些数据显示，县城区的具备大学文化程度人口数量占全县具备大学文化程度人口总量的比例在57.6%和81.3%之间，其中4个县超过70%，11个县在60%和70%之间。这意味着县城区聚集了县域内大部分的高学历人口，而非县城乡镇拥有的高学历人口数量很少，有的仅拥有几十个具备大学文化程度的人。

总体而言，乡村地区呈现人口负增长与劳动年龄人口流失、少子化、深度老龄化叠加的态势。这一态势对乡村社会发展具有渐进性、累积性、长期性的影响，必将影响乡村振兴战略实施，因此必须深入分析影响机制，找出应对方略。

二　人口转型对乡村振兴提出的挑战

（一）县城区与乡村人口变动的二元态势提出城乡融合发展的新问题

县城区人口剧增、乡村人口缩减的二元态势表明县城区承载力和吸纳能

力增强，县城区集聚经济效应逐渐显现，带动全域发展的能力大为提高，但也说明劳动力、资本等要素向县城区单向流动，县城区基础设施、公共服务资源面临逐渐增大的人口压力，县城区建设的短板问题被进一步放大。乡村人口的缩减态势，将导致村庄的人口空心化、住宅空心化持续恶化，公共设施利用不足和空置，甚至可能出现乡镇村庄化状况，削弱乡村支撑县域经济总体布局能力、引领周边发展能力。人口变动二元态势给城乡融合发展增加了难度，提出新问题：乡村基础设施和公共服务资源的配置上如何保障空间可及性又实现利用高效性；县城区基础设施和公共服务资源补短板的同时，怎样实现乡村建设水平提升；县域应制定怎样的产业发展战略，既能保持县城区经济竞争力和增长性，又能带动县域其他乡镇产业复兴，以缩小城乡过大差距；等等。

（二）乡村产业兴旺面临农业生产者进一步老化、人才不足困境

受教育水平较高、创新创业能力较强的中青年是乡村产业兴旺的中坚力量，但乡村人口转型的趋势是乡村劳动年龄人口持续外流、高素质人才留城不留乡、乡村人口步入深度老龄化阶段，这造成农业生产者队伍难以获得年轻化更新，反而面临进一步老年化的局面，不利于提高农业生产科技水平和生产率，还危及粮食生产的安全性和可持续性；也造成一二三产业融合、乡村产业多元化发展面临人才基础不牢、创新主体弱小、创业活力不强的窘境；人口减少造成乡村消费市场萎缩，不利于形成产业快速发展的环境。概言之，乡村人口规模缩减叠加高素质人才缺失、深度老龄化等风险，制约乡村振兴战略中产业兴旺目标实现。

（三）乡村社会保障面临养老医疗支出扩大、公共服务亟须完善的问题

随着乡村社会普遍进入深度老龄化阶段，高龄老人数量不断增大，老年疾病进入高发时期，对专门的老年疾病医疗机构和医护人员的需求更加紧迫，用于医疗报销的医保支出规模也将越来越大，而现有优质医

疗资源过于集中在城镇，医疗服务的供需矛盾日益突出，亟须优化城乡医疗服务体系和完善医疗保险制度。乡村老年群体快速增加，尤其是失能失智半失能半失智老人数量快速增加，对普惠优质的养老服务的需求快速增长，乡村家庭规模缩小、中青年人口外流加剧了留守老人的养老照护困境，而现有乡村养老服务体系建设在养老设施、机构床位数量与服务能力、护理人才队伍等方面存在明显短板，难以满足乡村养老需求。

（四）乡村良好治理面临青壮年人员不足、活力不足、动力不足的问题

青壮年是推动乡村治理主体队伍更新换代，推动治理体系创新发展和激发治理活力的重要力量。青壮年人员外流、高学历人才留城不留乡在相当程度上导致乡村自治组织人员老龄化、组织治理结构虚化、治理能力弱化的困境，表现为缺少行动主体参与乡村秩序维护、执行基层治理任务、开展公益建设等。青壮年还是传承和创新优秀传统文化的担纲者，大量青壮年外出不利于传统文化价值传承和乡村文明构建，也造成留守儿童的家风传承中断或弱化，进而影响乡村振兴战略中德治、法治、自治协同发展的良好治理目标达成。

三　国外应对乡村人口转型的政策与经验

乡村人口收缩及老龄化现象在其他国家出现的时间更早，人口收缩幅度和老龄化程度也更高，例如日本、意大利等。这些国家结合各自国情采取多种措施积极应对乡村人口转型，在不同程度上逆转或者减缓了乡村人口收缩态势，重新激发了乡村活力。本部分选取具有代表性的日本、美国和意大利为案例，梳理其各自应对乡村人口转型的经验做法，挖掘对我国和河北省的启发意义。

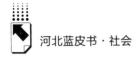

(一)日本应对乡村过疏化的经验[①]

日本社会自 20 世纪 60 年代开始出现乡村人口快速下降的现象，被称为"过疏化"，到 2021 年过疏化的町村达到 820 个，相当于 60% 的国土面积，但人口仅为总人口的 8.2%。日本政府很早就采取措施应对过疏化现象，主要包括以下几个方面。

一是制定非常完备的政策。日本政府自 20 世纪 70 年代开始，每 10 年就颁布一项治理过疏化的政策，包括 1970 年发布的《过疏地域对策紧急措置法》、1980 年发布的《过疏地域振兴特别措置法》、1990 年发布的《过疏地域活性化特别措置法》、2000 年发布的《过疏地域自立促进特别措置法》等。这些政策内容涵盖"产业振兴、观光开发、交通通信体系整备、生活环境、高龄者福利、医疗事业、教育振兴、地域文化振兴"[②] 等内容，构成世界上最为系统的应对人口大规模缩减区域的政策体系，为减缓人口过疏化态势、激发过疏化区域活力提供系统政策支撑。

二是注重改善过疏化町村的基础设施和公共资源配置。过疏化町村呈现人口稀少、远离城市、地处山地等特征，但日本政府仍尽力改善这些地区的交通、通信等基础设施，使其便于与外界联系。同时，日本政府发展出"生活圈"概念，先后构建"广域生活圈""市町生活圈""定住生活圈""地方生活圈"等多层次生活圈，依靠区域和城市资源为人口过疏地区提供各项服务设施，保障其便捷生活。

三是注重培育过疏化町村内生发展动力。日本政府注重内生发展导向来应对乡村人口收缩问题，探索过疏化町村的发展路径。所谓内生发展就是

---

① 本部分主要参考以下数篇论文：张立、李雯骐、白郁欣：《应对收缩的日韩乡村社会政策与经验启示》，《国际城市规划》2022 年第 3 期；田毅鹏：《东亚乡村振兴的社会政策路向——以战后日本乡村振兴政策为例》，《学习与探索》2021 年第 2 期；田毅鹏：《东亚乡村振兴社会政策的内涵及其体系构建》，《浙江学刊》2023 年第 3 期；田毅鹏：《20 世纪下半叶日本的"过疏对策"与地域协调发展》，《当代亚太》2006 年第 10 期。

② 田毅鹏：《东亚乡村振兴的社会政策路向——以战后日本乡村振兴政策为例》，《学习与探索》2021 年第 2 期。

"重新认识自己的地域特性，并从中挖掘、发现地域振兴策略"。① 其中最典型的是"一村一品"运动，即通过开发利用历史文化传统、名胜古迹、歌舞等特色文化以及特色物产等，形成独具特色的产品，以此推动过疏化町村形成新产业、焕发新活力。

四是注重引人留人，壮大乡村发展主体力量。吸引人到乡村并留住人是应对过疏化现象的关键所在。日本政府的一个重要措施是制定完备的乡村住房政策，引导城市人归村。例如，东京都奥多摩町采取三种住房政策：町政府购买土地，开发后出让给新居民以降低其建房成本；将町政府持有的房屋以优惠价格向年轻人出租；建立空房银行，政府收购或租赁空置房屋，统一出租。这些政策起到良好效果，政府主导开发的房屋基本全部出售或出租，吸引新移民居住的目的基本达成。

（二）美国明尼苏达州应对乡村人口收缩的经验②

美国明尼苏达州是重要的农业州，20 世纪初全州约有 2/3 的人口生活在乡村地区，到 21 世纪初，全州生活在乡村地区的人口占比已经下降至 29%。在经历了最初的农业繁荣时期和农业转型时期后，自 20 世纪 60 年代开始，明尼苏达州进入了人口流失严重的乡村萧条时期。面对人口收缩，自 20 世纪 90 年代开始，明尼苏达州采取"经济、社会和环境可持续发展"的战略，重新激发乡村发展活力，在一系列政策措施推动下，进入了一个"低人口密度下乡村效能激发的平稳发展时期"。

一是乡村经济可持续发展。首先，采取区域发展战略应对乡村人口收缩。人口收缩导致单个乡村的经济发展乏力，明尼苏达州依靠发达的交通设施和通信设施等，采取区域发展战略，突出单个村行政边界，通过打造跨行政边界的乡村复合体等方式，在更大范围调配和统筹区域内

---

① 田毅鹏：《20 世纪下半叶日本的"过疏对策"与地域协调发展》，《当代亚太》2006 年第 10 期。

② 本部分主要参考董慰、周楚颜、夏雷《人口收缩背景下明尼苏达州乡村可持续发展路径对我国东北地区的启示》，《国际城市规划》2022 年第 3 期。

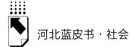

资源。其次，推动三产融合，延长产业链条，提升农业产值。明尼苏达州通过优惠的土地价格和税收减免政策吸引企业入乡村，实现农业生产和工业加工相结合，形成生物柴油、生物药品加工等新兴产业；通过主打乡村旅游、乡村体验等第三产业，吸引外来人口在乡村工作和定居生活。最后，明尼苏达州着力推行"农业增长、研究和创新计划""农业研究、教育、推广和技术转让补助计划"等两项发展计划，有效促进农业生产力提升和农业增值。

二是乡村社会可持续发展。吸引外来人口迁入和当地人留下是人口收缩地区保持发展活力、壮大发展主体的关键。明尼苏达州积极探索影响人口回迁的因素，发现发达的商业、较高的工资待遇、便捷的交通、完善的育儿政策和有吸引力的乡村生活方式等是关键因素，基于此，明尼苏达州提出要围绕"发展"和"参与"理念建设具有吸引力的乡村社会。具体措施包括：加大基础设施投入，建设完善的生活服务设施；组建新兴农民工作小组，为对乡村生活感兴趣的青年人、退休人群和其他城市居民提供农场资源平台、农场企业管理教育、小额信贷等支持，使其成为致力于乡村发展的"新兴农民"，实现壮大乡村发展主体的目标；另外，通过开展"乡村倡导者计划"，为面临自然灾害、财政问题的本州农民提供精准援助，以增强农民留在当地的信心，减缓流失。

三是乡村环境可持续发展。首先是通过立法保护耕地资源，又制订明尼苏达州保护区计划和保护安全计划，恢复自然湿地生态，帮助形成乡村狩猎业和乡村捕鱼业，增加乡村地区收入。其次是注重塑造和延续乡村景观。明尼苏达州在制定乡村规划战略、设计乡村建筑时十分注重识别和保护乡村景观资源，"将乡村景观作为调动地方和区域资源有效利用的关键"，[1] 通过重新塑造和延续本地独特景观资源，实现资源变资产。

---

① 董慰、周楚颜、夏雷：《人口收缩背景下明尼苏达州乡村可持续发展路径对我国东北地区的启示》，《国际城市规划》2022年第3期。

（三）意大利复苏人口收缩乡镇的经验①

意大利的人口收缩现象可追溯到后工业时期，自 20 世纪 90 年代起中小型乡镇人口流失愈演愈烈，据统计，2015 年至 2019 年，意大利全国有 5848 个乡镇出现人口收缩，占比达 74%。面对严峻的乡镇人口缩减态势，意大利主要从复苏产业、重新开发利用存量空置基础设施、构建多方协调的行动者网络等方面着手引导人口收缩乡镇的复苏。

一是复苏产业。意大利利用丰富的历史文化遗产、特色地中海风光、农业资源等，把复苏产业作为引导人口收缩乡镇复苏的关键，大力发展旅游业、文教产业、农业等。一个典型的复苏乡镇是蒙菲拉托镇，该镇拥有极为有名的葡萄园景观，且被列为世界遗产地。该镇利用其葡萄酒产业和世界遗产地的景观文化优势，自 2015 年开始连续 7 年举办蒙菲拉托景观节，景观节期间开办研讨会、景观培训课程等活动，不仅动员了当地居民参加，更吸引了其他乡镇政府、非政府组织、葡萄酒厂商、专家学者参加，成功促进了当地葡萄酒产业、旅游业和文化教育产业的发展。在扭转人口收缩态势方面，据统计"卡萨莱蒙菲拉托 2011 年人口数量仅比 2001 年减少 1.22%"，相较于此前 10 年人口数量锐减 9.54% 来说，人口缩减态势大大减缓。

二是重新开发利用存量空置基础设施。这与改善生态环境、基础设施条件和人居环境关系密切。以另一个复苏乡镇圣雷莫为例，该镇在 1991 年至 2001 年人口流失率达 9.6%。镇政府以推动当地原本鼎盛的旅游业复兴来吸引人口回归，而一项重要举措是重新开发当地一条闲置的滨海单轨铁路，将其改造成欧洲最长的一条自行车道（长达 24 公里）之一，沿线设置观景平台等各类服务设施，连同周边的开放空间一并打造成西利古里亚港湾公园。这些措施成功使圣雷莫镇成为意大利重要的户外旅行目的地，人口数量从此前的缩减转变为增长（2011 年较 2001 年人口增长 7%），就业率和人均收入

---

① 本部分主要参考谢舒逸、琳达·格瑞索里：《引导人口收缩乡镇的复苏——意大利的规划实践与启示》，《国际城市规划》2022 年第 3 期。

均实现提升。

三是构建多方协调的行动者网络。意大利人口收缩乡镇复苏，并非仅靠政府唱独角戏，而是充分动员了非政府组织、居民、高校、科研机构的能动性。非政府组织充当了沟通桥梁的角色，帮助居民了解政府的政策内容和发展愿景，居民得以带着诉求、生活经验参与到复苏项目的建设和维护中，参与到文化服务活动中，而高校和科研机构则在很多项目规划和设计中发挥重要作用，最终形成合力推动乡镇复苏。可以说构建多方协调的行动者网络是推动意大利人口收缩乡镇复苏的一个关键因素。

四　积极应对人口转型、加快推进乡村振兴的建议

（一）把握人口转型趋势，优化空间发展战略，促进县—乡—村协同发展

顺应县城区人口规模扩大和人口首位度提高态势，加快县城区补短板强弱项，推进公共服务和基础设施提级扩能，着力培育有带动意义的主导产业，提升县城区综合承载能力。引导人口流失的重点乡镇转型发展，重视挖掘乡村价值，加强传统工艺、旅游、休闲的结合，利用现代设计推动乡镇和空心村闲置设施的再利用，增强重点乡镇在县域内的人口支撑力。人口流失严重的乡镇严格控制建设用地增量，引导人口和公共服务资源适度集中，平衡公共服务效率和服务便捷性。积极寻求城乡融合发展的突破点，突破城乡建设规划的割裂状况，推动城镇基础设施和公共服务资源向乡村延伸。

（二）合理预估村庄发展态势，推动空心村治理与乡村社区建设融合①

从人口、住宅、产业等多方面摸清空心村状况，科学判断其发展态势，

---

① 本部分主要参考徐顽强、王文彬《乡村振兴战略背景下农村空心化治理与社区建设融合研究》，《农林经济管理学报》2019年第3期。

设计空心村治理整体性和长期性方案，分类推进空心村治理，结合空心村自身状况积极探索不同的社区建设路径。对于特色鲜明、发展潜力好、人口流失较少的村庄，应加强生活基础设施、人居环境、特色产业等方面的扶持，增强乡村吸引力，形成生态、宜居、美丽的新乡村；对于空心化程度深的村庄，应适时进行村庄迁并，实施新型社区建设，提升生产生活服务的便捷性和品质。另外，对应空心村的居住分散、治理组织弱、社会建设迟滞等状况，创新社区建设的路径：一是积极探索多个村庄协同治理机制，以集聚多村资源激发村庄发展动力；二是积极发展基层群众性自治组织、社区社会组织等，加强各类组织在动员和链接乡村社会资源方面的能力，以提升农民组织化程度激活内生发展动力；三是加强村内基础设施的建设，以乡村文化和生态特色为指引，优化人居环境。

（三）应对农业劳动人口缩减和老化，推进农业规模化机械化职业化发展

乡村人口减少给农业带来挑战的同时也为农业规模经营带来了机遇。基于乡村人口持续外流的趋势，应积极推动农业适度规模经营，推动土地向家庭农场、职业农民、合作社流转，实现农业规模效益；基于农业劳动力结构老化趋势，加快发展"以老年劳动力为主的农业社会化服务体系"，[1] 完善生产资料供给服务，加强农业技术支持，帮助老年劳动力解决遇到的市场、技术难题；提高农业生产过程中的机械化水平，政府应持续对农用机械购置进行补贴，鼓励农民购置农用机械，鼓励以农机合作社的形式扩大农机服务范围；以在乡在村的中青年农民、返乡农民工为重点对象，加强农业新技术、农业政策、管理经营技能等方面的培训，积极引导其成长为职业农民。

（四）以县域为单位构建整体解决方案，健全乡村养老服务体系

以县域为单位系统构建和完善养老服务体系，首先要结合人口分布、人

---

[1] 刘景景：《劳动力结构老化对粮食生产的影响》，《华南农业大学学报》（社会科学版）2017年第3期。

口老龄化态势和经济社会发展水平，系统推进县、乡、村三级养老服务网络建设，县级养老服务中心应突出全县养老服务资源的统筹、布局和指导职能，乡镇养老机构应突出养老服务的区域性和辐射性，以较为完备的养老服务种类满足域内老年人机构养老需求，村庄应以互助性养老院、日间照料中心建设满足老年人基本养老需求。其次要以普惠性养老服务资源扩容增量为中心，引导社会资本建设普惠性养老机构，快速应对深度老龄化乡村养老需求。最后要加快补足养老短板，加大财政对现有乡村养老互助幸福院等乡村养老机构的运营支持力度，提升互助养老水平，加快医疗服务资源与养老服务资源融合，提升乡村医养结合层次。

（五）激活留守人群与发动外出人群参与积极性并重，增强乡村振兴主体力量

鼓励和扶持老人协会、妇女组织、各类合作社等社会组织发展，提高留守人群组织化程度，以组织化激发留守人群参与乡村治理的积极性。以留守人群中的青壮年为重点，积极开展农业技能、创业知识等方面培训，以技能和知识培训形式提高留守人群的人力资本，进而提升其服务乡村振兴的能力。抓住产业振兴政策红利，积极发展镇村集体经济项目，同时发挥乡土情怀、故土情结作用，采取返乡创业、回乡投资等多种方式，调动外出优秀人才参与本乡本村发展积极性。探索建立城乡、校地之间人才培养与交流机制，采取多种方式，鼓励引导高校毕业生特别是农科类毕业生到基层工作。

参考文献

董慰、周楚颜、夏雷：《人口收缩背景下明尼苏达州乡村可持续发展路径对我国东北地区的启示》，《国际城市规划》2022年第3期。

刘爱梅：《农村空心化对乡村建设的制约与化解思路》，《东岳论丛》2021年第11期。

刘景景：《劳动力结构老化对粮食生产的影响》，《华南农业大学学报》（社会科学

版）2017 年第 3 期。

　　田毅鹏：《20 世纪下半叶日本的"过疏对策"与地域协调发展》，《当代亚太》2006 年第 10 期。

　　田毅鹏：《东亚乡村振兴的社会政策路向——以战后日本乡村振兴政策为例》，《学习与探索》2021 年第 2 期。

　　田毅鹏：《东亚乡村振兴社会政策的内涵及其体系构建》，《浙江学刊》2023 年第 3 期。

　　谢舒逸、琳达·格瑞索里：《引导人口收缩乡镇的复苏——意大利的规划实践与启示》，《国际城市规划》2022 年第 3 期。

　　徐顽强、王文彬：《乡村振兴战略背景下农村空心化治理与社区建设融合研究》，《农林经济管理学报》2019 年第 3 期。

　　张琛、张云华：《根据农村常住人口变化趋势谋划乡村振兴》，《中国发展观察》2021 年第 5 期。

　　张贵友：《乡村振兴背景下"空心村"治理对策研究》，《江淮论坛》2019 年第 5 期。

　　赵周华、霍兆昕：《中国乡村振兴战略实施面临的人口问题及应对思路》，《农业农村部管理干部学院学报》2019 年第 3 期。

　　张立、李雯骐、白郁欣：《应对收缩的日韩乡村社会政策与经验启示》，《国际城市规划》2022 年第 3 期。

B.19
中国式现代化背景下河北省农民
精神富有实现路径探究*

韩旭 黄硕**

摘　要： 丰富人民精神世界是中国式现代化在精神文明建设中的本质要求。"精神富有"既是共同富裕的最亮底色，也是检验共同富裕程度、衡量人民幸福指数的重要标尺。本报告立足河北实际，从农民这一群体出发，通过调研数据、整理分析，探究中国式现代化背景下河北省农民精神富有实现困境和实现路径，以期为推进共同富裕进程中更好地建设精神文明贡献力量。

关键词： 中国式现代化　农民　精神富有　河北省

党的二十大报告擘画了以中国式现代化全面推进中华民族伟大复兴的宏伟蓝图，"物质文明和精神文明相协调"作为中国式现代化的五大特征之一，再次彰显了中国人民的殷切期盼、中国共产党矢志不渝的奋斗目标，即"精神富有"的重要性。目前，我国 GDP 仍旧稳坐全球第二宝座、贸易总额全球第一、人均可支配收入水平较高，百年间中国人民历经了从饥饿到温

---

* 本报告系 2023 年度河北省社会科学发展研究课题"中国式现代化背景下河北省农民精神富有实现路径探究"（课题编号：20230305056）的成果。
** 韩旭，河北农业大学人文社会科学学院党务秘书，研究方向为党建与思政教育；黄硕，河北农业大学马克思主义学院讲师，研究方向为思政教育、文化教育。

饱再到走向小康的过程，物质生活得到了极大程度的改善，而与之相应的精神生活却呈现相对落后的现象，因此在中国式现代化的背景下实现精神富有成为当前国家发展、建设的重要问题。

近年来，河北省城镇化水平逐年提高，但是农村人口数量依然庞大，第七次全国人口普查数据显示，截至 2020 年 11 月 1 日，河北省农村人口数量为 2980.42 万人，约占河北省总人口的 39.93%。农民作为河北省建设的有生力量，在河北省的发展过程当中发挥着不可或缺的作用，与此同时，省内农村居民人均可支配收入逐年升高，省内农民的物质生活得到了极大程度的改善。因此，在中国式现代化的背景下完善河北省农民群体的精神建设，实现农民群体精神富有，成为河北省农村建设的重要抓手，也成为推进中国式现代化建设的重要着力点。

一　中国式现代化背景下农民精神富有科学内涵

精神富有是相对于物质富有而言的，是主体在一定的社会实践活动中，通过精神生产和精神生活所呈现出来的在思想道德、文化素质、知识水平、理想信念、价值观念、文明和谐等精神方面的意愿与追求，并在此过程中创造精神财富，获得精神满足与享受。

中国式现代化背景下的精神富有是基于一定物质基础之上主体通过精神生产和精神财富创造的实践活动使其精神得到满足、发展和超越的美好状态。

基于以上界定，笔者认为中国式现代化背景下的农民精神富有是指农民的物质生活达到一定水平，农民主体通过精神生产和精神财富创造的实践活动，使自身的精神生活实现进一步提升，达到满足、发展和超越的美好状态。即农民主体既能够创造精神财富，又能够获得精神满足的美好状态。

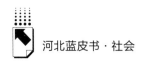

二 中国式现代化背景下河北省农民精神富有实现困境

（一）价值观念滞后，对精神文明建设的重视程度不高

农村精神文明建设是滋润人心、德化人心、凝聚人心的工作，习近平总书记高度重视农村精神文明建设，指出"农村精神文明建设很重要，物质变精神、精神变物质是辩证法的观点"。① 但是当前河北省农村众多地区陷入了一种"怪圈"：一边是经济快速发展，重视物质财富的增长，钱袋子鼓了；一边是道德出现滑坡，诚信缺失，村民守望相助的传统悄然消失。农村十分重视经济的发展，在乡村振兴的大环境下，农村的经济建设工作毫无疑问成为农村发展过程中的着力点，但是乡村振兴的要求并不局限于农村物质生活的层面，尤其在中国式现代化的背景下，农村精神文明建设处于同物质文明建设一样重要的地位。因此，针对目前河北省农村众多地区出现的"怪圈"问题，提高基层干部及农民对农村精神文明建设的重视程度显得尤为重要。

（二）生态环境问题依然存在

中国式现代化是人与自然和谐共生的现代化，生态文明建设对于推动精神文明建设也有着十分重要的作用。同时，生态文明与物质文明、精神文明、政治文明既相对独立，又相互贯通、相互依赖，物质文明是基础，政治文明是保障，精神文明是主导，生态文明是前提。生态文明和精神富有是内在统一、相互促进、共同发展的关系。由此可见，生态文明建设对于精神文明建设至关重要。

---

① 《人民日报评论员：加强农村精神文明建设——论学习贯彻中央农村工作会议精神》，中国政府网，2021 年 1 月 3 日，https://www.gov.cn/xinwen/2021-01/03/content_ 5576385.htm。

但是近年来河北省农村生态环境治理仍存在诸多问题，严重制约了河北省农民精神富有目标的实现。国内学者早在十年前关于河北省农村生态的调研中就发现，河北省农村的生产污染和生活污染问题十分严重，同时，省内的绝大多数农民也意识到了村内严重的污染问题。近年来，随着党和国家稳步推进乡村振兴，河北省农村的生态环境治理也在稳步地推进当中，省内农村的生态环境质量有了较大程度的提升，但是由于大气污染、土壤污染及水污染等诸多因素，省内农村生态环境问题依然存在。因此，在中国式现代化的背景下，想要实现河北省农民精神富有的目标，解决河北省农村生态环境问题刻不容缓。

（三）农村精神文明建设人才匮乏

千秋基业，人才为先。党的二十大报告指出，必须坚持人才是第一资源，深入实施人才强国战略。可见人才在新时代国家建设和发展过程中的重要作用。但是，在对农村精神文明建设的研究中发现，"农村精神文明建设人才匮乏"问题成为我国农村精神文明建设的显著缺口。以乡土文化人才为代表的农村精神文明建设人才，作为基层队伍的重要组成部分，在中国式现代化的背景下，在乡村振兴的过程当中发挥着带领群众的核心作用，他们是乡村文化振兴的新引擎，是推动农民精神富有的重要力量。所以在中国式现代化的背景下，想要实现河北省农民精神富有目标就必须加强对河北省乡土文化人才的培育。

三 中国式现代化背景下河北省农民精神富有实现路径

（一）深化对精神文明建设重要性的认知

中国式现代化是追求物质文明高度发达的现代化，也是追求精神文明高度发达的现代化，物质文明和精神文明协调发展是中国式现代化的崇高追求。提高省内基层干部以及广大农民对于精神文明建设重要性的认知程度，深化对物质文明建设与精神文明建设并重意义的认识，对于破除河北省内农村众多地区存在的"怪圈"现象，实现河北省农民精神富有目标来说意义重大。

首先，要深化河北省基层干部对精神文明建设重要性的认知。广大基层干部是乡村振兴实现的中坚力量，发挥着纽带作用，河北省要想进一步推进农村精神文明建设，强化省内基层干部对精神文明建设重要性的认知十分必要。河北省各地级市要切实地推动基层干部培训工作，通过价值引领、现实案例科学讲解等方式，提高省内基层干部对于精神文明建设重要性的认知程度。只有广大基层干部的思想觉悟提高了，才能进一步在村干部的培训过程当中有效推进精神文明建设认知的普及化和深化，使广大村干部有更高的积极性去带动各村村民进行精神文明建设，才能使全村"拧成一股绳""劲往一处使"，才能高效推动农村精神文明建设的进行。

其次，要发挥"美丽乡村"的示范作用。在中国式现代化的背景下，河北省在推进乡村振兴的过程当中，评选出了诸多"美丽乡村"。相关部门在对广大村干部的培训过程中，以及对村民的科普宣传中，可将"美丽乡村"作为讲解的重点部分，发挥"美丽乡村"的榜样示范作用。通过介绍何为"美丽乡村"，探讨如何建设"美丽乡村"，来提高村干部和村民对于精神文明建设的认识，提高实现精神富有目标的主要力量对于精神文明建设重要性的认知程度，推动以"美丽乡村"为切入口的精神文明建设的实施。

最后，要引入精神文明建设竞争机制。"美丽乡村"的评选涉及乡村建设的各个方面，其中精神文明建设是重要的一环，河北省可以以"美丽乡村"评选活动为例，引入精神文明建设竞争机制，通过不同的竞争机制、竞争活动，提高村干部及各村村民参与精神文明建设的积极性。同时，在竞争机制设计的过程当中可以进一步引入奖惩机制，用物质激励、精神激励等方式，提升不同村落参与精神文明建设竞争的积极性，实现精神文明建设的良性循环。

（二）开展多角度的文化建设工作

在中国式现代化的背景下实现河北省农民精神富有的目标，要坚持用社会主义先进文化占领农村思想文化阵地，要从农村文化场所和文化设施、文化服务、文化内容等方面进行系统优化。

首先，要改善河北省农村文化场所，加强文化设施等硬件条件的建设。河北省基层政府和基层群众性自治组织应适度加大经济倾斜的力度，在省内村落的中心地带或人员密集地带，完善农村文化场所和文化设施的建设。在建设过程中要保持全面性，包含文化礼堂、文化广场、乡村戏台、非遗传习场所等设施。要探索建立长效机制，在完善文化活动硬件的同时，保证切实发挥农村综合文化服务活动中心在农民文化娱乐、文化传承、文化教育等方面的作用。

其次，要优化文化服务。建立村民反馈机制，使广大村民积极地参与到农村文化建设的行动中来，将村内的文化建设项目与村民需求做到精准对接，增强文化建设的针对性和合理性。与此同时，通过政府采购和社会捐赠等形式，加大配送精神文化产品的力度，重点加大送电影、送图书、送培训、送法律、送科技和送礼仪等"十送"力度，进一步丰富河北省内村民的文化建设内涵，推动河北省农民精神富有的实现。

最后，要优化文化内容，把握精神文明建设的质量。要坚持马克思主义在意识形态领域的指导地位，以社会主义核心价值观为引领，发展社会主义先进文化，弘扬革命文化，传承中华优秀传统文化，坚持文化自信。同时，持续推进农村移风易俗，健全道德评议会、红白理事会、村规民约等机制，治理高价彩礼、人情攀比、封建迷信等不良风气，推广积分制、数字化等典型做法，推动优秀文化的有序传承和弘扬。

与此同时，要凸显当地的文化特色。在中华悠悠五千年的历史文化长河当中诞生了诸多地方特色文化，在中国传统文化发展的过程当中，地方特色文化扮演了符号性的角色，各地世世代代形成和积累的特色文化展现出独有的精神魅力。正是地方特色文化的熠熠生辉造就了中国传统文化的璀璨光芒。在中国式现代化的背景下，深入挖掘农村地方特色文化的鲜活内涵和个性魅力，实质上是中华优秀传统文化创造性转化、创新性发展的重要引擎，这为农村村民夯实文化自信提供了有力支持，也为农民精神富有的实现提供了有力的抓手。河北省不同地级市、不同县（市、区）乃至不同村落的精神文明领域的建设者都应该深度挖掘和弘扬当地的特色文化，运用当地独特的文化符号去丰富农民的精神文化生活，助力农民精神富有目标的实现。

（三）加强河北省农村的生态文明建设

生态文明建设的有效进行对于精神文明的实现有着极大的推动作用，针对河北省农村生态环境存在的诸多问题，我们要从多主体多角度进行解决。

首先，要建立健全河北省农村生态环境治理的相关制度。2022年，《河北省生态环境保护"十四五"规划》发布，这为新时期河北省生态环境治理提供了指引，但是需要不同地级市以及县（市、区）乃至村镇因地制宜，根据不同地区的生态环境污染程度和污染防治重点进行科学、合理的决策制定，出台细化的河北省农村生态环境治理制度。与此同时，加大相关制度的宣传力度，扩大传播和影响范围，推动制度有效落地。

其次，提高村民的环保意识。对于河北省农村的生态文明建设来说，提高村民的环境保护意识，改善旧有的生活习惯刻不容缓。可以通过制度规定以及科普知识的宣传，提高省内村民对于生活垃圾、污水、农药化肥处理等问题的重视程度，有效减少污染有关行为的发生。

最后，要加强监管。制度实施以及村民环保意识的提高都需要一个过程，需要一定的时间才能完成，在这期间，对于省内村民环保行为的监督是十分必要的。村委会应责任到人，分区分片，派遣专人进行监督，必要时可以制定相应的处罚性村规，逐步纠正省内村民破坏生态环境的行为。

（四）加强河北省农村乡土文化人才培育

针对当前农村精神文明建设人才匮乏的问题，河北省必须加强乡土文化人才的培育，实施乡土文化人才培养工程，吸引各行各业尤其是涉及精神文化领域的人才参与科普讲解、文化宣讲、社区服务、文艺演出等。特别是对于拥有特色文化的村落，基层政府和基层群众性自治组织要尊重人才、尊重优秀传统文化，扶持农村非遗传承人、民间艺人收徒传艺，加大力度支持乡土文化民间组织的发展。以乡土特色文化传承人为抓手，坚持保护为先、合理利用相结合，推动非物质文化遗产保护传承工作呈现新气象。

参考文献

陈雪珍：《以社会主义核心价值体系引领精神富有建设》，《社会科学家》2013 年第 3 期。

晏娜、毕红梅：《中国式现代化视域下精神富有的科学内涵、价值逻辑及实践进路》，《理论导刊》2023 年第 7 期。

高玉敏：《乡风文明视域下乡村文化建设路径研究——基于河北省乡风文明建设的调查与思考》，《四川戏剧》2022 年第 6 期。

邹建中：《精神富有的社会是一个生态文明的社会》，《观察与思考》2012 年第 11 期。

贾圣武、杜宝军、田琪：《河北省农村环境污染现状与对策》，《中国经贸导刊》2011 年第 23 期。

苏丽、马景顺：《河北农村生态环境保护及治理对策研究》，《石家庄学院学报》2021 年第 1 期。

温啸宇、林思成、彭超：《新时代农村精神文明建设路径探索》，《西北农林科技大学学报》（社会科学版）2023 年第 11 期。

张才行：《乡村振兴背景下实现农民精神富有的路径分析——以郴州市苏仙区为例》，《乡村科技》2019 年第 15 期。

B.20

乡村为本：走上下联动、
内外共生发展之路*

——河北省脱贫地区和脱贫群众增强内生发展动力机制研究

刘丽敏**

摘　要： 　增强脱贫地区和脱贫群众内生发展动力是巩固拓展脱贫攻坚成果的必然要求，是全面推进乡村振兴最稳定、最强大的可持续力量。河北脱贫地区仍是全省全面推进乡村振兴的重大短板之一，部分脱贫地区和脱贫群众内生发展动力仍不足，体制机制障碍仍存在。本报告基于"乡村为本"的内生式发展理念和部分脱贫地区内生式发展模式的实践探索，提出乡村为本，走上下联动、内外共生发展之路，建构起更具河北特色、更具韧性、内外发展模式相统一的内生发展动力机制，增强脱贫地区和脱贫群众依靠自身力量发展的志气和底气。

关键词： 　内生发展　乡村为本　河北省

习近平总书记在全国脱贫攻坚总结表彰大会上强调："坚持调动广大贫困群众积极性、主动性、创造性，激发脱贫内生动力。"① 党的二十大报告也特别强调，巩固拓展脱贫攻坚成果，增强脱贫地区和脱贫群众内生

---

　*　本报告系 2023 年度河北省社会科学发展研究课题"河北'燕山—太行山'脱贫地区和脱贫群众增强内生发展动力机制与社会基础研究"（课题编号：202302050897）的成果。

**　刘丽敏，河北省社会科学院社会发展研究所副研究馆员，研究方向为社会政策和社会管理。

①　《习近平：扶贫、扶志、扶智相结合　引导贫困群众摆脱贫困》，"环球网"百家号，2021 年 2 月 25 日，https：//baijiahao.baidu.com/s？id=1692661487357146066&wfr=spider&for=pc。

发展动力。河北省曾是我国脱贫攻坚任务较重的省份之一，在取得 62 个贫困县、499 万贫困人口全部脱贫摘帽的决定性胜利后，进入了巩固拓展脱贫攻坚成果同乡村振兴有效衔接的关键时期。但部分脱贫地区仍面临人才、资本等发展要素匮乏的难题，部分脱贫群众增收渠道不宽、"造血"能力不强等问题仍十分突出。伴随"三农"工作重心发生历史性转移，到户资源已发生调整，一批生计脆弱的低收入人口返贫致贫风险逐渐显露。因此，增强脱贫地区和脱贫群众的内生发展动力不仅是乡村振兴时期突破内生发展问题的必要行动选择，也是新阶段巩固拓展脱贫攻坚成果的必然要求。

一　河北省脱贫地区和脱贫群众内生发展动力现状与问题

（一）河北省脱贫攻坚取得积极成效并转入全面推进乡村振兴阶段

党的十八大以来，河北省委、省政府坚持以习近平新时代中国特色社会主义思想为指导，认真贯彻落实党中央、国务院关于"三农"工作决策部署，以实施乡村振兴战略为总抓手，积极落实农业农村优先发展方针，不断深化农业供给侧结构性改革，全面推进乡村产业、人才、文化、生态、组织振兴，农业农村发展有了翻天覆地变化。截至 2022 年底，全省农林牧渔业总产值、增加值均比 2012 年增长 1.4 倍；粮食产量连续 10 年保持在 700 亿斤以上，菜肉蛋奶果产量明显增长，均排全国前列。全省农村居民人均可支配收入由 2012 年的 8081 元增长到 2021 年的 18179 元，城乡居民收入比由 2.54 缩小到 2.19；特色产业集群和重大项目建设取得突破性进展，产业融合发展水平进一步提高，农业发展质量、效益和竞争力不断提升；农村厕所改造、垃圾和污水治理加快推进，农村基础设施建设和公共服务水平显著提升，乡村治理体系健全完善，农村社会持续保持稳定安宁，有效发挥了"基本盘""压舱石"的战略作用，并成为全省经济社会发展的亮点。在脱贫攻坚战当中,河北省举全省之力实现现行标准下农村贫困人口全部脱贫、7746个贫困村全部出列、62个贫困县全部摘帽。[①] 2021年度,河北省在国家巩固脱贫成果后评估中综合评价为"好"的等次,名次位居全国前列,在资金绩效评价中被评为"A"级等次;河北省防返贫监测帮扶、易地搬迁后续扶持、产业帮扶、就业帮扶、乡村治理等经验模式,先后在全国推广,为建设经济强省、美丽河北提供了有力支撑。"十四五"时期是河北省实现巩固拓展脱贫攻坚成果同乡村振兴有效衔接过渡期的五年。全省将原45个国定贫困县、17个省定贫困县全部确定为省级乡村振兴重点帮扶县,先后制定完善省级衔接政策文件78个,下达省级以上财政衔接资金104.9亿元。

(二)河北省脱贫地区发展基础的薄弱性与实践中的"返贫风险"

总体来看,全省部分脱贫地区和脱贫群众的发展基础还比较薄弱。一是发展不平衡不充分的问题仍突出。县域经济整体实力偏弱,持续提高农村群众收入的新动能略显不足,自然村基础设施尚未得到持续改善,公共服务"历史欠账"较多。二是脱贫群众生活水平相对较低。脱贫人口人均收入明显低于全国脱贫户人均收入和全省农村居民人均收入。三是防返贫致贫任务依然繁重。全省纳入台账管理的防返贫对象数量多,在基本医疗、住房、义务教育、安全饮水等方面持续动态监测的任务依然很重。四是脱贫基础相对薄弱。脱贫地区人口老龄化严重、无劳动能力的特殊群众占比高、劳动力短缺且自我发展能力弱,因而巩固提升难度大。此外,自然灾害也给脱贫地区经济社会带来不确定性影响,增加了工作难度。因此,脱贫地区依然是河北省扎实推进共同富裕、全面推进乡村振兴的重大短板之一,必须牢牢守住不发生规模性返贫的底线,在增强脱贫地区和脱贫群众内生发展动力上持续用力,加快推进脱贫地区乡村产业、人才、文化、生态、组织的全面振兴,跟上全省全面建设现代化经济强省的步伐。

---

① 郝东伟:《河北农业农村发展有了翻天覆地变化》,《河北日报》2023年1月4日。

针对贫困地区内生发展动力不足的问题，我国从 20 世纪 80 年代以来的许多扶贫政策强调贫困人口要自力更生、艰苦奋斗。中央出台精准扶贫政策以后，河北省出台了一系列有针对性的政策文件，启动了"扶贫扶志"专项行动，强调"造血式扶贫"价值理念。但在实践中，部分政府更加关注的是脱贫人数、居民收入、产业收入等单一性量化指标，通过资源供给、干部援助、政策补助等形式自上而下地推动乡村发展，而增强乡村内生发展动力的具体实践由于难以量化、见效相对缓慢而不被重视，也未在绩效考核当中得到明确体现。虽然摆脱了经济上的贫困，但乡村和当地群众的发展能力并没有获得相应的提升，"返贫"甚至"区域性返贫"的不确定性风险仍存在。

（三）脱贫地区和脱贫群众内生发展动力不足的主要表现及其原因

从全省扶贫实践看，脱贫地区和脱贫群众内生发展动力不足主要表现为三方面。一是部分脱贫群众安于现状。他们不愿放弃国家帮扶政策的各种补助，认为国家帮扶"理所当然"，"等、靠、要"思想根深蒂固，存在"坐等帮扶上门"想法，缺乏发展致富动力。二是参与乡村振兴积极性不高。即使有政府和社会各界的帮扶，部分脱贫群众仍不愿积极投入资金或人力参与乡村振兴项目，产生了帮扶干部"热"而脱贫群众"冷"的现象。三是部分脱贫群众致富信心不足。与其他地区相比，脱贫地区自然环境较恶劣、生态较脆弱，农业生产是群众收入主要来源，而由于农产品抵御自然、市场与社会风险的能力较弱，不少农民害怕风险，担心未能致富反而背上债务。[①] 因此，虽然脱贫攻坚取得全面胜利，但脱贫地区和脱贫群众的内生性问题仍较为突出。

究其原因有如下几个。一是内生发展模式与外生发展模式相脱节。在脱贫攻坚过程中，政府自上而下的推动占据了主导，依靠村外资源输入的

---

① 赖玉超、魏菁：《第一书记视角下增强脱贫地区和脱贫群众内生发展动力的思考与建议》，《当代农村财经》2023 年第 4 期。

"外生发展模式"成为脱贫的主要方式，与基于乡村自主性和群众参与的"内生发展模式"相脱节，内外主体之间缺乏有效协作，衔接机制尚未健全，外生发展抑制内生发展的现象屡见不鲜。二是乡村空心化与家庭空巢化现象普遍。随着乡村社会流动性显著增强，许多贫困村庄的青壮年劳动力为谋求生计"离农务工"，乡村空心化与家庭空巢化现象正在成为脱贫地区乡土社会的现实写照。例如，平山县某村注册人口1252人，实际常住人口仅700多人，且大多为老、弱、病、残人群。三是组织建设基础薄弱。除了经济性质的农民合作组织外，公益性质的志愿服务组织、公益慈善组织、社会服务组织等社会组织的介入匮乏，新型农业经营主体带动能力弱、利益联结机制松散。[1] 四是社会交往不足与社会联结趋弱。村民间基于生产生活方式的互动性交往不足，村民间以及村民与村庄间的社会联结正逐步削弱。[2]

随着河北省进入全面推进乡村振兴阶段，工作对象从农村脱贫群众拓展到所有农村群众，工作地域从脱贫地区拓展到所有农村地区，工作内容从以解决建档立卡贫困人口"两不愁三保障"为重点，转向实现乡村产业兴旺、生态宜居、乡风文明、治理有效、生活富裕，政府在政策举措、工作体系、发展规划等方面的重心都在发生转移。脱贫地区只有逐渐摆脱地方发展对外界的依赖，激发源自内部的生长动力，调动起脱贫群众自我发展的积极性，才能真正实现全面、长远的发展。

二 基于"乡村为本"的内生式发展理念

（一）内生式发展理念的演进及其在我国脱贫研究中的应用

内生式发展理念最早由瑞典财团于1975年在一份关于"世界的未来"

---

① 杨建利、邢娇阳：《我国农村产业融合发展研究》，《中国农业资源与区划》2017年第9期。
② 刘守英、王一鸽：《从乡土中国到城乡中国——中国转型的乡村变迁视角》，《管理世界》2018年第10期。

的联合国总会报告中提出，其认为"如果发展作为个人解放和人类的全面发展来理解，那么事实上这个发展只能从一个社会的内部来推动"。[1] 这表明，基于内力推动的全面发展模式已得到国际社会的广泛认可。20 世纪 80 年代，包括穆斯托（Musto）、弗里德曼（Friedman）、加洛弗利（Garofoli）在内的欧洲学者不断丰富内生式发展的理论内涵，强调内部资源（包括人力资源）的在地化开发与充分利用，以及本地动员对于本地发展的重要性，指明了内部资源与本地动员的决定性作用。20 世纪 90 年代以后，日本展开了对内生式发展的理论反思，原因是其逐渐变成了一种缺乏可操作性的"自言自语"，这场反思使学者认清了乡村内部之间及乡村和城市之间网络化的交流与合作，而内外共生发展的实践模式也成为近年来日本地方自治体合并浪潮的一个理论依据。[2] 我国在政策实践促动下，自 2014 年以来以"内生动力"为主题的脱贫研究明显增加，越来越多的研究者呼吁关注脱贫地区和人口的"内生动力"，强调帮助脱贫人口树立实现更好生活的目标、信心，以及制订实现这些期待所需的计划并付诸实践，但大多数研究更强调个体精神层面，将内生动力落脚在个体谋求发展的主动性、积极性上，暗含"个体本位"的价值取向，对基于社会条件和关系的"乡村整合"取向相对忽视。

（二）内生式发展的基本内涵：成长力、参与力与持续力

内生式发展包括以下三方面内涵。首先，以培育地方自身的"成长力"为最终目标。随着全球现代化进程加快，衡量地区发展的指标已由单一的经济指标向经济、社会、文化、生态等多元指标转化，生态和文化作为重要的指标已被纳入乡村发展的考察体系中，本地人重新获得了发展的主导性地位，传统文化等要素在内生式发展模式中的影响力日益提升。例

---

[1] Nerfin, M., *Another Development*, *Approaches and Strategies*, Uppsala: Dag Hammarskjöld Foundation, 1977.

[2] 张环宙、黄超超、周永广：《内生式发展模式研究综述》，《浙江大学学报》（人文社会科学版）2007 年第 2 期。

如，太行山区阜平县有着"组织起来"的光荣传统，当地政府紧紧依靠农民和合作组织，充分利用各村闲置土地资源，大力发展食用菌等富民产业，其集体和个人收入都得到了较快增长。其次，内生式发展强调本地人嵌入实践全过程、各环节的"参与力"。扎根乡村的文化与社会基础，让本地人成为发展的主要受益者，吸收本地人加入实践并将其纳入实践的全过程和各环节。最后，内生式发展强调基于实践关系来培育生产和生活关系的"持续力"。一些脱贫实践经验表明，过于依靠自上而下的行政命令可能会使管理组织与当地群众间缺乏有效协作，造成自我发展效能低下、社会发育滞后、产业质量较低、乡村治理体制不健全，① 即一种缺乏可持续性、单向的"输血式发展"，与之相对的"可持续发展"强调让本地人在共同挖掘、培育和整合乡村资源的实践中，拓展"关系为基"的生产和生活共同体模式，由此实现乡村社会发展力量的自发性与持续性。

（三）优势视角下的乡村、关系为本：内生式发展的实践取向

内生式发展理念有以下三方面的实践取向。一是优势视角的实践取向。将带有地方特色的自然条件、传统文化等基础性要素视作内生发展的优势资源，通过实现社会关系与资源的整合发展，解决区域之间发展不均衡问题以及脱贫地区发展不充分问题，形成一种内外共生、多元共育、协调有序的持续性发展模式。二是乡村为本的实践取向。以乡村为基本单元，拓展上下联动、内外共生的关系联结，以农民为行动主体，以乡村的资源和社会关系为发展基础，推进乡村的整体发展。三是关系为本的实践取向。基于农民之间文化认同而形成的包括共同价值、共同目标和共同思想在内的共同纽带，动员广大本地农民参与到乡村发展的实践当中并促进"乡村共同体"的形成。需说明的是，不重视关系为本的乡村发展可能会导致下乡资本利用的低效率，例如，有的企业进驻脱贫地区后承包土地搞果树种植，除了部分用工以

---

① 文军、刘雨航：《迈向新内生时代：乡村振兴的内生发展困境及其应对》，《贵州社会科学》2022年第5期。

外，排斥本地人经营股份介入，结果是"1/3 掉地上了，1/3 被偷了，只收了 1/3"。这说明，在实践中需有机结合"乡村为本"与"关系为本"，在具体生活情境中发展本地人之间的关系联结，并以此来"滚雪球式"地积累乡村社会资本。

三 河北省部分脱贫地区内生式发展模式的实践探索

内生式发展理念已在河北乡村的部分实践中得到应用。例如，河北省涞水县"三变改革"模式、易县"巢状市场小农户参与"模式、威县"产业到村到户"模式，这些模式以乡村自有资源为本，将外生发展和内生发展进行有效融合，实现了内外资源的整合以及内外动力的有机、有效联结，走出了一条上下联动、内外共生的乡村发展之路。

（一）涞水县"三变改革"模式

涞水县蕴含着丰富的旅游资源。近年来，涞水县充分发挥这一优势，围绕旅游业带动贫困人口脱贫，持续鼓励脱贫人口积极参与到旅游致富的各项产业活动之中，让越来越多的脱贫群众切切实实地享受到本地旅游业发展所带来的成果。

一是推行股份制合作新机制。涞水县依靠旅游资源的天然优势，持续引入社会资金，加大金融资金投入，不断深入推进山场、林地等不动产转化为股份，形成了政府主导、资金带动、合作生产的内外共生的发展模式，探索出了一条股份制合作致富的新路子。例如，南峪村依靠原中国扶贫基金会扶持的 1000 万元，成立了由全体村民参与的旅游合作社，建设集体"村宿" 15 家，带动村民自办民宿 60 家，共计建成近 400 间客房，让农民实现了"足不出户，三薪到手"。

二是推行资产收益扶持制度。涞水县着眼于持续为脱贫群众创收增收，立足县域优势产业，以股份制合作为主要模式，为农民提供多重保障。建立

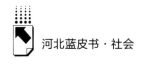

各种产业规模化片区并搭建资产收益平台 18 个，其中，县级平台 1 个，乡级平台 17 个，实现权益到户、资产到户，平均每年为本地脱贫群众增收 1000 元（每户），发挥了新业态辐射带动作用。

三是以旅游业带动产业发展。涞水县依托旅游优势产业，形成以景区带动村庄产业发展的"旅游兴产业"模式，先后带动起优质林果、设施蔬菜、农家游、生态养殖与家庭手工业的产业发展，并逐渐推进光伏、电子商务等新兴产业发展，建立起致富项目带户、致富产业富村、产业连片促乡、壮大产业规模、产业体系带县的发展格局。

涞水县借助帮扶等外部力量摆脱"贫困陷阱"，实施资源变资产、资金变股金和农民变股东的"三变改革"，广泛吸引农户参与并使之成为"利益相关人"。因此，只有充分利用外部帮扶力量，激发乡村自有力量，重组现代管理和组织要素，才能实现内外力量间的有机联结。

（二）易县"巢状市场小农户参与"模式

易县原属于国家级贫困县，县域自身经济发展、带动农户致富的能力与先进县（市、区）相比均存在较大差距。近年来，易县从自身的地理、资源和产业特色出发，基于片区抓产业、产业育龙头、龙头带基地、基地引农户的思路，从农户参与产业发展入手，推广"巢状市场小农户参与"模式，精准实现产业对脱贫地区和脱贫群众的全覆盖。

一是利用山区自然资源优势，组织农户生产特色农产品。易县政府与中国农业大学合作，以易县坡仓乡桑岗村为试点，以"山区小农户现在有什么"为基点，以乡村为本，顺应城市消费者对健康食品的追求，创新山区农户生产与城市社区居民消费对接的模式，把带有地方特色的农产品转变为可出售的产业化商品，先后在全县开设网店 600 多家，通过城市与乡村人口之间的互相信任，将社会财产转化为带动脱贫地区和脱贫群众发展的资金，每年总销售收入达到千万元以上。

二是将"巢状市场"作为主要的商品交易形式，搭建易于农户参与的新平台。易县依托社会网络和新媒体平台吸引消费群体，常年举办"电商大赛""电商年货节"等系列线上活动，并先后在北京、保定建立 11 个快递点，由城市居民在网上下单，农户按需组织产品生产和调配，仅桑岗村、宝石村直接对接的城市消费家庭就超 500 个。

三是发挥产业"集约效应"，不断壮大现代特色农业。易县着力发展特色农业，发展以"贺英牌""牛岗牌"为主的三优富士苹果、磨盘柿、樱桃、薄皮核桃等特色林果产业，在 100 多个村建立了采摘园，林果面积达到 40 多万亩；发展以肉鹅、生态鸡、肉驴、肉牛、生猪为主的养殖产业，其辐射规模达到全县 3951 家农户；全县种植药材、红树莓、优质花生、食用菌近万亩，农户年人均增收 500 元。

易县将政策扶持和农村产业优化结合起来，动员群众在产业发展过程中依靠政策降低了成本，依靠产业优化增加了收入，在降低农户风险的同时，也有效地调动起农民生产积极性，让他们切实感受到乡村发展带来的红利，从而增强参与乡村发展的自主性和自身的主人翁意识。

（三）威县"产业到村到户"模式

威县脱贫人口分布于 507 个行政村，长期面临低保救助人数多、农民增收渠道窄等难题。近年来，威县坚持"调结构、育龙头、促融合、增收入"思路，大量吸收本地群众参与当地经济发展，推动了系列富民产业的规模化运行，拓宽了村集体经济来源，增加了群众收入。

一是利用"农业龙头+合作社+脱贫户"模式稳定脱贫户收入。威县引入北京德青源、保吉安集团、威大公司（根力多全资控股）等一批龙头企业，将项目建设、农资购置、配方施肥、技术指导、市场销售等几个环节"五统一"，实行"保底收益、按股分红"的效益机制，吸引脱贫户将土地折合成股份入股合作社，农户不需承担经营风险，稳稳享受股权分红。例如，张营乡元寺村通过这种方式建设高标准梨园 210 亩，全村入股 56 个家庭，让 157 名群众有了稳定的收入来源。

二是以"反租倒包"农业项目形式实现脱贫户收入增长。威县采取"大园区、小业主"方法，组织龙头企业租赁农户土地，建设产业园区和相

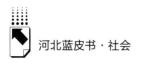

关物流链条并形成规模经营,再以"反租倒包"形式让农户租赁经营,农户与龙头企业建立了"联合社"利益共同体,降低了个体农户生产成本和经营风险,帮助6000多名脱贫群众实现收入增长。

三是以"劳务合作"培育传统手工项目。威县充分运用互联网和大数据对接市场需求,培育市场导向的多种创新型手工项目,建成老粗布、汽车坐垫、插花等手工生产专业村30个,将乡村传统文化引入乡村产业发展进程中,促进了产业的特色化和创新性发展,许多年龄较大的农民不出村也能从事生产加工,创造了"家门口"的岗位。

威县在巩固拓展脱贫攻坚成果同乡村振兴有效衔接的过程中,将产业振兴作为乡村振兴的重中之重,引进龙头项目、发展特色产业,创新股份合作资产收益模式,让广大脱贫户参与产业发展并分享发展成果,增强脱贫群众参与地方性产业发展的积极性,实现其稳定、可持续的收入保障,同时也为生态宜居、乡风文明、治理有效提供了坚实的物质基础。

以上地方实践表明,增强广大群众脱贫与振兴的内生动力,实现脱贫地区的均衡与可持续发展,关键在于立足当地实际,把脱贫群众组织起来,通过建立以合作经营、资产增值为主的发展机制,让群众在具体的生产与生活中发现并认同集体的共识和价值,主动参与地方产业发展全过程,自觉维护和实现集体的共同利益,从而构建起符合当地文化习俗、乡土伦理和经济基础的、全面振兴的"乡村发展共同体"。

四　走上下联动、内外共生发展之路

走上下联动、内外共生发展之路,需解决"内生动力"与"内生堕力"间的张力问题,让脱贫群众成为"主角",让乡村组织走到"前台",让脱贫地区迈向自发、可持续的内生式发展模式。

(一)以"乡村为本"整合资源

"乡村为本"以脱贫乡村为行动单元,以脱贫群众为行动主体,以乡村自然、人文社会为发展基础，以实现乡村振兴和共同富裕为实践取向，强调以社会关系为基础的"共振式增能"，[①] 从乡村文化认同和合作共同体的维度促进乡村成员之间的有机交流和协作，进而深度挖掘、培育和整合乡村的文化和自然资源，推动"个体行动"向"行动共同体"的转变，实现"外生发展"到"内生发展"的转变。

在乡村振兴政策背景下，不同于前期扶贫中的单一经济视角，"乡村为本"采取更具整体性的视角来看待乡村社会发展，将个体层面的生产、生活与乡村整体层面的产业相结合，并以此制定整合性行动策略来实现乡村产业、人才、文化、生态、组织的协同发展。这不仅与乡村振兴的整体性要求相契合，也为推进乡村振兴战略提供了切实的实践思路和着力点。因此，"乡村为本"的发展模式将个体行动内化到集体行动的主体认知之中，既为巩固拓展脱贫攻坚成果同乡村振兴有效衔接提供了实践方向和行动参考，也为激发脱贫地区和脱贫群众内生发展动力提供了重要精神力量和潜在资源支撑，通过内外多元主体的合作使之"增能"，全面整体推进乡村社会实现"五大振兴"的奋斗目标。

（二）以"上下联动"赋能实践

"乡村为本"的价值理念体现在乡村振兴的具体实践中，其核心是将自上而下的引领发动与自下而上的群众创造相结合，既关注乡村组织的控制感，也关注乡村主体性和脱贫群众个人效能感，把脱贫群众、乡村组织和脱贫乡村三个层面的能力建设有机整合起来，为乡村实践全面赋能。一是充分发挥"自上而下"的正向引导功能，通过组织资源进行社会引导和宣传教育，促进脱贫群众的自我发展意识和共同协商意识的觉醒，抵御乡村内部"搭便车心理"和"福利依赖文化"滋生；二是激发"自下而上"的能动作用，鼓励脱贫乡村和脱贫群众在既有产业结构、生产方式、生活方式和文

[①] 马凤芝、王依娜：《"共振式增能"：农村养老共同体构建的实践逻辑——基于水村和清村的经验研究》，《中国农业大学学报》（社会科学版）2021 年第 4 期。

化伦理等基础条件下开展生产实践，在自我发展的实践中激发个体责任感、归属感和认同感；三是打通上下联结的渠道，提供"上下联动"的合作平台，通过发展社会组织，搭建社会关系网络，加强乡村成员间以及乡村与外界的群体互动，培养内外互惠、信任等沟通机制，为脱贫群众提供更多的发展平台和参与机会，促进脱贫群众内生发展意识到自我发展能力的转化。

建立"上下联动"的运行机制往往会受到不同地区发展情况差异的制约，因此，需加强脱贫群众共同协商意识与制度层面的民主协商机制建设，通过乡村成员间建立的民主协商机制在村内和与外部展开对话，建构村民和乡村发展的支持性社会环境，培育脱贫群众的有机团结和脱贫乡村整体行动能力，推动内生动力从外部主体向内部主体转变。

（三）以"内外共生"促合作共赢

资源是乡村内生发展的动力引擎，但仅凭借个体力量很难实现资源的高质量利用，因而在行动层面需通过集体性组织的关系联动来实现内外资源的整合利用，摆脱内外合作空间的限制，为乡村个体对外关联提供纽带。一是需要组织者积极承担"资源链接者"角色，带领成员对乡村本土资金、技术、交通资源条件进行全面认识，在充分理解本土资源优势的基础上，鼓励成员共同开发和利用这些资源；二是组织者要根据乡村发展的实际需要主动链接外部资源，通过各级政策优惠、资金补助等政策优势提升内部对外部资本的吸引力，将外生发展模式的单向资本输入转化成本地优质产品的输出；三是需要充分考虑外部行动者的权利和利益，建立平等的、多元主体之间的民主协商机制，推进相关各方"互惠性合作"的开展。例如，涞水县南峪村利用优美的自然景观优势，与外部基金进行了长期稳定的合作开发，不仅实现了各方合作共赢，也让乡村自身价值在市场中得到了体现。

与以往建立在自上而下的刚性制度基础上的传统实践模式不同，"内外共生"将乡村主体性的培育视作基本目标，主张构建更有弹性、灵活性、适应性和功能性的发展模式，以此推动乡村资源的可持续开发。本报告上述的几个实践案例也表明，以集体所有权为基础的新型集体经济组织是进行资源合作开发和农民合作生产的适宜形式，其可以在链接外界资源的同时，保留乡村自有资源的整体性，并以其整体性对外更好地体现出乡村资源的市场价值，从而保证这些资源不被掠夺性开发，使得每位村民都成为保护和持续利用乡村资源的积极主体。

五 构建上下联动、内外共生的增强内生发展动力机制

乡村为本，走上下联动、内外共生发展之路是乡村振兴背景下建构的一种更具河北特色、更具韧性、内外发展模式相统一的内生发展动力机制，可促进脱贫地区和群众在合作意识、行动能力、组织结构等多层面发生积极变迁。

（一）以建立乡村共同体为基点，回归"乡村之本真"

河北省脱贫地区主要由多个自然村聚合组成，由这种地理样貌形成的紧密型人际关系在传统文化陶冶下产生了其特有的乡村社会和乡土伦理，包括德业相劝、和睦互助、崇尚公德、义利并举等历史文化传统。党的二十大报告提出"传承中华文明，促进物质的全面丰富和人的全面发展"，落在乡村层面就要求以建立乡村共同体为基点，融合传统与现代价值理念，在实践中培育成员间相劝、互助的合作意识。

一是通过宣传教育传播党的共享发展和共同富裕政策，树立起脱贫群众的发展信心。乡村基层党组织和下乡干部在运用政策展板、墙体标语、入户宣读等传统宣传方式的同时，要注重发动农民在讨论、协调中发现并认同乡村的共识和集体的价值，将集体利益与个人利益紧密联系起来，在实践中组织群众参与集体的共同行动，保障和实现集体的共同利益。二是通过学习教育提升脱贫群众的劳动技能，提升市场竞争能力。县级科技部门根据乡村产业发展需求，以"新时代农民讲习所""农民学校"等形式为脱贫群众讲授现代产业知识、农业新技术，传播新媒体运用与内生发展典型事例，更新脱

贫群众的劳动技能，提升就业质量。三是通过移风易俗改善脱贫地区人文环境，营造"主动发展"的社会氛围。市县宣传部门定期组织下沉力量，将现代文明融入乡村传统社会，涵养文明乡风，实现脱贫群众对新生活的期盼。

（二）增强基层党建凝聚力，"自上而下"与"自下而上"相结合

组织赋能是激活乡村内外资源、促动脱贫乡村有机团结和整合行动的关键环节，要继续深入挖掘基层党组织这一"富矿"，建立以基层党组织为核心，以村社自治组织和集体经济组织为"两翼"的乡村为本的党建发展模式，将自上而下的整体推进和自下而上的自发探索结合起来，发展新型集体合作经济，以共同体之力"赋能"脱贫群众。

一是脱贫地区的乡村基层党支部要摆脱"发展靠上级财政"的传统思路，进一步完善村民民主协商机制，鼓励群众积极建言献策，充分吸收群众谋发展的意见和建议，让群众成为发展的主体。二是基层党支部要通过发展合作组织来加强对各类资源的综合利用，发展经济组织来促进农产品销售，以专业合作社设置集体股权，实现集体收入的稳定增加和村民入股资金和劳务的分红，推动村民共富、村庄和谐。① 三是基层党支部要呼应群众谋发展的现实需求，以推动乡村整体发展来带动弱势个体的能力提升，形成个体发展、群体发展与乡村整体发展的有机统一，以实实在在的行动让群众成为发展受益者。

（三）发展乡村公共性产业，促进脱贫地区"内外联通"

习近平总书记曾强调"让农民更多分享产业增值收益"。② 乡村产业具有深度的公共意涵，其根植于乡村，有着内生性、本土化的自身特点和人文

---

① 杨团等：《发展新型集体经济，唤醒乡村集体意识——推进乡村振兴的基层实践》，《经济导刊》2022 年第 8 期。

② 《让农民更多分享产业增值收益》，"中国日报网"百家号，2021 年 1 月 24 日，https：//baijiahao.baidu.com/s？id=1689752676659814687&wfr=spider&for=pc。

背景，并与当地的自然资源息息相关，能够连接小农户的个体能量，为当地提供就业机会，创造新收入来源，若能搭上股份、集体承包等多种类型农民合作组织这一"载体"，就能在促进乡村产业融合、遏制贫富分化、实现农民共同富裕上发挥规模化优势。

一是通过发展新型集体合作经济，充分挖掘乡村资源优势，以集体智慧谋划乡村优势产业，推进乡村走向更可持续和更加有序的发展道路。二是善用政府补贴和社会基金，支持和鼓励乡村新业态发展，促进农业适度规模经营，让乡村优势产业更有效地提升经营效率。三是构建县、乡、村一体的服务网络，使社会服务工作趋向组织化、规模化，将群众最需要的生产、经营、购销、消费、金融、信用等综合服务直接送到群众手中，畅通脱贫地区与全国大市场的供求渠道。

（四）鼓励青年群体返乡创业，打造内外对接的"第一梯队"

青年群体最具活力，不仅是推动脱贫地区产业发展的主力军，也是影响乡村振兴成败的关键主体，要充分发挥本乡本土的支持优势，鼓励青年群体返乡创业，让其在参与乡村发展中解决脱贫地区知识、资金、政策、信息等方面的难题，搭建起乡村产业对接市场的"第一梯队"。同时应出台相应的鼓励措施，让返乡创业青年回得来、留得住、干得好。

一是由县级部门发布脱贫地区乡村优势创业项目，吸引青年群体返乡创业，并在项目落地、资金筹措、精细服务、技术护航等方面提供系列保障。二是鼓励返乡青年带项目、带资金在本乡创办农产品加工厂与销售网店，在场地、基础设施、公共服务、税费等方面为其提供支持。三是鼓励返乡青年加入村集体合作组织，提供有权、有能、有为、有位的发展空间，使其成为推动新型集体合作经济发展的主力军。

B.21

"文化+驻村"在巩固拓展脱贫攻坚
成果同乡村振兴有效衔接过程中的
有效性探索

——以冀北接坝地区 L 村为例

郝端勇*

摘　要：　文化自信是更基本、更深沉、更持久的力量，是更基础、更广泛、更深厚的自信，一个民族的复兴，需要强大的物质力量，也需要强大的精神力量。本报告以冀北 L 村为例，介绍驻村工作队在乡村一线，深入挖掘乡村文化资源、文化底蕴，以"文化+驻村"为统领，以文化赋能乡村振兴助推基层驻村实践为工作开展路径进行的有益探索，分析了文化赋能驻村实践存在的困难和挑战，提出了框架性的措施、成效和对策建议。

关键词：　"文化+驻村"　乡村振兴　基层驻村实践

习近平总书记指出："宣传思想文化工作事关党的前途命运，事关国家长治久安，事关民族凝聚力和向心力，是一项极端重要的工作。"① 党的十八大以来，党中央从全局和战略高度，对宣传思想文化工作做出系统谋划和部署，全党全国各族人民文化自信明显增强。党的十九大报告再次明确文化

---

* 郝端勇，河北艺术职业学院招生就业指导处处长，原驻承德丰宁满族自治县工作队第一书记，研究方向为思想政治教育、文化管理与服务。

① 《加强党对宣传思想文化工作的全面领导》，"光明网"百家号，2023 年 11 月 7 日，https：//baijiahao. baidu. com/s？ id=1781867191287198922&wfr=spider&for=pc。

是一个国家、一个民族的灵魂。党的二十大报告进一步强调，推进文化自信自强，铸就社会主义文化新辉煌。在总书记心中，文化自信是更基本、更深沉、更持久的力量，是更基础、更广泛、更深厚的自信。一个民族的复兴，需要强大的物质力量，也需要强大的精神力量。本报告以承德丰宁满族自治县 L 村为例，介绍驻村工作队在基层充分发挥宣传思想文化工作的力量，以"文化+驻村"为统领，以文化赋能乡村振兴助推基层驻村实践为工作开展路径取得的成效，并进行相应思考，以期为乡村振兴事业发展提供有益借鉴。

一 "文化+驻村"的基本内涵和思考

（一）驻村工作基本职责

党的十八大以来，以习近平同志为核心的党中央把脱贫攻坚摆在治国理政的突出位置，全面打响脱贫攻坚战，到 2020 年我国现行标准下农村贫困人口全部实现脱贫，我国在促进全体人民共同富裕的道路上迈出了坚实一步。在此期间，党的十九大提出新时代实施乡村振兴战略总要求，即"产业兴旺、生态宜居、乡风文明、治理有效、生活富裕"。2018 年 3 月 8 日，习近平总书记在参加山东代表团审议时强调，实施乡村振兴战略是一篇大文章，要统筹谋划，科学推进，并为乡村振兴战略指明五个具体路径，即推动乡村产业振兴、乡村人才振兴、乡村文化振兴、乡村生态振兴和乡村组织振兴。[①]"五个振兴"与"20 字总要求"互为表里，成为今后实施乡村振兴战略的具体抓手。在此背景下，为做好巩固拓展脱贫攻坚成果同乡村振兴有效衔接，中央明确乡村振兴驻村工作队开展基层驻村工作的"五项职责"：宣传党的政策、建强村党组织、推进强村富民、提升治理水平和推进为民办事服务。

[①] 《习近平谈乡村振兴的五个路径》，求是网，2019 年 5 月 30 日，http://www.qstheory.cn/zhuanqu/bkjx/2019-05/30/c_ 1124562746. htm? eqid=89a9d21400000a3d0000000464341cbb。

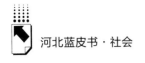

（二）"文化+驻村"的基本内涵

随着城市化进程的加快，城市与乡村之间的差距逐渐扩大，乡村地区的经济发展和社会发展面临着严峻挑战。为了解决这些问题，国家提出了乡村振兴战略，旨在通过加强经济建设、文化建设和社会建设等方面来推动乡村地区的全面发展。乡村文化振兴作为实现乡村振兴的五个具体路径之一，工作队充分发挥其作用，通过文化的力量，以"文化+驻村"为统领，以文化赋能乡村振兴助推基层驻村实践为工作开展路径，在推动乡村经济发展、促进社会和谐、弘扬乡村文化等方面显示出事半功倍的效果。

"文化+驻村"模式是指在广大基层一线，驻村工作队加强对当地自然资源、人文资源的挖掘和利用，与驻村工作相结合，通过深入了解当地的文化历史和民俗风情，挖掘出具有地方特色的文化资源，注重传统文化、红色文化传承与创新，注重群众文化自信提升与巩固，最终为推动乡村经济发展、促进农民增收提供文化支持。

（三）文化赋能驻村实践的必要性与紧迫性

乡村文化可以为驻村工作提供精神动力和智力支持，驻村工作则可以为乡村文化的传承和发展提供实践平台，二者相互结合、相互促进，在全面推进乡村振兴的时代背景下必将有更重要的贡献，其必要性与紧迫性体现在如下方面。

铸好文化之"魂"是乡村振兴的关键。文化是一个民族的灵魂，是一个地区的根基，"乡村振兴，既要塑形，也要铸魂"，这个"魂"就是"文化"。乡村文化振兴关乎农民的文化自觉与文化自信，因为只有加强文化振兴，注重文化的传承和发展，才能帮助农民树立信心、振奋精神、生发激情，为乡村振兴注入强大的精神动力。

文化振兴作用在"后评估"考核中位置不突出。在巩固拓展脱贫攻坚成果同乡村振兴有效衔接后评估考核中，考核点一般会聚焦于产业带动、项目数量、农民增收、两不愁三保障等容易通过直观感受或数字比较的领域，而对于文化传承、创新和发展，由于缺少考量指标，往往在实际操作中被忽视。

文化作用发挥推动乡村振兴的力度还不够。对文化作用发挥的认识程度不够，缺乏科学规划和指导，因考核点不明晰而导致对文化振兴举措的主观不重视或客观忽视，对文化资源的挖掘不够深入，文化传承和创新的力度不够，乡村文化振兴举措无法吸引更多的参与者，一些地方政府的扶持力度不足，无法为文化振兴发展提供足够的支持和帮助。

二　L村"文化+驻村"有益性的探索与实践

2016 年初，省委决定连续派出脱贫攻坚驻村工作队，笔者于 2021～2023 年受单位委派，成为第三批工作队干部，担任乡村振兴衔接期驻承德丰宁满族自治县工作队第一书记。L村"不高不低、不远不近、不大不小、不冷不热"，这"八个不字"从海拔、距离城市远近、区域范围和气候条件方面为村庄进行了定位。在此次基层驻村实践中，笔者除做好常规帮扶外，在挖掘红色历史、考证历史古迹、编纂村谱村志、考察文旅资源、增强群众文化自信等方面做出了一定探索，取得了一些实效。

（一）通过历史考察进行抢救性挖掘保护红色元素

村西南沟解放前发生过一次战斗，死伤多人，村里很多年轻人已不知此事，即使知情的年长者，也无法说清战斗时间、部队番号和死伤人数等具体情况。村里唯一在世的目击者已年过九旬，身体非常虚弱。当年战斗发生时，他年龄尚小，也只知道一些大概情况。本着对历史极端负责、对革命烈士万分崇敬的心情，经过持续一年多的走访和考证，工作队在遍查史志、遍访学者之后，终于逐渐还原西南沟战斗史。1946 年 6 月，蒋介石背信弃义，对解放区发动进攻，为避敌锋芒，保存实力，承德党政军机关、部队陆续撤出承德，其中，热西党政军机关、部队向赤城、黑河川地区转移，史称

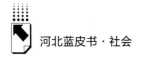

"八路军西撤"。这段记忆即发生在当年11月初，热河军区某部西撤经过L村西南沟时不幸被国民党军一部迎面伏击并死伤多人的历史。

村里的这段红色历史丰富和延伸了丰宁满族自治县革命斗争史料研究，考证过程科学合理、客观全面，与史实互为印证，已被县史志办收录，并获嘉奖。在史实清晰并履行相应程序的基础上，工作队在烈士牺牲地建立墓碑，留住历史，以飨后人，不仅使村里的红色爱国主义元素得以巩固，也给村老百姓献出一份宝贵的历史遗产和精神财富，助力村民感恩意识提升，当年那些尚不知姓名、籍贯的年轻英灵终可在九泉之下安息。

之后，工作队也考证了村中的一段残墙为当年日军侵华期间修建的"围子"遗址，并进行了必要的保护。

（二）通过保护文物让躺着的历史站起来

村二组南山坡，原来立着一块元代花岗岩凿制的石碑，碑刻为立式，无碑首和碑座，上下同宽。碑背西朝东，东侧正面碑文有立碑时间，西侧背面刻图案，底部为卷足桌案，桌案上有花瓶，花瓶内插有宝莲灯花，莲花上方分别刻有日月图案。距今近700年的石碑，到底有何作用，对此众说纷纭，有人说是庙碑，有人说是蒙古人跑马占地碑，有人说是风水碑。2007年4月开始的第三次全国文物普查中，该碑刻被定为"三普不可移动文物"。这些年，因人为盗掘、道路平整等原因，这块石碑早就横躺在地上，被人翻来翻去，已部分损坏，原碑址还被人挖了一个大盗坑。

为了帮助乡亲们弄清历史缘由，保护文物，工作队翻阅史籍，研究文物，查看该县其他类似碑刻，最终从时间、皇帝、宗教、地理各因素中抽丝剥茧，完成了一篇一万余字的调研论文，确定了碑刻为元代最后一任皇帝元顺帝孛儿只斤·妥懽帖睦尔20岁亲政元年的界碑。在界碑附近，还发现两块半成品弃碑，已雕琢成碑形，或因不符合要求而弃置不用，工作队将三块碑一起在原址复立。村中另有三座汉代长城烽火台、两处金元时期文物遗址，工作队均一一考证清楚，同时以文物碑形式将上述文物解析清楚，立碑保护，及时巩固文旅调研成果。

（三）通过村谱村志守护历史、赓续血脉、为村扬名

"家是最小国，国是千万家"，习近平总书记高度重视乡村文化传承和修史修志工作。2013 年，在谈到城镇发展中要保护和弘扬优秀传统文化时，他指出要"让居民望得见山、看得见水、记得住乡愁"。[①] 党的十八大以来，党中央、国务院先后出台一系列重要文件，支持建设村史馆，修编村谱村志，开展村情教育等。据此，为梳理文化脉络、传承乡风文明、留住乡情乡愁，工作队启动了村谱村志的编纂。

村谱以户籍为主，集合各家家谱，把全村人图片资料采集下来，按家按户编排，结合长幼承袭关系图，形成全村 73 个家族 1700 余人口和血脉关系的 800 余张图谱。《丰宁满族自治县志》主编看过村谱初稿后评价其为"未曾见闻，创新之举"。村志按照地方志体例，系统记述村史，梳理文化，讲述故事，使其成为基层思想舆论的宣传阵地和增强村民文化认同、培育文化自信的理论平台。村谱村志编纂工作是驻村工作队开展文化振兴的有力载体和有效形式，在加强村级治理等方面发挥了独特作用。

（四）通过打造文旅宣传名片凝练乡风文明建设成果

工作队历经两年，广泛开展文旅调研，结合史籍和县志记载，经多方证实，L 村为流经北京的潮河源头，早在元代就是"大都至上都的东台御史必经之路"，是当年的交通要道，加之村中"八路军西撤"时发生过战斗，以及多处文物遗址，工作队为村凝练出"潮河正源、英魂故里、古道要塞、史韵山乡"四张文旅宣传名片，并在村口以石碑形式将四张名片固化，为提升乡风文明和文旅发展水平、帮助村民树立文化自信提供有力支撑。

此外，通过不懈努力，L 村被评为 2022 年省级美丽乡村，工作队还帮村里推进"巾帼民宿"和"村谱文化传承小院"建设，打造出了承德十佳

[①] 《杨保军：如何才能"望得见山水，记得住乡愁"》，人民网，2014 年 6 月 1 日，http://theory. people. cn/n/2014/0601/c40531-25091382. html。

美丽庭院。邀请河北省诗词协会会员来村创作《L村诗选》，邀请河北艺术职业学院青年艺术团师生、省直劳模"大篷车"、河北省心连心艺术团、河北省歌舞剧院、河北省京剧院来村慰问演出，把青春和美的元素与张力糅进了L村村容村貌。

（五）通过融媒力量助力乡村振兴的舆论宣传

工作队充分发挥宣传工作在驻村帮扶中的作用，积极借助网络媒体强大的传播力、引导力、影响力、公信力，深入挖掘媒体资源优势与驻村帮扶实践经验，聚力将L村打造成乡村振兴样板。利用"视频号""抖音"等新媒体形式对村自然、人文进行广泛包装传播，已发布乡村振兴宣传小视频260余段，浏览量最多的小视频超过15万人次，总阅读量逾百万人次。小视频图文并茂，以全新的方式和视角让越来越多的人直观感受到了乡村振兴的脉搏和脚步。

此外，在新闻舆论方面，受到人民网、《中国妇女报》、河北广播电视台、河北长城网、河北新闻网、《河北乡村振兴》杂志、"学习强国"平台、承德广播电视台等各级媒体报道近50次，先进经验被县史志办收录进入《丰宁满族自治县年鉴》2次，以西南沟战斗为内容，参与指导的《红色的印记》纪录片被河北省教育厅评为省级二等奖。

特别是在丰宁满族自治县县域内，通过融媒平台播发的新闻稿件经常是电视、网络、大街小巷的广播喇叭等多渠道饱和式滚动发布，为L村经济社会发展营造了前所未有的良好氛围。

三 文化赋能驻村实践有效性的
思考与提升建议

（一）文化赋能驻村实践的背景与意义

随着乡村振兴战略的深入推进，文化赋能已成为推动乡村发展的重要力量，文化赋能可以激发乡村的内生发展动力，提升乡村的软实力，促进乡村的可持续发展。文化赋能驻村实践，正是基于这样的背景和意义，旨在通过文化的力量，推动乡村的经济、社会、文化等多方面的发展。

（二）文化赋能驻村实践的措施与成效

1. 挖掘本土文化资源

通过深入挖掘本土文化资源，包括红色资源，如民间艺术、传统工艺、民俗活动等，可以激活乡村的文化活力，提高乡村的文化自信。同时，这些文化资源也可以转化为乡村的经济发展动力，为乡村带来实实在在的经济收益。

2. 培育乡村文化产业

发展乡村文化产业，如手工艺品、乡村旅游、特色农产品等，可以增加农民的收入来源，提高农民的生活水平。同时，文化产业的发展也可以带动相关产业的发展，形成产业集聚效应，推动乡村经济的整体发展。

3. 建设乡村文化设施

加强乡村文化设施建设，如图书馆、文化活动中心、博物馆等，可以提高农民的文化素质，丰富农民的精神生活。同时，这些设施也可以成为乡村的文化地标，提升乡村的整体形象。

（三）文化赋能驻村实践的挑战与对策建议

1. 文化赋能驻村实践的挑战

尽管文化赋能驻村实践取得了一定的成效，但在实践中仍面临诸多挑战。一是乡村许多悠久的历史和独特的文化传统正在逐渐消失，群众和驻村干部在对乡村文化资源认识和挖掘以及有效保护和传承时存在不足，许多有价值的文化遗产没有得到有效保护和利用；二是对传统产业认知度高，文化产业发展滞后，缺乏具有市场竞争力的文化产品和服务；三是乡村自身文化人才短缺，缺乏专业的文化管理人才和文化创意人才；四是驻村干部个人主观喜好、优势和特长、专业认知、文化底蕴和审美素养，是乡村文化产业发展、乡村文化传承和创新、乡村历史和民俗风情挖掘等的较大影响因素。

2.文化赋能驻村实践的对策建议

针对各级政府、企业和社会提出以下建议。一是建议各级政府、企业和社会加强对文化赋能乡村振兴的政策引导和支持，加大对文化赋能工作的扶持力度，制定更加精准的扶植政策，在驻村考核激励措施中重视文化赋能作用；二是鼓励更多的组织、个人以及社会资本进入乡村文化产业领域，积极参与到文化产业发展中来，丰富文化企业的经营模式和产品类型，满足不同层次的文化消费需求；三是鼓励组织和个人发挥自身优势，积极参与文化赋能乡村振兴产业，加强人才培养和引进工作，提高相关人员的专业素养和管理水平，为文化产业发展提供有力支撑；四是加强乡村基础设施建设，特别是文化设施建设和管理，改善乡村公共服务、交通、通信、水利等条件，加强文化活动的组织和推广，吸引更多的农民参与其中，丰富农民的精神文化生活，提高他们的文化素养。

针对乡村和驻村工作队提出以下建议。一是深入挖掘乡村文化资源、文化底蕴，保护和传承传统文化，在保持传统文化精髓的基础上，将传统文化与现代元素相结合，进行文化创新；二是引导乡民了解自己的历史，尊重自己的文化，重拾乡民对文化传统、祖先智慧的自信，增强他们的归属感和责任感，鼓励他们主动传承和弘扬优秀传统文化，激发乡村的内生发展动力；三是鼓励乡村挖掘自身独特的自然和文化资源，深入探讨文化产业与乡村旅游、农业等产业的融合发展，将传统农村产业转变为富有自身特色内涵的文化体验，主动开启换赛道发展的新篇章，推动乡村经济多元化发展，让乡村焕发出新的生机与活力；四是加强驻村工作队的建设和管理，提高服务质量和效率，深入挖掘"文化+驻村"基本内涵和优势，推动"文化+驻村"向更高层次、更广范围发展。

总之，文化赋能乡村振兴，在更高层次上满足人民需要、实现裕国富民，是中国式现代化建设的重要一环，是一项长期而艰巨的任务，广大驻村工作队干部作为乡村振兴工作的基层助推者和历史见证者，他们正在用各种方式，调动各种资源，积极投身于其中，带领和陪伴着乡亲们实现一次又一次的实践飞跃，即使还面临着各种困难，但只要我们正视挑战，采取有效对策，必能充分发挥文化的力量，助推乡村的全面振兴。

社会科学文献出版社

皮 书

智库成果出版与传播平台

✦ 皮书定义 ✦

皮书是对中国与世界发展状况和热点问题进行年度监测，以专业的角度、专家的视野和实证研究方法，针对某一领域或区域现状与发展态势展开分析和预测，具备前沿性、原创性、实证性、连续性、时效性等特点的公开出版物，由一系列权威研究报告组成。

✦ 皮书作者 ✦

皮书系列报告作者以国内外一流研究机构、知名高校等重点智库的研究人员为主，多为相关领域一流专家学者，他们的观点代表了当下学界对中国与世界的现实和未来最高水平的解读与分析。

✦ 皮书荣誉 ✦

皮书作为中国社会科学院基础理论研究与应用对策研究融合发展的代表性成果，不仅是哲学社会科学工作者服务中国特色社会主义现代化建设的重要成果，更是助力中国特色新型智库建设、构建中国特色哲学社会科学"三大体系"的重要平台。皮书系列先后被列入"十二五""十三五""十四五"时期国家重点出版物出版专项规划项目；自2013年起，重点皮书被列入中国社会科学院国家哲学社会科学创新工程项目。

权威报告·连续出版·独家资源

皮书数据库
ANNUAL REPORT(YEARBOOK)
DATABASE

分析解读当下中国发展变迁的高端智库平台

所获荣誉

- 2022年，入选技术赋能"新闻+"推荐案例
- 2020年，入选全国新闻出版深度融合发展创新案例
- 2019年，入选国家新闻出版署数字出版精品遴选推荐计划
- 2016年，入选"十三五"国家重点电子出版物出版规划骨干工程
- 2013年，荣获"中国出版政府奖·网络出版物奖"提名奖

皮书数据库

"社科数托邦"
微信公众号

成为用户

登录网址www.pishu.com.cn访问皮书数据库网站或下载皮书数据库APP，通过手机号码验证或邮箱验证即可成为皮书数据库用户。

用户福利

- 已注册用户购书后可免费获赠100元皮书数据库充值卡。刮开充值卡涂层获取充值密码，登录并进入"会员中心"—"在线充值"—"充值卡充值"，充值成功即可购买和查看数据库内容。
- 用户福利最终解释权归社会科学文献出版社所有。

数据库服务热线：010-59367265
数据库服务QQ：2475522410
数据库服务邮箱：database@ssap.cn
图书销售热线：010-59367070/7028
图书服务QQ：1265056568
图书服务邮箱：duzhe@ssap.cn

中国社会发展数据库（下设 12 个专题子库）

紧扣人口、政治、外交、法律、教育、医疗卫生、资源环境等 12 个社会发展领域的前沿和热点，全面整合专业著作、智库报告、学术资讯、调研数据等类型资源，帮助用户追踪中国社会发展动态、研究社会发展战略与政策、了解社会热点问题、分析社会发展趋势。

中国经济发展数据库（下设 12 专题子库）

内容涵盖宏观经济、产业经济、工业经济、农业经济、财政金融、房地产经济、城市经济、商业贸易等 12 个重点经济领域，为把握经济运行态势、洞察经济发展规律、研判经济发展趋势、进行经济调控决策提供参考和依据。

中国行业发展数据库（下设 17 个专题子库）

以中国国民经济行业分类为依据，覆盖金融业、旅游业、交通运输业、能源矿产业、制造业等 100 多个行业，跟踪分析国民经济相关行业市场运行状况和政策导向，汇集行业发展前沿资讯，为投资、从业及各种经济决策提供理论支撑和实践指导。

中国区域发展数据库（下设 4 个专题子库）

对中国特定区域内的经济、社会、文化等领域现状与发展情况进行深度分析和预测，涉及省级行政区、城市群、城市、农村等不同维度，研究层级至县及县以下行政区，为学者研究地方经济社会宏观态势、经验模式、发展案例提供支撑，为地方政府决策提供参考。

中国文化传媒数据库（下设 18 个专题子库）

内容覆盖文化产业、新闻传播、电影娱乐、文学艺术、群众文化、图书情报等 18 个重点研究领域，聚焦文化传媒领域发展前沿、热点话题、行业实践，服务用户的教学科研、文化投资、企业规划等需要。

世界经济与国际关系数据库（下设 6 个专题子库）

整合世界经济、国际政治、世界文化与科技、全球性问题、国际组织与国际法、区域研究 6 大领域研究成果，对世界经济形势、国际形势进行连续性深度分析，对年度热点问题进行专题解读，为研判全球发展趋势提供事实和数据支持。

法律声明

"皮书系列"(含蓝皮书、绿皮书、黄皮书)之品牌由社会科学文献出版社最早使用并持续至今,现已被中国图书行业所熟知。"皮书系列"的相关商标已在国家商标管理部门商标局注册,包括但不限于LOGO( )、皮书、Pishu、经济蓝皮书、社会蓝皮书等。"皮书系列"图书的注册商标专用权及封面设计、版式设计的著作权均为社会科学文献出版社所有。未经社会科学文献出版社书面授权许可,任何使用与"皮书系列"图书注册商标、封面设计、版式设计相同或者近似的文字、图形或其组合的行为均系侵权行为。

经作者授权,本书的专有出版权及信息网络传播权等为社会科学文献出版社享有。未经社会科学文献出版社书面授权许可,任何就本书内容的复制、发行或以数字形式进行网络传播的行为均系侵权行为。

社会科学文献出版社将通过法律途径追究上述侵权行为的法律责任,维护自身合法权益。

欢迎社会各界人士对侵犯社会科学文献出版社上述权利的侵权行为进行举报。电话:010-59367121,电子邮箱:fawubu@ssap.cn。

社会科学文献出版社